新编21世纪高等职业教育精品教材
婴幼儿托育服务与管理系列

婴幼儿发展引导员职业资格考试参考用书
校企合作精品教材·岗课赛证教材

婴幼儿发展引导

主　编/王　潇　吕　红　杨薇薇
副主编/陈亚吉　王治芳　董　超

中国人民大学出版社
·北京·

编　委　会

主　编： 王　潇　吕　红　杨薇薇

副主编： 陈亚吉　王治芳　董　超

参　编： 殷海燕　吴巧娇　郭元媛　胡利繁　肖　胜　赵文辉　唐舒眉　周艳丽　胥　芮　姚　冰　汪丽娟　郑　郡　乔慧敏　尹胜楠　李林育　袁同婷　宫凡钦　嵇文妍

前　言

近年来，经济社会的发展对托育行业的发展提出了新的要求。这种变革对职业院校教学改革以及教材建设也产生了一定的影响，最主要的就是要根据托育行业的新业态、新需求对教材进行体系、架构、形式等方面的创新，以适应目前职业院校对婴幼儿发展和照护相关课程的教学需要。

本教材以婴幼儿发展引导员国家标准为依据，以岗证课融通为立足点，按照“校企双元合作”的编写模式，从婴幼儿发展领域、生活照护、心理照护、安全照护、活动环境安排、敏感期发展指导等方面，对婴幼儿的发展和照护进行了详细介绍。通过本教材的学习，学生能够理解婴幼儿照护的基本原理和方法、掌握婴幼儿照护专业技能、了解婴幼儿照护研究的新成果、提升问题解决能力。

本教材的突出特点如下：

1. 编写特色

（1）在结构和内容上，融通岗证，更加体现前沿性和科学性。参照婴幼儿发展引导员国家标准，结合我国托育行业最新相关政策，反映现代婴幼儿发展和照护的新理念、新要求。

（2）在体例和形式上，突出“理实一体化”，注重原理，强调婴幼儿发展和照护实际情境案例的运用及解决策略。教材中设有学习目标、学习导图、岗位情境、岗位知识、岗位操作、证书标准、录像观察、关键术语、课后思考、技能演练等栏目，形式灵活，可操作性强。编写组精心设计、收集、制作了各章配套的教学资源素材，包括教学 PPT、托育企业实操视频等，在出版社和托育企业的支持与协助下，尝试运用融合媒体的形式呈现。

2. 内容特色

（1）创新性——参照婴幼儿发展引导员国家标准，结合我国托育行业最新相关政策，反映现代婴幼儿发展和照护的新理念、新要求。

(2) 可操作性——从婴幼儿发展引导员岗位出发，凸显岗位知识和操作，引入托育企业实际情境案例，并辅以技能演练，可操作性强。

(3) 适用性——既可作为高职院校婴幼儿托育服务与管理专业学生教材，也可作为托育企业相关岗位参考用书。

3. 编写团队特色

(1) 山东省教育科学研究院作为婴幼儿发展引导员国家标准的制定单位，也是本教材的编写单位之一。

(2) 紧密联系托育企业实际，国内多所高校与托育企业共同编写教材，每章由校企双方合作完成，且参编老师均为双师型教师。

安徽中科众硕教育科技有限公司和高校深度产教融合、校企合作，在校本教材基础上集合了国内众多优秀托育企业联合编写本教材。教材编写校企团队通力合作，共同完成编写。本教材各章高校编委如下：第一章为烟台汽车工程职业学院殷海燕；第二章为安徽财贸职业学院吴巧娇、胡利繁；第三章为芜湖职业技术学院肖胜、唐舒眉；第四章为安徽财贸职业学院周艳丽、烟台汽车工程职业学院姚冰；第五章为安徽财贸职业学院王潇；第六章为芜湖职业技术学院陈亚吉、烟台汽车工程职业学院乔慧敏；第七章为青岛恒星科技学院尹胜楠；第八章为安徽财贸职业学院李林育；第九章为烟台汽车工程职业学院吕红；第十章为烟台汽车工程职业学院宫凡钦。本教材企业编委如下：合肥睿纳思托育中心董超、胥芮、汪丽娟、郑郡；合肥书米未成年人心理抚养基地郭元媛、赵文辉；合肥蜗家褓贝托育中心袁同婷、嵇文妍。教材所有章节文稿由安徽财贸职业学院王潇、烟台汽车工程职业学院吕红、淮南职业技术学院杨薇薇进行修润、统稿和定稿。

感谢山东省教育科学研究院王治芳所长对本教材的指导，感谢睿纳斯托育中心提供的视频资料，感谢中国人民大学出版社各位编辑为本教材出版付出的辛劳。本教材在编写过程中参考了很多相关专业领域的研究资料与成果，在此表示诚挚的谢意。本教材虽经几次修改，仍难免存在疏漏之处，敬请读者批评指正。

编　者

目 录

第一章　绪论 …… 1

第一节　婴幼儿发展引导概述 …… 2

第二节　婴幼儿生理发育规律与特点 …… 5

第三节　婴幼儿心理发育规律与特点 …… 9

第四节　婴幼儿发展相关政策法规 …… 13

第二章　婴幼儿早期学习 …… 22

第一节　婴幼儿学习的脑科学基础 …… 23

第二节　婴幼儿学习方式 …… 28

第三节　婴幼儿学习动机 …… 33

第三章　婴幼儿发展领域 …… 43

第一节　婴幼儿感知觉发展 …… 44

第二节　婴幼儿认知发展 …… 50

第三节　婴幼儿言语发展 …… 56

第四节　婴幼儿动作发展 …… 60

第五节　婴幼儿情绪与社会性发展 …… 64

第四章　婴幼儿生活照护 …… 77

第一节　婴幼儿营养与喂养 …… 78

第二节　婴幼儿睡眠 …… 84

第三节　婴幼儿如厕 …… 87

第四节　婴幼儿抚触 …… 92

第五节　婴幼儿常见疾病及预防 …… 94

第五章　婴幼儿心理照护 …… 107
第一节　尊重及回应式照护理念 …… 108
第二节　婴幼儿依恋的发展 …… 112
第三节　家庭教养方式 …… 119

第六章　婴幼儿安全照护 …… 127
第一节　婴幼儿安全照护概述 …… 128
第二节　婴幼儿居家与出行安全 …… 131
第三节　婴幼儿伤害预防与处理 …… 138

第七章　婴幼儿活动环境安排与互动 …… 150
第一节　婴幼儿活动环境安排 …… 151
第二节　婴幼儿活动的玩教具准备 …… 157
第三节　婴幼儿感觉互动游戏设计 …… 163

第八章　婴幼儿敏感期发展指导 …… 173
第一节　婴幼儿秩序敏感期发展指导 …… 174
第二节　婴幼儿道德敏感期发展指导 …… 178
第三节　婴幼儿社交敏感期发展指导 …… 182

第九章　特殊需求的婴幼儿照护 …… 190
第一节　感知受损婴幼儿的照护 …… 191
第二节　运动发育迟缓婴幼儿的照护 …… 194
第三节　注意缺陷多动障碍婴幼儿的照护 …… 198
第四节　沟通障碍婴幼儿的照护 …… 202

第十章　婴幼儿照护相关问题一对一指导 …… 210
第一节　婴幼儿分离焦虑的干预指导 …… 211
第二节　婴幼儿独立能力培养的具体指导 …… 216
第三节　婴幼儿攻击性行为的干预指导 …… 220
第四节　婴幼儿母亲产后抑郁的干预指导 …… 223

参考文献 …… 229

第一章 绪论

学习目标

知识目标

1. 了解婴幼儿发展引导相关理论。
2. 熟悉我国婴幼儿发展相关政策法规。
3. 掌握婴幼儿生理及心理发育的规律及特点。

能力目标

1. 能根据婴幼儿生理发育的情况判断发育是否正常并进行指导。
2. 能根据婴幼儿心理发育的情况进行心理发展指导。
3. 能运用婴幼儿发展相关政策法规指导婴幼儿发展工作。

素养目标

1. 树立“以婴幼儿为中心”的服务意识，培养职业责任感和价值感。
2. 关心婴幼儿生理、心理发展，养成关爱婴幼儿、富有爱心的优秀品格。

学习导图

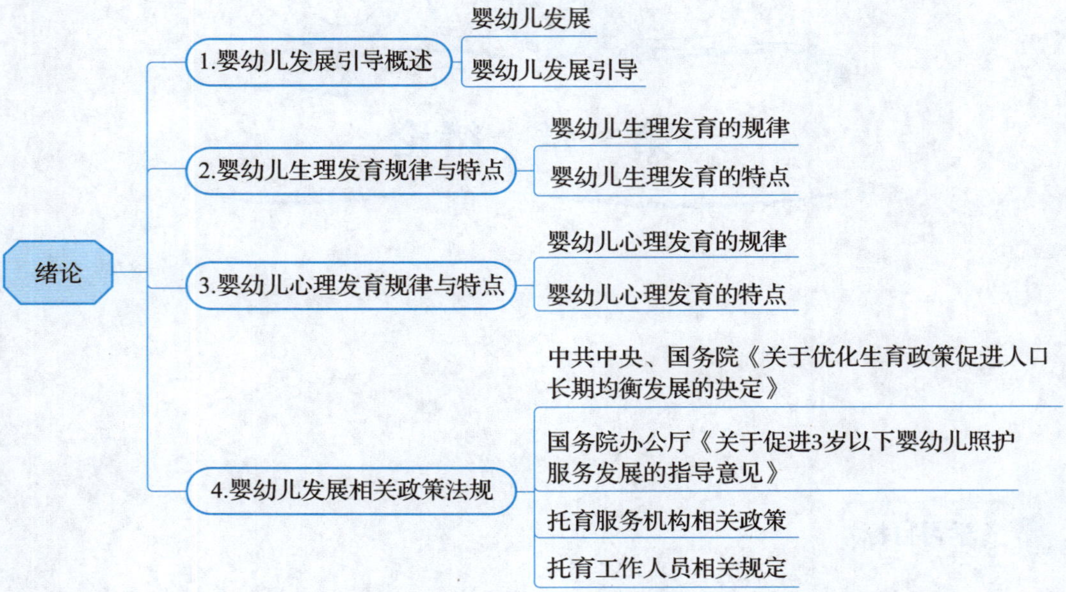

第一节　婴幼儿发展引导概述

岗位情境

顺顺 2 岁了，周围同年龄段的小朋友有的已经开始上早教课了，有的学全脑开发，有的参加感统训练，顺顺妈妈也跃跃欲试，想让顺顺也参加个早教班开发一下。可顺顺的爸爸认为，顺顺年龄还小，听不懂，去了也是浪费钱。那么顺顺是否应该参加早教班呢？早教班的训练对孩子的生长发育真的有帮助吗？

上述情境中体现的是对婴幼儿发展的引导。婴幼儿的身心发展是有规律的。本节内容以婴幼儿发展引导为主题，主要探讨以下问题：什么是婴幼儿发展？为什么要对婴幼儿发展进行引导？婴幼儿发展引导员的工作任务有哪些？

一、婴幼儿发展

发展是指人的身心整体的连续的变化过程，包括身体结构的变化，如骨骼的生长、大脑的发育等；还包括心理的变化，如注意力的变化、语言的发展等。婴幼儿发展是指婴幼儿在身体、认知、情感、社会适应及语言等各方面的综合发展。

从出生到 3 岁为婴幼儿期。其中 0～28 天为新生儿期，新生儿从胎内依靠母亲到独立生活，面临着巨大的环境变化，需要适应新的环境。从出生到 1 岁为婴儿期，婴儿期是婴儿出生后生长发育最快的一个时期，在这 1 年内，婴儿的体重约增加 2 倍，身长约增加 50%，动作也由粗大运动向精细运动发展。1 岁到 3 岁为幼儿期，这个时期幼儿中枢神经系统发育加快，语言、思维、交往能力和动作协调能力明显提高。

二、婴幼儿发展引导

联合国儿童基金会一直致力于推广儿童早期发展，认为“出生头一千天”是儿童成长和发展重要的“机会窗口期”，在这个时期为儿童提供良好的营养、早期启蒙教育、系统完备的疫苗接种和安全关爱的环境，可以促进儿童大脑的充分发育，帮助他们发挥最大潜能。婴幼儿发展需要多维度的综合干预，如通过母乳喂养、回应性的喂养及微量营养素补充等使婴幼儿获得良好的营养支持，为其大脑的发育提供足够的能量；通过阅读、绘画、玩耍和交流等早期亲子互动，促进神经元连接的形成；通过拥抱、爱抚和关爱等积极健康的互动，降低婴幼儿成长过程中的不利因素所带来的负面影响。

0～3 岁是婴幼儿迅速发育的时期，也是智力发展和性格形成的关键阶段。在这一阶段，婴幼儿养护人员和早期发展的工作者是否掌握科学的知识和技能，往往直接决定了婴幼儿能否获得良好的早期发展。为了优化人口基本服务，改善婴幼儿养育理念和技巧，为婴幼儿发展提供科学的引导，人力资源和社会保障部设立了婴幼儿发展引导员职业，同时颁布了该职业的技能标准，规定婴幼儿发展引导员是从事 0～3 岁婴幼儿身心健康发展引导，并对婴幼儿看护人提供辅助咨询服务工作的人员。

婴幼儿发展引导员有六项工作任务：（1）指导孕期夫妇了解孕期营养需求，依孕期生理、心理及角色变化，营造适宜的胎儿激励环境；（2）指导婴幼儿看护人了解 0～3 岁婴幼儿发展发育标准，使用测评工具，检测婴幼儿发育指标；（3）帮助婴幼儿看护人掌握养育理念，分析养育情况，并提供改善建议；（4）帮助婴幼儿看护人掌握喂养知识，指导婴幼儿的营养补充；（5）在婴幼儿家庭等地布置适宜的环境，组织开展婴幼儿游戏，并提供互动示范；（6）实施婴幼儿应急救援，指导婴幼儿看护人规避婴幼儿安全风险。

婴幼儿发展引导员的工作，能有效地普及婴幼儿发展、抚养和家庭教育的科学知识，引导看护人科学养护婴幼儿。

拓展阅读

婴幼儿发展引导员

2021 年 1 月 26 日，人力资源和社会保障部网站发布《2020 年第四季度全国招聘大于求职“最缺工”的 100 个职业排行》，向社会反馈近期全国人力资源市场用人需求情况。与第三季度相比，本期“排行”中，社会管理和社会服务事业人才需求加大，“婴幼儿发展引导员”首次进入“排行”。婴幼儿发展引导员是从事 0～3 岁婴幼儿身心健康发展引导，并对婴幼儿看护人提供辅助咨询服务工作的人员。婴幼儿发展引导员要具备基本的职业道德，具有孕期引导、婴幼儿身心发育、婴幼儿发展引导、婴幼儿照护、婴幼儿安全以及相关法律、法规等方面的知识。

岗位操作

亲子律动游戏

贝贝 11 个月了，喜欢音乐，听到儿歌就手舞足蹈。为了让贝贝健康成长，妈妈请来了婴幼儿发展引导员陈老师，向陈老师请教可以进行哪些亲子律动游戏。陈老师设计了“小老鼠上灯台”亲子律动游戏，其内容如下：

伴随着童谣音乐，开展三项活动：

（1）弹跃活动：让婴幼儿伴随音乐在家长膝盖上弹弹跳；当听到“咕噜咕噜滚下来”时，家长弯曲膝盖，让婴幼儿从上往下滑。重复两遍。

（2）游走活动：家长跟随音乐绕圈行走，当听到“咕噜咕噜滚下来”时，家长将婴幼儿举高。

（3）爬行活动：铺好爬行垫，家长在音乐声中跑到爬行垫对面；婴幼儿伴随着音乐声爬行到家长处，当听到“咕噜咕噜滚下来”时，家长和婴幼儿一起爬行。重复多次，也可在途中铺上枕头，增加爬行难度和乐趣。

操作解析：律动活动能够引导婴幼儿用身体感知音乐节奏，提升听动统合能力，增强肢体的协调性，促进大动作发展。

第二节 婴幼儿生理发育规律与特点

岗位情境

3 个月的凯凯乖巧可爱，很少哭闹。但是这几天妈妈有点担心，因为她听老人说宝宝的成长一般是“三翻六坐七滚八爬周会走”，但是凯凯还不会翻身，邻居家 10 个月的宝宝都跃跃欲试地想站起来走路了，她怕凯凯的身体出了什么问题。妈妈带凯凯到儿童保健科查体，检查结果显示凯凯发育一切正常。凯凯妈妈向医生说出了自己的担心，医生解释说，孩子的发育有快有慢，虽然有一定的规律，但是孩子的个体差异非常大，回家慢慢教一下凯凯，他一定很快就学会翻身了。听了医生的话，妈妈放心了。回家以后妈妈爸爸一边逗凯凯，一边教他翻身，果然，没过几天，凯凯自己就能翻身了。

上述情境中体现的是婴幼儿的生长发育情况。婴幼儿的生长发育遵循一定的规律，但也有明显的个体差异。本节内容以婴幼儿生长发育为主题，主要探讨以下问题：婴幼儿生理发育的规律是什么？婴幼儿体格发育的指标都有哪些？婴幼儿神经系统的发育特点是什么？

岗位知识

一、婴幼儿生理发育的规律

婴幼儿生理发育过程虽然有明显的差异性，但都遵循一定的规律，认知这些基本规律有助于正确评估婴幼儿的生长发育情况，更好地促进婴幼儿的发展。

（一）连续性和阶段性

生长发育是一个循序渐进的连续过程，由不同的发育阶段组成，前一个阶段的发展是后一个阶段发展的基础和前提，婴幼儿的发展是渐进的、不中断的。任何一个阶段的发展出现障碍，都会对下一个阶段的生长发育产生不良的影响。如婴儿刚出生，只会吃奶、躺卧、啼哭，到 1 岁时，可以吃多种食物、会走、会说简单的词语，若其中某个环节发生障碍，就会影响婴幼儿的发展。

（二）方向性与顺序性

婴幼儿的发展有一定的方向性和顺序性，遵循从简单到复杂、从低级到高级、从具体到抽象、从被动到主动的规律。如婴幼儿动作的发展遵循从上到下、由近及远、从粗大动作到精细动作的规律。

（三）不均衡性与整体性

婴幼儿整个发展过程都表现出不均衡性。生理上，婴幼儿身体各系统发育的时间和速度均不相同，如婴儿出生后，发育最早的是神经系统，发育最晚的是生殖系统；同一系统在不同的时期发育速度也不一样，如淋巴系统的发育先快后慢。虽然婴幼儿的发展在不同方面都是不均衡的，但这些发展都不是孤立的，而是通过彼此的相互联系构成了一个有机的整体。

（四）共性与个体差异性

婴幼儿发展的共性表现在，都要经历共同的发展阶段，遵循一定的发展规律，发展按照基本的方向和顺序进行。但每个婴幼儿发展的个体差异也非常明显，每个婴幼儿的发展速度、优势领域和最终达到的水平都不相同，均表现出明显的差异。如同年龄、同性别的孩子，有的长得高，有的长得矮；有的体能好，有的体能差。不同的发展条件、社会条件、家庭条件、文化背景等都会影响婴幼儿的发展。

二、婴幼儿生理发育的特点

（一）婴幼儿体格的发育

1. 体重

据世界卫生组织（WHO）2021 年公布的数据，全球新生儿出生的体重约为男婴 3.3kg、女婴 3.2kg，与我国的婴儿出生体重参考值相近。出生 1 周内，因奶摄入不足、胎粪排出、体内水分流失，婴儿的体重可出现暂时的下降，称为生理性体重下降，在出生后第 3～4 天达到最低点，下降范围为 3%～9%，至出生第 7～10 日恢复到出生时体重。若体重下降超过 10%或至第 10 天仍未恢复至出生时的体重，则为病理状态。

随着月龄的增加，婴儿体重的增长速度逐渐减慢。出生后 3～4 个月的体重约为出生时的 2 倍（约 6kg），婴儿前 3 个月体重的增加值与后 9 个月的体重增加值相等，至 12 个月时婴儿的体重约为出生时的 3 倍（约 10kg）。出生后第 1 年是第一个生长发育的高峰。

幼儿的体重是非等速增长的，为了便于医务人员计算幼儿用药量和液体量，可以用下列公式估算其体重：

1～3 岁幼儿体重（kg）＝年龄（岁）×2＋8(kg)

2. 身长

身长是头部、脊柱与下肢长度的总和。3 岁以下的婴幼儿站立位测量数值常不准确，应采取仰卧位测量，称为身长。立位测量值比仰卧位少 1～2cm。婴幼儿年龄越小，身长增长越快。出生时平均身长为 50cm，第 1 年身长增长最快，约增长 25cm；第 2 年增长 10～12cm，即 2 岁时，身长约 87cm；2 岁后平均每年增长 6～7cm。2 岁后每年身长（身高）增长不足 5cm 的，为生长速度下降。

坐高（顶臀长）是头顶到坐骨结节的长度。顶臀长的增长代表着头和脊柱的生长。出生时顶臀长约占身长的 66%，随着年龄的增长，顶臀长比例逐渐变小。

3. 头围

头围是自眉弓上缘经枕骨结节绕头一周的长度。头围反映了脑和颅骨的发育情况。出生时头围为 33～34cm；婴儿前 3 个月头围的增长值与后 9 个月头围的增长值相等，约 6cm，1 岁时头围约 46cm；2 岁时头围约 48cm；2～15 岁头围仅增加 6～7cm。婴幼儿 2 岁内的头围数据对预测其脑发育状况最有价值。头围过小提示脑发育不良，头围过大提示脑积水。

4. 胸围

胸围是沿乳头下缘经肩胛角下缘绕胸部一圈的长度。胸围反映了肺和胸廓的发育情况。出生时胸围约 32cm，比头围小 1～2cm；1 岁左右的胸围约等于头围；1 岁后胸围约为：头围＋年龄－1cm。

5. 上臂围

上臂围是肩峰与尺骨鹰嘴连线中点水平绕臂一周的长度。上臂围反映了肌肉、骨骼、皮下脂肪和皮肤的生长发育情况。1 岁内上臂围增长速度快，1～5 岁增长缓慢，增长 1～2cm。上臂围常用来估计 1～5 岁婴幼儿的营养状况，上臂围＞13.5cm 为营养良好，

12.5～13.5cm 为营养中等，<12.5cm 为营养不良。

6. 头身比例

胎儿和婴幼儿时期，头的生长领先于躯干和下肢的生长，躯干和下肢生长得较晚，时间也较长，故头、躯干、下肢长度的比例在婴幼儿生长的过程中会发生变化，头长占身长的比例新生儿为1/4，到成人后为1/8。

(二) 婴幼儿骨骼和牙齿的发育

1. 骨骼

(1) 颅骨。颅骨的生长发育情况可通过头围、囟门的大小和闭合时间来评价。前囟为菱形间隙，出生时为1～2cm（对边中点连线的长度），6个月前前囟随着颅骨的生长而增大，6个月后因逐渐骨化而变小，最迟2岁闭合。大部分婴儿出生时后囟已闭合或很小，最迟6～8周闭合。前囟的检查在儿科临床中很重要，前囟小或闭合过早见于脑发育不良；前囟闭合延迟见于甲状腺功能减退；前囟饱满见于颅内压增高；前囟凹陷见于脱水。

(2) 脊柱。脊柱的增长反映了脊椎骨的生长情况。出生1年内脊柱的生长快于四肢，1岁后四肢的生长快于脊柱。婴儿出生时脊柱无弯曲，仅微微后突；3个月时学会抬头出现颈椎前凸；6个月时会坐后出现胸椎后凸；1岁时学会行走出现腰椎前凸。6～7岁时脊柱的曲度被韧带固定。脊柱生理曲度的形成与直立姿势有关，有利于保持身体平衡。

(3) 长骨。长骨的生长与体格生长关系密切。长骨干骺端的软骨逐渐骨化，骨膜下成骨，使长骨增长、增粗，当长骨干骺端骨融合时，长骨的生长结束。

2. 牙齿

牙齿的生长与骨骼有一定的关系，人一生有乳牙（20颗）和恒牙（28～32颗）两副牙齿。出生后4～10个月乳牙开始萌出，大多于3岁前出齐。乳牙萌出的顺序一般为自前向后、下颌先于上颌。13个月仍未萌出的为乳牙萌出延迟。

出牙时个别婴幼儿可出现低热、流涎、睡眠不安、烦躁等表现，为正常生理现象。咀嚼有利于牙齿的生长。出牙延迟、牙釉质差可见于缺钙、甲状腺功能减退等。

(三) 婴幼儿神经系统的发育

胎儿时期，神经系统的发育早于其他系统，婴儿出生时脑的重量已达到成人的25%左右，神经细胞数目与成人接近，之后脑的重量随着神经细胞体积的增大、树突的增多加长及神经髓鞘的形成和发育而增加。髓鞘的形成和发育约在4岁完成，婴幼儿时期刺激传导时易波及临近的神经纤维，造成传导速度慢且易泛化，不容易形成兴奋灶，所以婴幼儿容易疲劳而进入睡眠。

婴儿一出生即具有终生存在的反射，如瞳孔对光反射、角膜反射、吞咽反射等。觅食、吸吮、拥抱、抓握等反射随着年龄的增长逐渐消失。婴儿肌腱反射较弱，腹壁反射和提睾反射不易引出，到 1 岁时稳定。3～4 个月之前，婴儿的肌张力较高，克氏征可为阳性，2 岁以内的婴幼儿巴宾斯基征阳性为正常生理现象。

岗位操作

促进 1 岁佝偻病宝宝生长发育

天天 1 周岁了，妈妈希望未来天天能长成一个斯斯文文的小姑娘。但妈妈发现天天脾气很差，经常烦躁哭闹，出汗多，1 岁了还没长牙，为此妈妈带天天到医院检查。医生发现天天囟门偏大，有肋骨串珠表现，查血显示血钙和血磷都低，诊断为营养性维生素 D 缺乏性佝偻病。

医生为天天开具了处方，让她回家后服用维生素 D，同时要配合如下日常生活的调整：

（1）多晒太阳，紫外线能促进身体里维生素 D 的合成。

（2）合理饮食，多吃含钙高的食物，如奶、豆制品。

（3）调节情绪，多与天天交流，平复她烦躁的情绪。

（4）开展适当的体能训练，提高身体素质。

经过半年的调整，天天个头明显长高了，牙也出了 6 颗，脾气也好了很多。

操作解析：婴幼儿的发育虽然个体差异非常大，但也有一定的规律。当发现婴幼儿的发育与普遍规律有较大差异时，应及早就医，做到早发现早治疗，越早治疗效果越好，否则会留下影响孩子身体健康的后遗症。

第三节　婴幼儿心理发育规律与特点

岗位情境

欣欣 2 岁了，从出生那天起，妈妈就非常重视欣欣各方面的发育。每天晚上下班回家，妈妈都会陪着欣欣一起读绘本、做游戏。今天妈妈和欣欣一起读《小蝌蚪找妈妈》的绘本故事，欣欣也学着妈妈的样子指着书上的图，嘴里念叨着“着急的小蝌蚪”“胖胖的鱼妈妈”“绿色的青蛙妈妈”。读完书，妈妈问欣欣：“为什么小蝌蚪的妈妈不是大鱼呢?”欣欣翻到那一页，告诉妈妈：“因为小蝌蚪的妈妈有 4 条腿，大鱼没有腿，所以大鱼不是小蝌蚪的妈妈。”欣欣很喜欢和妈妈一起读绘本，妈妈也通过陪欣欣读绘本锻炼了她的视觉、听觉、语言、思维等能力。

上述情境中体现的是婴幼儿的心理发育引导。在婴幼儿成长过程中，心理发育情况会对其发展产生长期影响。本节内容以婴幼儿心理发育为主题，主要探讨以下问题：婴幼儿心理发育的规律是什么？不同年龄段婴幼儿心理发展的特点是什么？婴幼儿大动作发展的特点是什么？婴幼儿语言发展的特点是什么？

一、婴幼儿心理发育的规律

（一）从简单到复杂

婴幼儿的心理活动在初生时尚未发育成熟，随着生长发育先后形成。婴幼儿最初的心理活动，无论是认知、动作还是情绪、态度，都是笼统、弥散的，之后逐渐分化、明确。也就是说，婴幼儿最初的心理活动是简单和单一的，随着生长发育逐渐复杂和多样化。

（二）从具体到抽象

婴幼儿最初的心理活动是具体的，之后逐渐抽象。如从认知发展过程来看，婴幼儿最先出现感觉，之后能把感觉概括为知觉，进而出现思维活动。

（三）从被动到主动

婴幼儿的心理活动和行为最初常是无目的的，具有无意性，如新生儿的原始反射是对外界刺激的直接反应。随着年龄的增长，婴幼儿会出现有目的的、主动的行为，如自己寻找玩具。婴幼儿的心理活动是从被动、无意向主动、有意发展的。

（四）从零散到系统

婴幼儿最初的心理活动是零散、缺乏联系的。随着年龄的增长，婴幼儿的心理逐渐系统化，形成了稳定的整体，出现了个人所特有的个性。

二、婴幼儿心理发育的特点

（一）新生儿（0～28天）

出生，代表着新生命的诞生。新生儿首先要适应宫外生活，感知是他们认识世界和了解周围环境的重要途径，是人生中最早出现的认知过程。新生儿出生时就具备了视觉、听觉、触觉等基本感觉和知觉，他们虽然不会说话，但是却能表现出与语言相关的活动，如辨别和寻找声音，并表现出对某种声音的偏爱，这是为语言能力的发展做准备。新生儿的发音是从反射性的啼哭开始的，他们通过哭声的音量、音长和音高来传递心理状态，表达需求。我们认为哭声就是新生儿最初的发音、语言准备标志，是新生儿最早期的语言交流行为。除了哭，新生儿还通过安静、发出“啊啊”声、挥舞四肢等来表达情绪。

新生儿通过吸吮反射、觅食反射、抓握反射等无条件反射适应新环境，无条件反射是遗传的、本能的，是形成条件反射的自然前提。条件反射是生理活动和心理活动共同作用的结果，随着条件反射的出现，心理活动也就产生了。如当新生儿哭的时候，妈妈抱起他同时摇响摇铃，多次重复抱起和摇响摇铃哄哭的动作后，只要被抱起和听到摇铃响，新生儿就会停止哭泣。

新生儿已具备了心理活动，家长可在新生儿的小床上悬挂色彩鲜艳的小玩偶或图片、带响声的玩具来吸引他的注意力，从视觉、听觉、触觉等多方面刺激新生儿的发展。

（二）婴儿（0～1岁）

1岁前，婴儿已经开始表现出相对复杂的心理活动，包括知觉、语言、注意、记忆、情绪等。与新生儿相比，婴儿的认知和心理活动的复杂程度有所提高。

在知觉方面，婴儿的视敏度和颜色视觉逐渐趋于成熟；能辨别不同的声音，并且明显偏爱某些声音；能通过手和嘴的触摸感知周围环境；对形状、大小、距离有了一定的认识。

婴儿5～6个月时开始“认生”，对陌生人的靠近会感到不安、恐惧，出现退缩甚至哭闹的情况，认生是有记忆的表现，也是婴儿社会性发展的表现。婴儿与母亲等抚养人保持亲密的联系，会出现亲子依恋，依恋是逐渐发展的，6～7个月时开始明显。9～10个月婴儿开始模仿成人的语言，即开始“学说话”，能理解一些词语的意思，能通过单词打招呼，如看见妈妈时会喊“妈妈”。

0～1岁，婴儿的动作有了很大的发展。婴儿按照顺序依次出现如下动作：2个月抬头，3个月翻身，6个月独坐，8个月爬，10个月站，12个月走。在手的动作方面，3～4个月时出现抓握玩具的动作，5个月时出现手眼协调动作，6个月时出现有意识的抓握，开始五指分化。动作发育的早晚快慢与婴儿的身体素质、发育状况、营养水平、训练培养等有关，不必严格追求发育的时间。只要婴儿各项发育指标正常，排除各类疾病就不必着急。

（三）幼儿（1～3 岁）

1～3 岁是幼儿语言、知觉、动作等多方面发展的关键时期，这一时期幼儿各方面的能力均较 1 岁前有明显的进步和发展。

在知觉方面，幼儿的视敏度在 2 岁左右时接近成人水平，3 岁左右能初步辨别基本的颜色，听觉、触觉、痛觉等也都有了明显的发展。2～3 岁的幼儿能辨别周围的常见物品，对大小、上下和时间有了一定的认识。

1～3 岁是幼儿语言形成的时期，也是语言发展最迅速的时期。婴幼儿在日常生活中不断学习和积累语音、词汇、语法和口语，从 1 岁左右的模仿发音发展到能初步掌握口语。在这个阶段，幼儿词汇量突飞猛进，语音发展实现质的飞跃，语法的复杂程度提高，口语从单词、不完整句发展到完整句。此时，幼儿能理解别人说话的意思，也能用口语较清晰地表达自己的想法，还可以根据成人的语言指示调节自己的行为。语言的形成和发展也促进了幼儿心理活动和思维的发展。

2 岁左右是幼儿思维产生的重要时期，在这一时期，幼儿的分类、推理及思维等能力都有所发展。随着大脑皮层功能的成熟，想象也开始出现。此时，幼儿开始出现情绪分化，能在不同场景下用不同的方式表达情绪，对情绪的自我调节能力也逐渐增强。但幼儿自控力较差，容易受到暗示，喜欢模仿别人。2 岁左右，幼儿的自我意识开始萌芽，独立行动愿望强烈，此时成人应鼓励和引导幼儿完成力所能及的事情。3 岁左右，幼儿开始表现出最初的性格差异。

在粗大动作方面，1 岁左右幼儿学会独立行走，但此时走路不稳，容易摔跤；1.5 岁时幼儿可以走楼梯；2 岁左右幼儿能跳、跑、站着踢球，而且很少摔跤，此时幼儿动作虽然不够灵活，但活动积极性很高；3 岁时学会单脚跳等比较复杂的动作，这些动作的发展可以使幼儿自由地活动，也促进了其心理的发展。在精细动作方面，1 岁时手的动作逐渐灵活，能较准确地拿取物品；1.5 岁后可以恰当地使用物品，如用勺子吃饭；2 岁时幼儿开始学着自己穿脱衣服、用毛巾擦脸、用笔画画等。

拓展阅读

早期保健启智训练

从出生至 12 月龄是大脑发育的关键时期，也是大脑可塑性最强的时期，在此阶段给予婴儿适当的启智训练，可激活婴儿的大脑潜能，促进婴儿的生长发育。不同月龄段的训练内容如下：0～3 月龄进行被动操、指压操、按摩抚触、追视、追声、抓握摇铃等训练；4～6 月龄增加语言互动对话、连滚翻、裹春卷游戏、拉大锯游戏、主动操、辅食营养的指导等训练；7～9 月龄增加丢手绢、找找找、追球球、逗逗飞、开小车、匍匐前进、手膝支撑爬行等训练；10～12 月龄增加爬行追球、抱球爬行、过肩丢球、踢球、餐桌习惯、整理习惯等训练。以上训练有助于激发婴儿大脑的潜能，促进婴儿神经心理发育。

资料来源：周咏梅，夏彬，樊珏，王洁．早期保健启智训练对促进婴儿身心发展的研究［J］. 中国妇幼健康研究，2020，31（9）.

婴儿是否需要锻炼爬行能力?

可可 11 个月了还不会爬，妈妈有些着急，奶奶说："没关系的，等他会走了自然就会爬了。" 13 个月时，可可能站起来走路了，可是总是走不稳很容易摔跤，而且摔跤的时候不会用手撑地，经常磕到嘴巴、鼻子和额头，可可漂亮的小脸上留下了好几处摔伤的疤痕。查体时医生建议可可妈妈回家先锻炼可可的爬行能力，然后再让可可学走路。

回家以后，妈妈经常和可可一起做爬行游戏，在垫子上爬着你追我赶，1 个月以后，可可不但爬得很好了，走路也平稳了很多，一旦摔倒也会用双手撑地不再摔着脸了。

操作解析： 婴儿的发展是循序渐进的、有规律的，每一步的发展都为下一步的发展奠定基础。爬行能促进婴儿大脑神经的发育和肢体活动能力的发育，尤其是可以锻炼婴儿四肢的协调能力和身体的平衡能力，还有利于婴儿语言的发育。所以，家长应积极创设有利于婴儿爬行的外部环境，促进其整体发展。

第四节 婴幼儿发展相关政策法规

小刘夫妇都是普通的公司职员，两人已经有了两个健康活泼的儿子，但小刘心里一直

有个愿望，那就是拥有一个小女儿。恰逢国家颁布了三孩政策，小刘蠢蠢欲动了，但是考虑到家中老人年龄偏大、婴儿的照护和早期培养等问题，小刘夫妇就把生育三孩的想法放下了。但近年来国家颁发的一系列照护和托育的相关政策又打动了小刘夫妇，他们决定再生一个孩子。

上述情境中体现的是国家关于婴幼儿发展的政策对促进生育的作用。本节内容以婴幼儿发展相关政策法规为主题，主要探讨以下问题：与婴幼儿发展相关的政策法规有哪些？国务院办公厅《关于促进 3 岁以下婴幼儿照护服务发展的指导意见》提出的任务举措有哪些？与托育服务机构相关的政策有哪些？与托育工作人员相关的规定有哪些？

为了积极应对我国的人口老龄化趋势，避免人口负增长，2021 年 8 月，第十三届全国人民代表大会常务委员会第三十次会议通过了《关于修改〈中华人民共和国人口与计划生育法〉的决定》，该决定将“国家提倡适龄婚育、优生优育。一对夫妻可以生育三个子女”写入了《中华人民共和国人口与计划生育法》（以下简称《人口与计划生育法》），此次修改将“三孩政策”通过法定程序转化为国家法律制度。修改后的《人口与计划生育法》还明确提出：“国家采取财政、税收、保险、教育、住房、就业等支持措施，减轻家庭生育、养育、教育负担。”国家发展改革委测算，预计“十四五”时期托育方面还需要新增托位 450 万个，修改后的《人口与计划生育法》将推动建立普惠托育服务体系，提高婴幼儿家庭获得服务的可及性和公平性，规范托育服务。

一、中共中央、国务院《关于优化生育政策促进人口长期均衡发展的决定》

2021 年 6 月 26 日，中共中央、国务院印发了《关于优化生育政策促进人口长期均衡发展的决定》，就实施三孩生育政策及配套支持措施做出了决定。决定指出，要发展普惠托育服务体系。

（一）建立健全支持政策和标准规范体系

将婴幼儿照护服务纳入经济社会发展规划，强化政策引导，通过完善土地、住房、财政、金融、人才等支持政策，引导社会力量积极参与。以市地级行政区为单位制定整体解决方案，建立工作机制，推进托育服务健康发展。加大专业人才培养力度，依法逐步实行从业人员职业资格准入制度。发展智慧托育等新业态，培育托育服务、乳粉奶业、动画设计和制作等行业民族品牌。

（二）大力发展多种形式的普惠服务

发挥中央预算内投资的引导和撬动作用，推动建设一批方便可及、价格可接受、质量有保障的托育服务机构；支持有条件的用人单位为职工提供托育服务；鼓励国有企业等主体积极参与各级政府推动的普惠托育服务体系建设；加强社区托育服务设施建设，完善居住社区婴幼儿活动场所和服务设施；制定家庭托育点管理办法；支持隔代照料、家庭互助等照护模式；支持家政企业扩大育儿服务；鼓励和支持有条件的幼儿园招收 2 至 3 岁幼儿。

（三）加强综合监管

各类机构开展婴幼儿照护服务必须符合国家和地方相关标准和规范，并对婴幼儿安全和健康负主体责任。地方政府要承担监管责任，建立健全登记备案制度、信息公示制度、评估制度，加强动态管理，建立机构关停等特殊情况应急处置机制。

二、国务院办公厅《关于促进 3 岁以下婴幼儿照护服务发展的指导意见》

2019 年 4 月 17 日，国务院办公厅印发了《关于促进 3 岁以下婴幼儿照护服务发展的指导意见》。该意见指出，要以习近平新时代中国特色社会主义思想为指导，建立完善促进婴幼儿照护服务发展的政策法规体系、标准规范体系和服务供给体系，多种形式开展婴幼儿照护服务，逐步满足人民群众对婴幼儿照护服务的需求。

（一）优先支持普惠性婴幼儿照护服务机构

按照儿童优先的原则，最大限度地保护婴幼儿，确保婴幼儿的安全和健康。到 2025 年，多元化、多样化、覆盖城乡的婴幼儿照护服务体系基本形成，婴幼儿照护服务水平明显提升，人民群众的婴幼儿照护服务需求得到进一步满足。

（二）任务举措

1. 加强对家庭婴幼儿照护的支持和指导

全面落实产假政策，支持脱产照护婴幼儿的父母重返工作岗位，为家长及婴幼儿照护者提供婴幼儿早期发展指导服务。

2. 加大对社区婴幼儿照护服务的支持力度

按标准和规范建设婴幼儿照护服务设施及配套安全设施，鼓励通过市场化方式，采取公办民营、民办公助等多种形式，在就业人群密集的产业聚集区域和用人单位完善婴幼儿照护服务设施。注重发挥城乡社区公共服务设施的婴幼儿照护服务功能，支持和引导社会力量依托社区提供婴幼儿照护服务。

3. 规范发展多种形式的婴幼儿照护服务机构

支持用人单位在工作场所为职工提供福利性婴幼儿照护服务，鼓励支持有条件的幼儿园开设托班，支持各类婴幼儿照护服务机构提供多样化、多层次的婴幼儿照护服务。加强婴幼儿照护服务专业化、规范化建设，运用互联网等信息化手段对婴幼儿照护服务机构的服务过程加强监管，依法逐步实行工作人员职业资格准入制度。

三、托育服务机构相关政策

为加强托育机构专业化、规范化建设，2019 年 10 月 8 日，国家卫生健康委员会印发了《托育机构设置标准（试行）》和《托育机构管理规范（试行）》，就托育机构的设置要求、场地设施、人员规模和托育机构的备案管理、收托管理、保育管理、健康管理、安全管理、人员管理及监督管理等做了明确规定。

为指导托育机构为 3 岁以下婴幼儿提供科学、规范的照护服务，2021 年 1 月 12 日，国家卫生健康委员会印发了《托育机构保育指导大纲（试行）》。大纲规定了其目的、依据、适用范围，明确了托育机构保育的核心要义，强调托育机构保育应遵循“尊重儿童、安全健康、积极回应、科学规范”的基本原则。从营养与喂养、睡眠、生活与卫生习惯、动作、语言、认知、情感与社会性等 7 个方面，分别对照护 7～12 个月、13～24 个月、25～36 个月三个年龄段的婴幼儿提出了目标、保育要点和指导建议。

为增加 3 岁以下婴幼儿普惠性托育服务的有效供给，2019 年 10 月 9 日，国家发展改革委、国家卫生健康委员会联合下发《支持社会力量发展普惠托育服务专项行动实施方案（试行）》。方案提出，建成一批具有带动效应、承担一定指导功能的示范性托育服务机构，社区托育服务骨干网基本完善，普惠性托位数量大幅增加，服务内容不断丰富，服务质量明显提升，对专业人才队伍建设支撑更加有力，对家庭科学养育指导能力持续增强，更多更好惠及婴幼儿家庭。方案提出，形成金融机构推荐名单并实行动态管理，与国家发展改革委签订备忘录，对参与专项行动的托育机构提供普惠金融服务。

四、托育工作人员相关规定

2021 年 3 月 12 日，教育部印发了《职业教育专业目录（2021 年）》，该目录对职业教育部分专业进行了修订，在中等职业教育中新设了婴幼儿托育专业，在高等职业教育（专科）中将幼儿发展与健康管理专业更名为婴幼儿托育服务与管理专业。此两个专业的设立，将为我国的婴幼儿托育工作培养大量专业人才。

2021 年 12 月 2 日，人力资源和社会保障部办公厅颁布了网约配送员等 18 个国家职业技能标准，在专业目录中增设了婴幼儿发展引导员、保育师两个跟婴幼儿托育服务有关的职业。在通过职业培训并通过职业技能认定后，婴幼儿发展引导员可从事 0～3 岁婴幼儿身心健康发展引导，并对婴幼儿看护人提供辅助咨询服务工作；保育师可从事儿童基本生活照料、保健、自理能力培养和辅助教育工作。

拓展阅读

婴幼儿发展相关法律、法规

1.《中华人民共和国母婴保健法》（2017 年修正）

2.《托育机构管理规范（试行）》（2019 年）

3.《托育机构设置标准（试行）》（2019 年）

4.《全国家庭教育指导大纲（修订）》（2019 年）

5.《托育机构保育指导大纲（试行）》（2021 年）

6.《托育机构负责人培训大纲（试行）》（2021 年）

7.《托育综合服务中心建设指南（试行）》（2021 年）

8.《托育机构婴幼儿喂养与营养指南（试行）》（2021 年）

9.《托育机构保育人员培训大纲（试行）》（2021 年）

10.《托育机构消防安全指南（试行）》（2022 年）

岗位操作

婴幼儿发展引导员如何指导解决婴幼儿“吃手”问题？

10 个月的小羽越来越爱吮吸手指了，妈妈觉得小孩好像都喜欢吃手，可奶奶说不能让孩子吃手，会把皮肤吮破皮，要用布包上小羽的手指。于是，家人请来了婴幼儿发展引导员陈老师，陈老师通过评估、分析，给予了支持性建议。

步骤 1：评估。

（1）问候看护人，并介绍自己。

（2）请看护人介绍自己的孩子，包括年龄、问题表现等。

（3）通过询问与倾听的技巧，帮助看护人建立信心。

（4）倾听看护人的担忧，比如孩子状况、家庭养育方式和观念等，并观察看护人与孩子的状况。

（5）接纳看护人的做法，并对其做得好的地方予以鼓励和表扬。

步骤 2：分析。

（1）小羽 10 个月大，越来越喜欢吮吸手指。

（2）奶奶与妈妈的想法产生冲突，妈妈不知道如何做。

步骤 3：提供支持。

（1）鼓励和表扬看护人发现了孩子的问题，对于孩子的问题没有置之不理，而是采取积极行动。

（2）阐述婴幼儿的发展规律：吸吮反射是婴幼儿 0～4 个月时出现的正常的生理反射，其表现为吸吮碰触到唇部及周围的任何东西；7 个月时增强，8 个月时达到高峰，2 岁逐渐消退。

（3）阐述处理方法：对小羽吸吮手指的行为不必强行制止，可换成磨牙棒、咀嚼条等，同时多陪伴小羽增强其安全感；随着其年龄增长，可通过适当忽视、转移注意力或不吸吮时给予鼓励和表扬的方式，逐步消除吸吮手指现象。

（4）说明安全隐患：手指包布容易导致误食，用线缠布等也容易造成安全隐患。

（5）请小羽父母口头重复上述婴幼儿发展规律和处理方法，以确认其理解原理和方法。

（6）回访安排：与小羽父母商定回访的时间安排。

（7）社会资源支持：建议小羽父母获取社会资源支持，比如推荐一些书籍或一些课程。

（8）感谢：感谢小羽父母对养育问题进行咨询。

小羽妈妈参考陈老师的建议解决小羽的吃手问题，1 个月后，陈老师回访，小羽吃手现象明显减少。

操作解析： 婴幼儿发展引导员可为婴幼儿常见问题提供咨询服务，通过评估、分析，结合婴幼儿的发展特点给予合理化建议，帮助家长缓解焦虑，解决婴幼儿常见问题。

证书标准

根据《国家职业技能标准　婴幼儿发展引导员》（职业编码：4－10－01－01），本章对应四级和三级的部分工作要求，如表 1－1 所示。

表 1－1 婴幼儿发展引导员标准及要求

级别	职业功能	工作内容	技能要求	相关知识要求
四级	3. 发展引导	3.1 动作发展	3.1.3 能指导看护人发展婴幼儿抬头、翻身、坐、爬、站立、走、跑、钻、踢、跳等粗大动作 3.1.4 能指导看护人促进婴幼儿抓、捏、握等精细动作发展	3.1.2 婴儿先天性反射的相关知识 3.1.3 婴幼儿粗大动作发展的基本规律 3.1.4 婴幼儿精细动作发展的基本规律
		3.2 语言发展	3.2.2 能指导看护人引导婴幼儿使用声音、动作和词汇等进行简单的互动和交流	3.2.1 婴幼儿言语发展的整体特点及影响因素
		3.3 认知发展	3.3.1 能指导看护人为婴幼儿提供有利于视、听、触等感知觉发展的材料	3.3.1 婴幼儿感知觉发展的基本规律与特点 3.3.2 婴幼儿注意、记忆发展的基本规律及特点 3.3.3 婴幼儿思维、想象发展的基本规律和特点
三级	3. 发展引导	3.1 动作发展	3.1.2 能指导看护人丰富婴幼儿的运动活动和经验，增加户外运动的机会 3.1.3 能指导看护人提供多类型材料，促进婴幼儿剪贴、拼搭、叠套、搭建、制作等精细动作发展	3.1.2 婴幼儿粗大动作发展的类型与训练 3.1.3 婴幼儿精细动作发展的类型与训练
		3.2 语言发展	3.2.1 能指导看护人结合日常生活，用丰富的语言与婴幼儿互动	3.2.5 婴幼儿语用发展的特点
		3.3 认知发展	3.3.1 能指导看护人引导婴幼儿对周围事物产生和保持好奇心和求知欲	3.3.1 婴幼儿认知游戏的方法

关键术语

婴幼儿发展　　婴幼儿生理发育　　婴幼儿心理发育

婴幼儿照护政策法规　　婴幼儿发展引导员

课后思考

1. 婴幼儿发展引导员的工作任务有哪些？

2. 婴幼儿生理发育的规律和特点是什么？

3. 婴幼儿心理发育的规律和特点是什么？

4. 你如何认识我国现行的托育服务体系？

5. 结合我国的一系列政策法规，谈谈你对于促进我国婴幼儿照护服务发展的想法和建议。

技能演练

1. 技能练习——实际情境问题

2 岁的小米被送到托育中心了，刚来到教室的小米对所有的东西都很好奇，东看看，西摸摸。妈妈对小赵老师说小米不太愿意活动，想拜托小赵老师多带小米运动。小赵老师应该如何带着小米运动呢？

2. 技能提升——尊重与回应式照护演练活动

[活动目标]

（1）提高小米的运动兴趣。

（2）促进小米运动能力的发育。

[活动背景]

（1）先在托育中心的小操场上摆好运动小器械。

（2）带小米到小操场。

[活动过程]

（1）引导小米认识所有的运动小器械。

（2）观察小米最感兴趣的项目。

（3）小赵老师演示运动项目的做法。

（4）指导小米进行该项目运动。

（5）让小米独立完成运动项目。

（6）观察小米的状态，要达到既能起到锻炼作用，又不至于运动过量的适宜状态。

［活动评价］

（1）是否能发现婴幼儿喜欢的运动项目。

（2）是否能指导婴幼儿完成项目操作。

［活动记录］

（1）婴幼儿情绪持续时间：______分钟。

（2）与婴幼儿沟通难度：A. 容易　B. 适中　C. 困难

（3）婴幼儿配合程度：A. 很配合　B. 一般　C. 不配合

［家庭方案］

运动指导实践：和家人沟通，鼓励家人和婴幼儿一起运动，让婴幼儿体会到与家人一起运动的快乐感觉，通过适当的运动提高婴幼儿的运动能力，提高身体素质。

［活动提示］

（1）帮助婴幼儿选择合适的运动项目。

（2）注意随时观察，在婴幼儿需要时再给予及时的回应。

（3）指导家人与婴幼儿一起运动，开展良好互动。

第二章 婴幼儿早期学习

学习目标

知识目标

1. 了解脑的发展对婴幼儿学习的影响。
2. 熟悉婴幼儿学习的方式。
3. 掌握婴幼儿学习动机的类型。

技能目标

1. 能够对孕妇进行孕期指导，促进婴幼儿早期大脑发育。
2. 能够根据学习理论帮助婴幼儿养成良好的行为习惯。
3. 能够运用婴幼儿学习动机理论促进婴幼儿的学习。

素养目标

1. 树立“以婴幼儿为中心”的服务意识，培养职业责任感和价值感。
2. 了解婴幼儿的学习方式和动机，促进婴幼儿健康发展。

学习导图

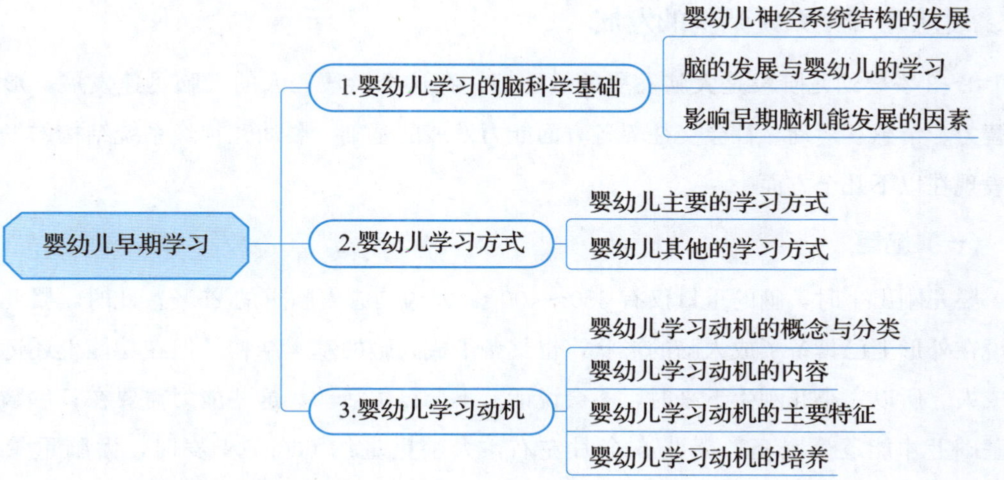

第一节　婴幼儿学习的脑科学基础

岗位情境

悠悠 2 岁 8 个月，非常喜欢一个人坐着，安安静静地玩自己的玩具。本来爸爸妈妈觉得他只是比较文静，并没有在意。可是看到身边的小朋友一个个都生龙活虎的，悠悠却连滑滑梯都不敢玩，爸爸妈妈觉得有点不对劲了，而且悠悠已经快 3 岁了，但是他出门就要抱着，走几步路就喊累，还经常尿裤子，每次都是尿到裤子里了才喊要上厕所。爸爸妈妈真是太犯愁了。

上述情境中体现的是婴幼儿大脑发育过程中出现的问题。本节内容以婴幼儿学习的脑科学基础为主题，主要探讨以下问题：婴幼儿神经系统结构的发展主要体现在哪些方面？脑的发展是怎样影响婴幼儿的学习的？影响早期脑机能发展的因素有哪些？

岗位知识

一、婴幼儿神经系统结构的发展

0～3 岁婴幼儿阶段是大脑发展的敏感期，在这个阶段，人的大脑迅速发展，形成今后智力、情感、运动、社会交往等各方面能力发展的基础。婴幼儿神经系统结构的发展主要表现在以下几个方面。

（一）脑重

婴儿刚出生时，脑的重量仅有 350～400g，大约是成人脑重的 25%。此时，婴儿的脑虽说在外形上已具备了成人脑的形状，也具备了成人脑的基本结构，但在功能上还远远差于成人。所以，小儿刚生下来时，不会说话、不会自主活动，这些能力需要在日后脑发育的基础上才能逐渐具备。婴儿 6 个月左右，大脑重量约 600g；1 岁时，大脑重量约为 900g；3 岁时大脑重量约达到成人脑重的 80%，有 1 000g 左右；在大脑持续发育和后天刺激的作用下，4 岁时幼儿大脑重量约达到成人脑重的 90%。

（二）神经突触

神经元是处理大脑信息的细胞，是人脑和整个神经系统发挥功能的核心。各个神经元的纤维离得很近但不接触，其间有细微间隙，称为突触。妊娠 23 周时，开始形成第一批突触。0～2 岁，突触以惊人的速度增长，尤其是大脑皮层的听觉、视觉和语言区域。额叶的突触更加密集。而当神经元形成联结以后，刺激对它们的存活很重要。很少受到刺激的神经元将会丧失突触，这一过程称为突触修剪。总的来说，在儿童期和青少年期，大约 40%的突触被修剪，达到成人水平。

（三）神经髓鞘化

神经胶质细胞掌管着神经纤维的髓鞘化过程，即在神经纤维外面形成一层绝缘的、可提高信息传递效率的髓鞘脂。髓鞘使得神经冲动的传导以及与其他神经元交换的速度快了 3 倍多。从出生到两岁，髓鞘形成的速度非常快，之后在整个儿童期速度减慢。不同的脑区髓鞘化的时间不同，比如与吞咽、吸吮动作有关的神经纤维的髓鞘在出生前已经形成，而大脑皮质的运动区在婴儿 4 个月后形成髓鞘。当运动区形成髓鞘后，婴儿才能完成坐、伸手取物和站立等动作。

二、脑的发展与婴幼儿的学习

（一）婴幼儿学习存在敏感期

个体发展的敏感期与脑的发展有关。脑部高级神经网络的形成有一定时间期限，不同区域的脑神经网络有不同的构建期，并在不同的时期成熟。因而，在人早期的生活经验中，不同年龄对各种事物有不同的敏感性，即学习存在“敏感期”，利用敏感期理论能促进婴幼儿不同区域脑神经网络的发育与成长。研究表明，出生后 5 个月是脑电活动发展的重要阶段；1～3 岁，幼儿脑电活动逐渐成熟，脑电图也逐渐复杂化。脑的结构和机能在幼儿期的发展并非处于纯粹自然的状态，它在很大程度上受环境和教育的影响与制约，特别是早期环境、教育和学习经验对幼儿大脑发育有深远影响。

（二）婴幼儿具有巨大的学习潜力

婴儿在 3 个月时便能进行多种学习活动；1 岁时能初步辨认物体的数量、大小、形状、颜色和方位。幼儿期是个体心理多方面发展的敏感期。2～3 岁是个体口头语言发展的敏感期；4～6 岁是儿童图像视觉辨认、形状知觉形成的最佳期；5～5.5 岁是掌握数概念的最佳年龄段；5～6 岁是儿童词汇能力发展最快的时期。同时，幼儿期还是好奇心、求知欲、想象力、创造性等重要的非智力品质形成的关键时期。

拓展阅读

师幼关系与大脑发展

教师的情感支持会对幼儿的大脑发育造成影响。对幼儿唾液中的皮质醇含量和 α-淀粉酶进行测定发现，较低教师情感支持的幼儿可能处于慢性应激状态，其 HPA 轴（下丘脑—垂体—肾上腺轴）与交感神经系统活动均比有较高教师情感支持的幼儿强，说明其紧张和压力程度较后者高。

研究发现，幼儿与教师之间安全的依恋关系，能促进其认知发展，提高其注意能力和阅读技能。若幼儿与教师没有建立正常的依恋关系，则会影响其认知发展。例如，未与教师建立正常依恋关系的幼儿往往表现出较弱的口头表达能力、计算能力和言语理解能力，且在总体学术成就上落后于师幼间依恋关系良好的幼儿。

资料来源：崔艳妮，等．早期经验对幼儿大脑结构发育的影响［J］．幼儿教育，2017（9）．

三、影响早期脑机能发展的因素

（一）孕妇吸烟

孕妇吸烟危害胎儿发育已被公认。孕妇吸烟之所以危害胎儿发育，原因是烟中的尼古丁与一氧化碳均可由胎盘传给胎儿，使子宫内的胎儿直接受到危害。尼古丁可使血管收缩，血液流量减少，养分供应量亦随之降低。再加上一氧化碳与血红素结合，降低了带氧量，使胎儿处于缺氧状态，轻则使胎儿发育不佳，重则导致胎死腹中或产后死亡。超声波检查证明：吸烟孕妇的胎儿在子宫内发育迟缓的概率比不吸烟者高 2～10 倍。孕妇吸烟易导致产出低体重儿（体重在 2 500g 以下），较正常足月产的胎儿体重可低 200～600g，称为“胎儿烟草综合征”。

（二）孕妇饮酒

孕妇饮酒影响胎儿发育亦为研究所证实。如果孕妇经常饮酒，胎儿就有可能患酒精综合征。酒精的危害程度与饮酒的时间和饮酒量有关。一般来说越是在妊娠早期大量饮酒，危害程度也就越大。酒精也会影响精子的质量，使胎儿致畸的危险性增大。西方的“星期天婴儿”就是指狂饮之后受孕所生的酒精中毒综合征婴儿。因此准备生孩子的男女双方均应在受孕前戒酒。

由于怀孕最初 3 个月正是胎儿形成的重要阶段，因此这时饮酒，对胎儿的损害特别严重。胎儿大脑的发育过程贯穿整个孕期。在妊娠初期的 1～2 个月，孕妇即使饮用少量含酒精饮料，也会影响胎儿发育及出生后的智力。胎儿生长的高峰是在妊娠的 6 个月以后，这时饮酒，也会给胎儿带来严重的损害。

（三）孕妇的饮食与营养

胚胎学的研究发现，人类神经系统发育的关键时期是妊娠最后 3 个月至出生后前 6 个月。孕妇的营养状况直接关系到胎儿大脑和神经系统的发育。产前营养不良主要影响大脑皮质神经细胞的发育。通过对不同部位脑组织脱氧核糖核酸含量的测定发现，营养不良导致的胎儿脑组织脱氧核糖核酸的减少主要发生在前脑部位。研究发现，胎儿期营养不良会使婴儿出生时大脑细胞总数减少 15%～20%；如果在出生后前 6 个月出现营养不良，大脑细胞数也将减少 15%～20%；如果婴儿在出生前和出生后前 6 个月里均出现营养不良，那么，脑细胞减少的数量将高达 60%。

孕妇营养不良对胎儿有害，而营养过剩同营养缺乏一样，也会对胎儿造成危害。研究发现，孕妇在孕期营养过剩，特别是碳水化合物摄入过多，可引起饮食性糖尿病，导致胎儿发育障碍。孕妇营养过剩，还会导致胎儿过大，造成难产。因此，为了保证胎儿的健康成长，要保持营养适度。

岗位操作

如何正确面对孩子成长中的敏感期?

小美有一个可爱漂亮的宝宝沐沐。沐沐三岁的时候很喜欢在家里涂涂画画，每次拿到画笔都能一个人画好一会儿。小美之前就听说过孩子的发展是有敏感期的，在某项能力的敏感期进行学习能够起到事半功倍的效果。因此，小美便认为宝宝画画的敏感期应该是到了。于是，小美火速给三岁的沐沐报了绘画班，每周都带孩子去学画画，还报名了美术考级。结果每次考级前培训机构都会组织五天的集训，集中训练考试作品，每天都画一样的作品，长此以往，沐沐对画画彻底丧失了兴趣，甚至产生了反感，再也不愿意去绘画班了。

作为婴幼儿照护者的家长和老师该如何正确面对孩子成长中的敏感期呢?

(1) 照护者应正确理解敏感期的内涵，保持良好平和的心态。

(2) 照护者应把握孩子脑部发育的敏感期，给予其必要的营养。婴幼儿神经细胞的广泛联结依赖于后天充足的营养与适宜的环境。

1) 补充 DHA。DHA 是人体必需脂肪酸。人脑中的神经突触是信息传递的关键部位，DHA 在神经组织中约占其脂肪含量的 25%，它能够促进大脑和视网膜发育，促进神经网络形成，增强记忆、提高智力。经研究发现，海藻是 DHA 的原生体，因此可适当食用海带、紫菜类食品。

2) 适量补充卵磷脂。卵磷脂也是大脑发育的重要助力器，它能够加快信息传递速度，提高大脑活力。经研究发现，海产品和豆类、谷类等食物中含有此类营养物质。

3) 补充蛋白质。蛋白质是控制脑细胞的兴奋与抑制过程的主要物质，在记忆、语言、思考、运动、神经传导等方面都有重要作用。补充蛋白质的最佳食物有瘦肉、鸡蛋、豆制品、鱼类、贝类等。

(3) 把握孩子的学习敏感期，给予良好刺激，让孩子的潜能得到最充分的开发。

1) 1～2 岁。

关键内容：手眼协调、平衡能力、语言能力、秩序感、展现自我。

手眼协调练习：搭积木、穿珠子、定位粘贴、敲打玩具、用笔画画。

平衡能力练习：上下台阶，蹦蹦跳跳，练习抛球、踢球和拉车行走。

语言能力训练：选择合适的绘本，开展亲子阅读，亲子一起表演讲故事、背诗歌、说歌谣等。

秩序感训练：让孩子尝试穿脱衣服、洗手、擦脸和刷牙。

展现自我引导：这个时期是幼儿力图展现自我的敏感期，喜欢说“不”，照护者要以积极的办法对待孩子的反抗行为，培养幼儿的好习惯，多使用正面语言引导幼儿尝试，使其在受挫时也能有相对较好的情绪体验。

2）2～3 岁。

关键内容：口语表达、操作技能、性格培养。

口语表达练习：此时幼儿进入语言爆发期，要善于向幼儿提问和回答幼儿的问题。

操作技能练习：搭高积木，注意变换花样；穿珠子时进行颜色和形状组合搭配；鼓励孩子涂鸦，玩翻绳、捏塑、摆拼卡片等游戏。

性格培养：让幼儿学习与人交流、与人合作，学习讲究秩序，培养幼儿讲礼貌的好习惯和积极乐观的生活态度。

操作解析：虽然大量研究表明敏感期对于婴幼儿的发展具有重要作用，抓住敏感期培养婴幼儿的某些能力能够达到事半功倍的效果，但是，人的大脑是具有很强的自我修复性和可塑性的，在后期环境和教育的帮助下婴幼儿的能力依然可以得到良好的发展。

第二节　婴幼儿学习方式

托大班的华华在入园的时候就有口吃的现象，每一句话都说得磕磕巴巴的。他和同伴玩时，同伴觉得他说的话很好玩、很有趣，就学华华说话的方法，有一次告状的时候，他们就学华华那样说话：“老……老……师，他……他尿裤子了。”说完之后就哈哈大笑。自那以后，班里的小朋友都开始学他说话。

上述情境中体现的是婴幼儿常见的学习方式——模仿。婴幼儿的学习方式对于其身心成长发育有着极为重要的作用，是联系婴幼儿个体与外界的重要手段，也是其逐步适应外界环境的关键环节。本节内容以婴幼儿的学习方式为主题，主要探讨以下问题：婴幼儿主要的学习方式有哪些？除此之外还有哪些学习方式？

岗位知识

一、婴幼儿主要的学习方式

（一）习惯化与去习惯化

习惯化是指个体不断或重复地受到某种刺激而对该刺激的反应逐渐减弱的一种现象。它是人脑的一种功能，是排除那些已熟悉却仍重复出现的刺激物，以免使脑负担过重的一种方式，这可以为新异刺激保留注意的空间。习惯化表明婴儿已习得了这种刺激，这时如果有另外的新异刺激出现，婴儿的注意会转向它。对熟悉的刺激的反应恢复和增加，就是去习惯化。通常研究者们把婴儿的习惯化和对新异刺激的反应现象看作婴儿特有的学习方式。也可以说，习惯化和去习惯化是婴儿最早的学习方式。习惯化与新异反应的适当运用是促进婴儿学习的有效手段。经常更换环境中的刺激物和玩具，可以保持婴儿的活跃、兴趣状态。例如，照护者可以不断地增加婴幼儿周围的新事物，比如喂奶、做游戏时播放音乐培养其音乐敏感，这样不断进行，到了一定时间就会形成牢固的条件反射，从而扩展婴幼儿的认知领域。

（二）经典条件作用

新生儿的神经系统发展十分迅速，出生后不久，在喂奶时呈现乐音，多次重复后，婴儿在听到乐音时吸吮会加速，这就是在吸吮无条件反射基础上建立了条件反射，乐音成了条件性刺激。这也是婴儿最早的学习方式。3～6 个月婴儿能在社会交往中利用延缓性条件作用。当刺激物延迟出现时，如母亲离开，他们会等待做出反应。同时，他们还会形成分化性条件联系，如 5 个月婴儿能区分正放和倒置的人脸照片；6～12 个月婴儿出现了辨别不同人脸的认知能力，他们会区分熟人、依恋对象和陌生人，并产生对陌生人的焦虑反应；1 岁婴儿还能学会辨别数量，能容易地区分 2 个和 3 个物体，随后能区分 4 个和 5 个。研究指出，婴儿明显地偏爱直立与平放的人的正常面孔。此外，婴儿还会形成条件反射的消退，已经建立的条件联系，如果长时间不予以强化，即会消失。

（三）操作条件作用

操作条件作用表现了婴儿学习的主动性。婴儿的许多习惯和行为都是通过自身的操作习得的，其中蕴含着某些主动性。出生几天的婴儿就出现了操作条件作用的学习。3 个月婴儿对操作条件作用的学习，在日常生活中可以经常观察到。例如，照护者用绳带把带响声的玩具与婴儿的腿联结起来，每当婴儿动腿，玩具装置就发出声响并旋转起来。玩具的变化引起了婴儿的注意和兴趣，于是他不断地踢腿，以使玩具旋转和发出响声。5~6 个月后，婴儿能学会做出某种行为以引起父母注意，如敲打玩具或把玩具扔在地上。但是，如果每次敲打玩具或把玩具扔在地上，父母都会走过来照顾他，就会强化他们的这一行为。因此，大人应该根据教育的要求，从婴儿类似的主动行为中辨别出哪些行为应予以强化，哪些行为不应强化，从小就培养孩子的良好习惯。

（四）模仿

模仿是婴儿学习的一种特殊方式。婴儿出生后就能看和听，这是人类婴儿的一种先天能力。同时，婴儿的看和听也受后天条件影响。看到和听到的信息在婴儿脑中不断积累，注意、记忆也随之而发展。婴儿又通过自身的动作活动，反映出他们所看到的和听到的，这就是模仿。12~21 天的新生儿就具有模仿行为。5~6 个月的婴儿出现了有意向的模仿。10~22 个月的婴幼儿更多是对他们理解了的动作和有意义的动作做出模仿。这种模仿行为在性质上的改变，说明新生儿早期的模仿反应只是一种不随意的自动化反应，它随着大脑皮质的发展，逐渐被有意模仿所取代。

皮亚杰指出，模仿不是天生的本能活动，而是习得的。他用同化和顺应来解释婴儿的模仿。他认为，先是成人模仿婴儿，然后是婴儿模仿成人。当婴儿听见别人的声音和自己的声音相似时，他便顺应那个声音。通过知觉听见声音，由此形成一个同化的模式。婴儿去重复这种声音，就是对这种声音的顺应。4 个半月的婴儿只能模仿已经学会的声音。也就是说，他只能模仿那些他自己自发地能发出的声音。他喜欢重复那种声音，要把听到的那种声音继续下去。但此时婴儿不能模仿新的发音，当听到新的发音时不发出声音，或发出自己原来会发的音。这是因为同化和顺应还没有分化。从 8~9 个月开始，婴儿能够模仿新的发音，即同化与顺应已经分化，他能够顺应外在榜样的模式。

二、婴幼儿其他的学习方式

（一）图式学习

图式学习是婴幼儿，特别是 1 岁前婴儿的基础性学习方式。通过使用图式，例如敲打、伸手够物、说话等方式，婴儿获得关于周围事物的有价值的信息。图式学习可以帮助婴儿发现如何以最佳方式使用物体，以及如何运用新的、有趣的方法使用物体。图式包括以下三种：

(1) 简单图式。如敲打、抓、握、够物等发现物体性质的动作图式，它能帮助婴儿对物体进行初步的分类：硬的物体如积木，软的物体如棉花球，黏性的物体如贴纸；有的物体是可以摇动的，有的物体是可以推的。

(2) 混合图式。婴儿运用几种简单图式去探索，学会运用综合方式解决新问题。

(3) 社会性图式。婴儿发展了与人交往的图式，这称为社会性图式。例如，理解听音乐与舞蹈之间的关系，说再见与离开之间的关系，上床准备与睡觉之间的关系。同时他们还能正确使用茶杯、筷子等带有“社会使用规则”的物品。

（二）因果关系

6个月的婴儿便能够在大人的启发下初步理解两个相关事物之间的因果关系，如按动开关电灯会亮、摇动铃铛会发出悦耳的声响等。婴幼儿逐步明白了事件和由事件所引发的结果之间的联系。他们学会了通过自己的身体或自己的主动行为引起因果关系事件的发生；知道了其他人与物体也能引起因果关系事件的发生；也知道了通过操作物体的特定部分，如轮子、灯的开关、门把手、电视机开关，能使特定的事情发生。

（三）使用工具

工具是婴幼儿实现他们所期望行为的重要中介。婴幼儿常用的工具有哭喊、手的动作、养育者，或是某一个物体。通过使用工具，婴幼儿学会了借助工具拓展自己的力量。婴幼儿使用工具会经历以下阶段。

1. 将自己的身体作为工具

几个月婴儿的探索活动主要借助自己的身体进行。如当他哭喊时，总能引发养育者的抚育反应。经过多次重复，婴儿就知道了“哭喊是一种重要的方式”。当他们需要养育者关注时，就借助哭喊这一方式。以自己的身体为工具，还有几种情况：用自己的手去够物体；向需要的物体方向蠕动；推动物体；用他们的嘴作为工具去保持或抛弃物体。

2. 将养育者作为工具

让他人为自己做事也是婴儿“使用工具意识”的表现。婴儿常常让养育者为自己捡玩具、替自己为玩具上发条、替自己取物品，或为自己打开密封容器。我们在观察中还可以发现，7～8个月的婴儿还不会走路，但他会让养育者带他到远处去探索。使用他人作为工具，是婴儿认知与学习发展中的重要一步。

3. 将物体作为工具

年龄大一些的婴幼儿开始自己使用物体作为工具。例如，婴幼儿能发现如何使用小棒去够一个离自己稍远的物体；为够床底下的鞋子，会用自己的脚作为工具；为拿到书架高处的玩具，他会搬一个小椅子，站到椅子上去取玩具，甚至把一个算盘作为小推车去运玩具。随着思维能力的发展，婴幼儿逐渐能想出以物体作为工具的新用途去达成目标。

（四）理解空间

距离、运动、视角等也是早期学习的重要方面。婴儿会通过撞击物体，将物体挤成紧密的形状，从不同角度观察物体，学会空间关系；在婴儿够物体的过程中，他们能学到距离的概念；当他们开始运动的时候，他们能发现影响运动的障碍物；他们会发现有些空间过小，不适合填放东西，如钻到小桌子底下，他们就很难出来；他们同样也会发现当一个球滚到远处时，看上去变小了，而滚到离自己近的地方时看上去就变大了。婴儿就像小科学家，不断地通过探索与发现来了解物体的空间特征。

岗位操作

如何利用婴幼儿学习的特点帮助其养成良好的生活习惯？

托育中心王老师最近很烦恼，因为班上的晨晨小朋友挑食现象特别严重。虽然挑食是现在孩子普遍存在的现象，但是像她这样挑食严重的却为数不多。午饭时，王老师给晨晨盛了半勺饭，菜也不是很多。小朋友们都津津有味地吃着，晨晨却只吃了点饭，菜一口没动。

王老师应如何帮助晨晨养成良好的就餐习惯呢？

（1）王老师需要充分了解晨晨如此挑食的原因和其养成不挑食习惯的主要障碍是什么。具体可以采取以下措施：

1）创造安静愉快的进餐环境，在进餐时减少其他因素的干扰。

2）对晨晨挑食的行为要有耐心并充分理解，不能对其进行责骂、威胁恐吓。可以利用形象化的语言引导晨晨认识到营养均衡的重要性。例如在引导晨晨吃西兰花时，可以说："晨晨看，我们开始吃'大树'喽，张大嘴巴一口就把'大树'吃下去啦！"

3）及时表扬。在纠正晨晨挑食行为的过程中，要善于发现她的变化，及时对出现的良好现象给予肯定和表扬，必要时给予适当奖励。

4）利用同伴的榜样作用，表扬就餐习惯良好的小朋友，以此激励晨晨向榜样学习，模仿榜样良好的习惯。

（2）与家长及时沟通，密切合作。良好饮食习惯的培养离不开家园的通力合作。经了解，晨晨的祖辈溺爱晨晨，对晨晨挑食习惯的养成有直接的促发作用。因此，要与家长进行高质量沟通，使家庭教育与园所教育保持一致，而不能相悖。只有双方同时发力，形成教育合力，才能更好地纠正晨晨挑食的习惯。

操作解析：婴幼儿获得经验的过程，更多地依赖于与周围环境刺激的相互作用。如通过经典性条件作用、观察模仿学习能习得多种持久的行为和能力。然而，婴幼儿学习的发生并非单纯由某一因素决定，不仅需要调动个体的主观能动性，还受到外部因素的影响。例如，上述案例中晨晨改正挑食习惯，一方面需要晨晨主观上有愿意尝试不同食物的心理，另一方面也需要家长和教师共同营造良好的就餐氛围并提出规范的就餐要求，帮助晨晨从心理到行为上发生改变，习得新行为。

第三节　婴幼儿学习动机

岗位情境

2 岁半的灰灰马上要上幼儿园了，妈妈想提前培养灰灰的阅读习惯，就买了很多儿童绘本，想带着灰灰进行亲子阅读，可灰灰说什么也不肯，觉得看绘本就是读书，说："读书是大人才要做的事情，我不喜欢读书，我喜欢玩玩具、看电视！"这让妈妈十分头疼。

上述情境中体现的是婴幼儿的学习动机。在婴幼儿成长过程中，学习动机会对其后期发展产生重要影响。本节内容以婴幼儿学习动机为主题，主要探讨以下问题：学习动机是什么？婴幼儿的学习动机有哪些类型？婴幼儿的学习动机有什么样的特征？如何培养婴幼儿的学习动机？

岗位知识

一、婴幼儿学习动机的概念与分类

（一）婴幼儿学习动机的概念

动机是指激发、引起个体活动，并促使该活动朝向某一目标进行的内在动力。它主要涉及三方面：（1）引发行为的动因；（2）使行为指向某目的的原因；（3）维持这一行为的原因。对婴幼儿来说，动机就是使婴幼儿开始行动、维持行动，并且决定其行动方向的动力。动机不仅激发婴幼儿的行动，而且决定了婴幼儿从活动和接收的信息中学到多少知识。那么，什么是学习动机呢？学习动机是指直接推动婴幼儿进行学习、维持学习，并使该学习活动趋向照护者所设定目标的内在心理历程，它是激励和指引婴幼儿进行学习活动的一种需要。学习动机对婴幼儿的学习有重要影响。

（二）婴幼儿学习动机的分类

1. 普遍型学习动机与偏重型学习动机

普遍型学习动机指婴幼儿对各项学习活动均有较强的内在学习动力；偏重型学习动机指婴幼儿只对某一个或几个领域的学习有较强的动机，而对其他领域的学习缺乏强烈的动机。

2. 内在动机与外在动机

内在动机指婴幼儿对学习本身感兴趣，由此而引发的动机。这种动机的满足在活动之内，不在活动之外，即活动本身构成了婴幼儿学习的直接动力与需求。它不需要外界的诱因、惩罚来使学习行动指向目标。外在动机指婴幼儿由外部诱因所引起的学习动机。这种动机的满足不在活动之内，而在活动之外。婴幼儿对学习本身并不感兴趣，其学习行为与学习所带来的奖励或避免惩罚等有密切联系。研究发现，外在动机与内在动机并不是同一个连续体的两端，一些婴幼儿可能既希望得到照护者的表扬，又因为对学习有兴趣而学习，其内在与外在动机都很强；而另一些婴幼儿可能两种学习动机都很弱，或是其中一个强，另一个弱。有经验的照护者在帮助婴幼儿形成学习动机时，会更多强调内在动机，因为随着年龄的增长，这种动机将会越来越重要。

二、婴幼儿学习动机的内容

（一）好奇

好奇指婴幼儿去观察、探索、操作、询问新奇、有趣的事物，从而获得对事物的了解的一种原始性的内在冲动。一两岁的婴幼儿好奇心特别强，他们会用各种感知觉去探索周围的一切物体，如闻、咬、捏等。有时候，你会看到一个婴幼儿在兴致勃勃地咬自己的脚丫；有时候，婴幼儿会反复地把球从手中扔出去，只为探索扔的动作和球运动轨迹的关系。

虽然好奇是婴幼儿与生俱来的，但它同样受到环境与教育的影响。有一些婴幼儿天性好奇，这可能是因为家长鼓励他们具有好奇心，支持他们提出各种问题。而有一些婴幼儿却可能在提问时经常受到家长、照护者的责备，成人可能抱怨说："你的问题太多了！"这样的婴幼儿以后提问题的频率会逐渐下降。

（二）兴趣

兴趣指婴幼儿对某人、某物或某事所表现出来的选择性注意的内在倾向。兴趣是一种带有情绪色彩的认识倾向，它以认识和探索某种事物的需要为基础，是推动婴幼儿认识事物、探索现象的一种重要动机，也是婴幼儿学习动机中最活跃的因素。兴趣可以从婴幼儿的外在行为去分析。例如，把多件物品同时呈现在婴幼儿面前时，某件物品特别引起婴幼儿的注意，即可推知婴幼儿对此感兴趣。也可以将这一类兴趣视为“偏好”，婴幼儿出生后就产生了偏好现象。研究发现，图像的明暗交替模式或轮廓容易引起婴儿的视觉注视。例如，婴儿在图像识别中，对明暗交界的差异特别敏感；婴儿偏爱明暗对比鲜明的图像，而不喜欢空白无条纹、无明度对比和单色的图像；另外，相比于其他物体，婴儿更喜欢注视人脸，因为人脸有丰富的线条和轮廓。

兴趣是激发婴幼儿探索行为的重要内在动力，而动机的实现与否又会影响到婴幼儿兴趣的进一步形成或改变。如某婴幼儿喜欢玩拼插类的积木玩具，但老师总是引导他进行早期阅读，他玩积木玩具的动机总是得不到实现。久而久之，婴幼儿可能逐渐产生了阅读的兴趣，对积木玩具反而不感兴趣了，该婴幼儿的学习兴趣发生了转变。因此，婴幼儿的学习兴趣在教育与环境的影响下是可以改变的。

（三）诱因

诱因指诱发个体行为的外在原因。外在原因通常指环境刺激，但并非任何环境刺激都可以引起婴幼儿的学习行为，有些环境刺激反而会阻碍、制约婴幼儿的学习。例如，柔和的室内灯光能促进婴幼儿的学习，而嘈杂的环境则妨碍婴幼儿安心学习；照护者提供小红花、贴纸等婴幼儿感兴趣的奖赏物会激发他们学习的渴望；照护者对婴幼儿的失败予以批评、讽刺，阻止婴幼儿积极主动探索，则不利于婴幼儿产生学习动机。

诱因按其性质的不同，可以分为两类：凡是令婴幼儿趋向或接近，并由接近而获得满足体验的环境刺激，称为正诱因，如食物、玩具、小红花等；凡是令婴幼儿逃离或躲避，并由躲避而获得满足感的刺激，称为负诱因，如惩罚、批评等。

三、婴幼儿学习动机的主要特征

（一）内在动机以好奇与兴趣为主

在婴幼儿阶段，学习的内部动机以好奇为主。婴幼儿从出生就开始探索周围世界，对环境充满了好奇。他们什么都要看一看，什么都要摸一摸，而且总是不停地提问：这是什么？那是什么？这反映了婴幼儿对外部世界的好奇与探索欲，说明他们具有对新异事物进行探究的心理需要。对婴幼儿来说，世界上一切事物都是新鲜有趣、充满吸引力的，好奇是婴幼儿心理的一个重要特点。

婴幼儿好奇的发展历程大致如下：6 个月的婴儿开始萌发出兴趣，看见来人会表现出笑、哭这样的情感色彩，好奇心促使他们用手抓东西，情感兴趣逐渐表现明显，听见熟悉的声音就欢乐地手舞足蹈；1 岁左右的孩子开始对音乐的强弱感兴趣；2 周岁进入托班的幼儿，对同龄人的群体兴趣明显增强，喜欢与人交往，会抢玩具等；2～3 岁幼儿和成人对话时喜欢提出要求，从要什么、不要什么到爱与特定的人玩、喜欢新玩具；4～6 岁的幼儿语言迅速发展，各种动作日趋协调，个性初具雏形，能长时间参加感兴趣的游戏。

随着年龄的增长，婴幼儿的内部动机逐渐从好奇变为兴趣。兴趣与好奇有联系，都常常表现为婴幼儿的探究，但二者又有区别。其不同之处在于，好奇更多受外在环境的影响，表现为在外部新异刺激的影响下受到吸引。兴趣虽然也表现为婴幼儿的好奇与探索，但它更多地体现个体性，与个体的内在倾向相关联。例如，不同的婴幼儿有着不同的兴趣，有的喜欢拟实物类玩具，如玩偶娃娃、娃娃家具、电话、飞机、车子等；有的喜欢情感宣泄类玩具，如敲打台、橡胶刀棒、玩具枪等；有的喜欢投射内心世界类玩具，如各类画具及绘画材料、沙盘等。

（二）外在动机逐渐增强

婴幼儿时期，外在的学习动机逐渐增强，主要表现为渴望得到成人的肯定、鼓励和表扬。照护者在婴幼儿心目中有很高的威望，婴幼儿在各种活动中总是力求得到照护者的鼓励，包括精神鼓励和物质鼓励。虽然婴幼儿对学习已产生内部动机，具有了探求与认识外部世界的认知需求，但是外部动机在婴幼儿的学习活动中仍然占有重要地位。例如，婴幼儿非常喜欢（内部动机）去建构区玩大型积木，而不愿意去美工区画画。照护者规定，必须先在美工区玩 20 分钟，然后才可以到建构区去玩。婴幼儿为了服从照护者的规定，得到照护者的表扬，会先去美工区活动，这就是出于外部动机而参与美工活动。有经验的教师会采取另外的方法，比如让婴幼儿按自己的意愿到建构区活动，当婴幼儿玩了一段时间以后，照护者引导他把搭建大型积木的活动与美工区的活动结合起来，如用粘贴画美化建构的作品，同样可以激发婴幼儿参与美工活动的动机。这就是以婴幼儿的内部动机为基础，以照护者的引导激发外部动机，从而进一步培养婴幼儿新的内部动机。

四、婴幼儿学习动机的培养

（一）设置“问题情境”，激发学习兴趣与求知欲

认知失调理论指出，在面临认知冲突时，婴幼儿的认知兴趣和求知欲会被激发起来。

因此，照护者应创设激发婴幼儿探索欲的“问题情境”，即在活动内容与婴幼儿已有的认知结构之间制造一种“不协调”或“矛盾”，使婴幼儿产生“为什么?”“为什么会是这样的呢?”等“冲突性”问题，从而激发婴幼儿主动探索与发现的欲望。同时，照护者还要设计有趣的活动内容，让婴幼儿积极参与学习活动，这就要做到让婴幼儿“动”起来。这个“动”不仅仅是手动，更重要的是脑动，即婴幼儿内在学习动机的激发和思维的活动。此外，照护者还要特别注意对婴幼儿提问的方式，多运用开放式提问而非封闭式提问。开放式问题不仅可以激发婴幼儿的想象，而且可以激发婴幼儿主动探索的兴趣。

（二）利用游戏，激发学习动机

游戏是婴幼儿认识世界的重要方式。游戏适应婴幼儿心理发展的需要，符合婴幼儿心理发展的水平。照护者可以运用不同类型的游戏，激发婴幼儿玩的动机，使其在游戏中学习各种知识与能力。例如，婴幼儿的语言学习，不应该采用记诵、重复的方式来进行，可以与游戏结合，激发婴幼儿的学习动机，比如角色游戏、结构游戏、智力游戏、表演游戏等游戏形式。利用一日生活，让婴幼儿先喜欢上这些游戏，然后在游戏中渗透一些相关的词汇。比如角色扮演是婴幼儿喜爱的一种游戏形式，它能让婴幼儿在理解和体验故事情节发展变化的基础上，学习故事中的语言表达。在游戏过程中，照护者可以引导婴幼儿用完整的语言复述故事的主要情节，并且鼓励他们运用各种语气、语调来表演故事。

（三）创设安全、开放、温馨的氛围

为激发婴幼儿学习与探索的主动性，照护者应营造安全、开放、温馨的学习氛围。安全，指的是让婴幼儿在生理和心理上感觉到安全。研究表明，处于依恋期的婴幼儿，他们的探索与学习开展的重要前提是母亲在其身边。当母亲在身边时，婴幼儿探索的兴趣就会增加，母亲的离去则会使婴幼儿感到焦虑，主动探索的可能性就会降低。开放，指的是照护者尊重婴幼儿的天性，在安全的界限内给予其自由探索的空间。开放的氛围有利于激发婴幼儿的好奇心，促使婴幼儿主动探究。温馨，指的是照护者要为婴幼儿学习创设宽松的氛围，当他们探索失败、遇到困难时，照护者应该宽容婴幼儿的失败，而不是指责他们，长此以往，婴幼儿就不会因自己的失败而退缩，而是能大胆探索与发现，形成较强的学习动力。

（四）体验学习的成功与快乐

成就感是一个人学习的重要动力，对婴幼儿来说也不例外。假如婴幼儿在追求成功的过程中屡次失败，他们就会气馁、沮丧，学习动机就难以维持。照护者必须针对婴幼儿学习的个别差异，使每个婴幼儿都能获得属于自己的成功体验，这样他们就会对自己成功地

进行某一项活动有信心，会肯定自己的价值。此外，照护者在评价婴幼儿时，应该重视过程性评价，多关注婴幼儿的努力与进步，并予以积极表扬。评价标准不应该搞一刀切，否则在集体中处于下游的婴幼儿会总是得不到表扬和奖励，难以建立其自信心。例如，美国的个别化教育计划（Individualized Education Program，IEP）特别强调儿童的学习过程评价，这一计划把儿童在每学期要努力达到的学习目标分成若干个小目标，在儿童获得每个小阶段目标的成功后，给予积极反馈，使他们产生学习的快乐体验，激发其下一阶段学习的兴趣及对学习成功的渴望。

（五）运用适宜的反馈激发学习动机

韦纳的归因理论指出，婴幼儿内部或外部归因的形成与照护者的评价和影响有关。不论是正面的反馈，还是负面的反馈，照护者的态度都会成为婴幼儿对自己归因的重要依据。例如，当婴幼儿失败时，照护者对他说："你怎么又做错了，难道天生就比别人差吗?"经常得到这种消极反馈的婴幼儿，就会形成自己是真的能力差的意识，对自己的失败进行内部归因，从而减弱了学习的兴趣与动力。相反，如果照护者对学习失败的婴幼儿做出外部归因的评价，比如"宝贝，没关系，这次失败主要是因为任务太难了，你的表现还是非常棒的，下次咱们再努力一点，就能发挥得更好!"，得到积极反馈的婴幼儿就会将失败归因于任务太难，还需要进一步努力，因此在以后的学习中会更加有冲劲，从而增强其学习动机。

照护者如何激发婴幼儿的学习动机?

26 个月的彤彤入托已经 4 个月了，她很喜欢托育园的老师和小朋友。但是，彤彤的"学习状态"很是让老师和家长困扰，每次老师组织小朋友进行集体活动时，不超过 5 分钟，彤彤就开始东张西望，戳戳这个小朋友，逗逗那个小朋友，老师提醒后保持不了 3 分钟又恢复原样。根据老师的观察，彤彤平时在个别活动和小组活动时的学习状态很投入，一到集体活动时就变了样。老师应该如何帮助彤彤调整好在集体活动中的"学习状态"呢?

（1）首先，老师应通过和彤彤谈话或跟父母沟通的方式了解彤彤出现这种情况的原因，弄清楚是因为彤彤还没有习惯这样的活动方式还是对活动内容不感兴趣。

（2）老师在设计活动时，应考虑活动内容能否引起彤彤的兴趣，老师在平时谈话中可以多关注彤彤的学习兴趣是什么。

（3）引发彤彤的学习动机。教学活动开始时，用一些简单的方法吸引彤彤对学习内容的注意，比如做游戏、提问，让她明确学习的目标。

（4）在活动过程中，给彤彤提一些与学习内容有关的问题让她去思考，或尝试自己找出答案，以保持彤彤对学习内容的兴趣，使彤彤产生从事活动的动力，并自觉、专心地完成任务。

（5）在活动结束时，应给予彤彤积极的总结，使其产生成功的体验。对于彤彤取得的进步，要及时进行表扬和奖励。

操作解析：有些婴幼儿在个别活动或小组活动时能自觉主动地进行学习，但在集体活动中难以保持较长时间的注意力。这可能是因为他们还不习惯集体活动的形式和内容，婴幼儿在入托之前，更多时候都是自己探索或者跟照护者一起活动，规模更大的集体活动他们还没有适应，老师可以先和孩子谈话或跟家长沟通了解背后的原因，然后通过引起婴幼儿的兴趣、给予正面反馈等方式帮助他们激发学习动机。

证书标准

根据《国家职业技能标准　婴幼儿发展引导员》（职业编码：4－10－01－01），本章对应四级和三级的部分工作要求，如表 2－1 所示。

表 2－1　婴幼儿发展引导员标准及要求

级别	职业功能	工作内容	技能要求	相关知识要求
四级	1. 孕期引导	1.1 生理健康	1.1.1 能指导孕妇建立良好生活规律并做好安全防护	1.1.1 孕期生活规律与安全防护的知识和方法
	3. 发展引导	3.1 动作发展	3.1.1 能指导看护人为婴幼儿创设有利于身体活动的环境	3.1.1 创设适宜婴幼儿动作发展环境的策略
		3.2 语言发展	3.2.2 能指导看护人引导婴幼儿使用声音、动作和词汇等进行简单的互动和交流	3.2.2 反应式倾听与及时回应在婴幼儿语言发展中的重要性
		3.3 认知发展	3.3.1 能指导看护人为婴幼儿提供有利于视、听、触等感知觉发展的材料	3.3.1 婴幼儿感知觉发展的基本规律与特点

续表

级别	职业功能	工作内容	技能要求	相关知识要求
三级	1. 孕期引导	1.1 生理健康	1.1.2 能指导孕妇识别常见症状，并给予保健指导	1.1.2 孕期常见症状的表现及处理方法
	3. 发展引导	3.1 动作发展	3.1.1 能指导看护人定期更换游戏材料，创设具有一定挑战性的身体活动环境	3.1.1 自制玩具创设运动环境的方法和技巧
		3.2 语言发展	3.2.1 能指导看护人结合日常生活，用丰富的语言与婴幼儿互动	3.2.5 婴幼儿语用发展的特点
		3.3 认知发展	3.3.1 能指导看护人引导婴幼儿对周围事物产生和保持好奇心和求知欲 3.3.2 能指导看护人鼓励婴幼儿探索周围环境 3.3.3 能指导看护人引导婴幼儿发现问题并尝试解决问题	3.3.1 婴幼儿认知游戏的方法

录像观察

这段录像展现了托育园的一项科学探索活动，婴幼儿在老师的指导下放土、给小种子浇水。

托育园科学探索活动

问题：

1. 录像中的婴幼儿通过何种方式进行科学探索活动的学习？
2. 你觉得该项活动还可以通过什么方式进行？

关键术语

学习方式　　习惯化与去习惯化　　好奇

内部动机　　外部动机

课后思考

1. 你是如何理解婴幼儿学习的？脑的发展对婴幼儿学习有什么影响？

2. 请观察 2 岁幼儿的学习活动，并举例说明 2 岁幼儿的主要学习方式有哪些。

3. 请结合理论和实践具体谈谈如何激发婴幼儿的学习动机。

技能演练

1. 技能练习——实际情境问题

2 岁半的小葵在玩沙子，她把沙子装到漏斗里，一边装、一边漏。她把手指塞到漏斗的底部，把漏孔堵住。漏斗里的沙子满了以后，她把漏斗放到一个瓶子上面，想让沙子漏到瓶子里，可是，她的动作慢，沙子漏得快，所以沙子总是漏到瓶子外面。小葵尽量加快动作速度，可还是赶不上。她这样尝试了很多次，最终还是没能成功。如果你是托育中心的老师，你会怎么做？

2. 技能提升——婴幼儿学习发展指导

[活动目标]

（1）学会观察和等待，给予婴幼儿充分的探索时间和空间。

（2）根据婴幼儿学习特点，适当给予引导，促进婴幼儿学习行为的发展。

[活动背景]

2 岁半的小葵在玩沙区玩了好久的装沙游戏，并遇到了问题。

[活动过程]

（1）老师在一旁观察小葵的活动过程。

（2）小葵反复将漏斗里的沙子装满，然后将漏斗放到一个瓶子上面，试图让沙子漏到瓶子里。

（3）小葵很苦恼，求助老师。

（4）老师言语指导是否可以将漏斗换个位置。

（5）小葵“开窍”了。她把漏斗直接放在瓶子上，然后再装沙子，沙子很快就装满了瓶子。

[活动评价]

（1）是否能够及时发现婴幼儿的学习困境。

（2）是否在婴幼儿学习行为受阻时给予适当引导。

[活动记录]

（1）婴幼儿学习行为持续时间：______分钟。

（2）婴幼儿注意力集中程度：A. 差　　B. 一般　　C. 强

（3）婴幼儿问题解决能力：A. 差　　B. 一般　　C. 强

[家庭方案]

（1）与家长沟通，统一教养方式，努力做到家园和谐共育。

（2）家长在日常生活中充分给予婴幼儿自由探索、自由操作的时间和空间。

（3）家长为婴幼儿提供丰富的外界刺激，帮助婴幼儿积累一定的生活经验。

[活动提示]

（1）注意随时观察，在婴幼儿学习受阻且需要帮助时及时给予引导。

（2）在婴幼儿自由探索学习的过程中，应当为其排除安全隐患。

（3）和家长合作，促进婴幼儿学习品质和能力的发展。

第三章　婴幼儿发展领域

学习目标

知识目标

1. 了解感知觉、认知、言语、动作、情绪与社会性的概念。
2. 熟悉婴幼儿感知觉、认知、言语、动作、情绪与社会性发展的影响因素。
3. 掌握婴幼儿感知觉、认知、言语、动作、情绪与社会性发展的特点。

技能目标

1. 能根据婴幼儿发展特点设计认知类活动。
2. 能根据婴幼儿发展特点设计语言类活动。
3. 能正确识别并及时回应婴幼儿的情绪反应。
4. 能设计和实施婴幼儿粗大动作和精细动作发展活动。

素养目标

1. 爱岗敬业，恪尽职守，树立“以婴幼儿为中心”的服务意识。
2. 了解婴幼儿发展领域，养成关爱婴幼儿、尊重差异的优秀品格。

学习导图

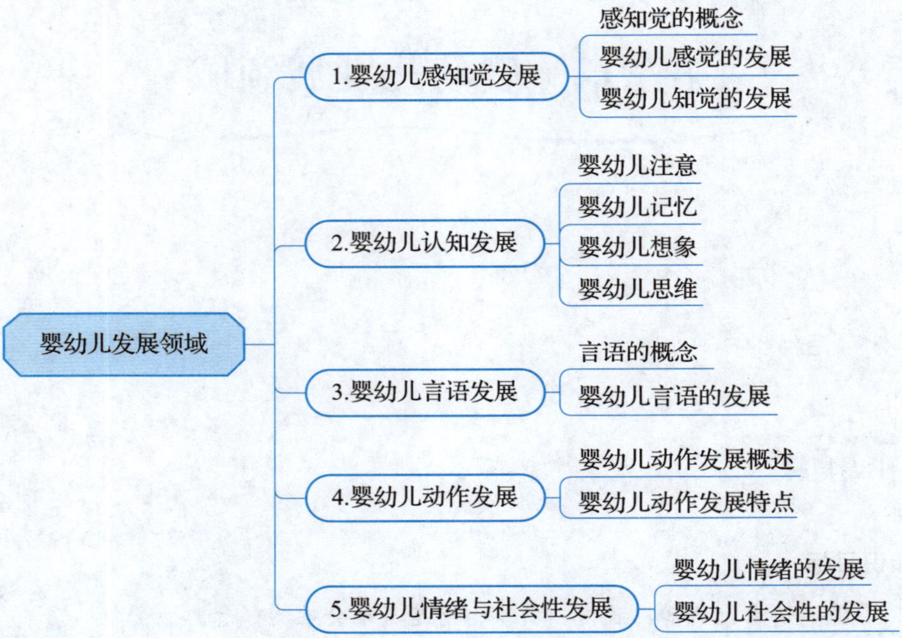

第一节　婴幼儿感知觉发展

岗位情境

小阳老师今天在托班分享了一个名叫“蹦”的故事，故事的内容是不同的小动物蹦跳。小阳老师一边绘声绘色地讲着故事，一边带领小朋友感受不同动物蹦的动作，小朋友参与的积极性非常高。

上述情境中体现的是老师在教学活动中遵循了婴幼儿感知觉发展的规律。本节内容以婴幼儿感知觉发展为主题，主要探讨以下问题：感知觉是什么？婴幼儿感知觉的发展有哪些规律？如何根据不同年龄婴幼儿感知觉的特点，组织开展不同的活动？

岗位知识

一、感知觉的概念

感知觉是感觉和知觉的统称，包含了感觉和知觉这两个不同的概念。感觉指的是人脑对直接作用于感觉器官的客观事物的个别属性的反映。例如，当苹果作用于我们的感觉器官时，我们通过视觉可以反映它的红色；通过味觉可以反映它的酸甜味；通过嗅觉可以反映它的清香气味。根据刺激来源的不同，感觉可以分成两类，一是外部感觉，包括视觉、听觉、味觉、嗅觉、触觉；二是内部感觉，包括运动觉、平衡觉、机体觉。

知觉指的是人脑对直接作用于感觉器官的客观事物的整体属性的反映，主要包括方位知觉、形状知觉、大小知觉、深度知觉等空间知觉和时间知觉。

感觉与知觉之间既有联系又有区别。两者之间的联系是：感觉是知觉的基础，为知觉提供必要的信息；知觉是对感觉信息整合后的综合反映，但不是简单相加，是大脑通过已有的知识经验，对感觉信息进行进一步的整合和解释的结果。两者之间的区别主要是来源不同：感觉主要来源于感觉器官的生理活动以及客观刺激的物理特性，是介于心理与生理之间的活动；知觉是在感觉的基础上对客观事物的各种属性进行综合和解释的心理活动过程，是加入了人的知识经验的心理过程。

拓展阅读

感觉剥夺实验

1954 年，加拿大麦克吉尔大学的心理学家首先进行了“感觉剥夺”实验：实验中给被试者戴上半透明的护目镜，使其难以产生视觉；用空气调节器发出的单调声音限制其听觉；手臂戴上纸筒套袖和手套，腿脚用夹板固定，限制其触觉。让被试者单独待在实验室里，观察其反应。结果，在实验室连续待了三四天后，被试者产生了许多病理心理现象：出现错觉、幻觉；注意力涣散，思维迟钝；出现紧张、焦虑、恐惧等，实验后需一段时间方能恢复正常。

由实验可见，人在清醒时需要不断地通过感知觉与外界保持直接的、经常的联系，不断获得适量的信息。感觉虽然是一种简单的心理活动，却十分重要。它不仅可以向大脑提供内外环境的各种信息，而且可以使人了解外界事物的各种属性，保证机体与环境的平衡，是认识的开端、知识的源泉。

二、婴幼儿感觉的发展

(一) 视觉的发展

1. 光的觉察

婴儿出生后立即就能察觉眼前的亮光，当光线适宜时，他们可能会睁大眼睛四处张望；当光线过强时，他们便立即眯眼或产生眨眼反射以逃避过强的光线。许多研究证明，新生儿不仅能察觉亮光，还能区分不同明度的光，只是其敏感性远远低于成人，但婴儿对光线明度的敏感性发展得很快。

2. 视觉集中

视觉集中是指通过两眼肌肉的协调，能够把视线集中在适当的位置观察物体。婴儿视觉集中发展的特征为：(1) 视觉集中的时间和距离逐渐增加。出生 3 周的婴儿能将视线集中在物体上；3～5 周的婴儿能够对 1～1.5m 处的物体注视 5 秒；3 个月的婴儿能对 4～7m 处的物体注视 7～10 分钟；半岁大的婴儿能够注视飞鸟、飞机这些距离较远的物体。(2) 视觉焦点的改变逐渐灵活。很多研究表明，婴儿要到 2 个月时才能自己改变视觉焦点；到 4 个月时才能像成人那样改变晶状体的形状，以看清不同距离的客体。(3) 用眼睛追随刺激物的能力逐渐增强。婴儿 2 个月时能够追随在水平方向移动的物体；3 个月时能追随物体做圆周运动。

3. 视敏度

视敏度是指眼睛精确地辨别细小物体或远距离物体细微部分的能力，俗称“视力”。有研究采用“视动性眼球震颤测验法”，即通过呈现不同宽度和间隔的条纹图案，根据婴幼儿扫视图案时不自觉的眼球运动来鉴定其视敏度。结果发现新生儿的视敏度约为 20/150，即正常成人在距客体 150m 处所能看到的视觉特征，新生儿在距客体 20m 处方可看到。6 个月大的婴儿视敏度达到成人的 1/5，在 12 个月左右时，婴儿的视敏度已经和成人一样了。

4. 颜色视觉

颜色视觉俗称辨色力，即区分颜色细微差别的能力。婴幼儿出生不久后就具备了辨别彩色和非彩色的能力。有人通过实验发现：3 个月的婴儿注视彩色圆盘的时间远远长于灰色圆盘；4～8 个月的婴儿喜欢红和橙等波长较长的暖色，不喜欢蓝和紫等波长较短的冷色，表现出对色彩的“视觉偏好”。

(二) 听觉的发展

听觉是指个体对声音的高低、强弱、品质等特性的感觉。听觉是人类认识世界、探索世界、适应世界的重要手段。

国内研究发现，出生第一天的婴儿已经有了听觉反应。廖德爱和黄建华（1983）选取42名出生不到24小时的婴儿作为被试者，在距离婴儿耳边4～5cm处，利用塑料小狗发出频率较高的“唧唧”的声音，结果发现有83.31%的新生儿有比较快的反应，只有16.67%的新生儿反应较慢，会出现头扭动一下、头眼有寻声运动、扭头张望或哭闹等反应。

1～2个月的婴儿似乎已经偏爱规律且和谐的乐音而不喜欢噪声，尤其喜欢听妈妈说话的声音。夏菡、李赟（2019）的研究显示，比起听到陌生女性的声音，婴儿在听到自己妈妈的声音时会更起劲儿地吸吮奶嘴；婴儿对那些在妈妈的肚子里就听过的故事和音乐也更加偏爱。有些四个半月的婴儿已经能够从相似的词语中识别出自己的名字。在6个月以后，听到妈妈叫自己的名字时，婴儿会转过脸来微笑地看着妈妈，表示应答。7～8个月时，婴儿对大人说话的语气、语调越来越敏感。9～12个月，当声音来自视野以外时，婴儿会努力地移动身体，专注地寻找声音的来源。

1岁以后，幼儿在听觉的发育上已经完全成熟，进一步的发展主要表现在对言语的理解和反应上，1岁多的幼儿听到一些简单的指令，如“到妈妈这里来”，会做出回应。2岁之后，幼儿已经能够执行两个要求组合在一起的命令，如“把那个小皮球捡起来交给妈妈”。

（三）触觉的发展

对于婴幼儿来说，触觉是他们感知世界、认识世界的重要感官渠道，婴幼儿通过触觉与其他感觉的协同活动来认识事物的特性。通过抚摸等方式增加婴幼儿的触觉刺激对其身心发展是极为重要的。

触觉是皮肤受到机械刺激时产生的感觉，婴幼儿刚出生时，会出现一些常见的无条件反射，如吸吮反射、抓握反射、巴宾斯基反射等，这些都可以视为触觉反应的表现。一些研究表明，婴儿在第49天时就具有初步的触觉反应。婴幼儿的触觉探索有两种形式：口腔探索和手的探索。相对于熟悉的物体，2～3个月的婴儿吸吮新物体的频率更快，这说明2～3个月的婴儿已能用口腔探索活动辨别不同物体。在1岁之前，口腔探索一直发挥着重要的探索功能，随着手的探索活动的出现，口腔探索逐渐退居次要位置。年龄越小，触觉的作用越大，成人可以安排一些触觉活动，比如“摸口袋”，以促进婴幼儿触觉的发展。

三、婴幼儿知觉的发展

（一）方位知觉的发展

方位知觉是指对物体的空间关系和自己的身体在空间中所处的位置的知觉。如对上、下、左、右、前、后的知觉。婴儿出生后就有听觉定位能力，即依靠声音去判断物体的位置。例如，当铃铛声从右边传来时，婴儿会转头朝向右边；当铃铛声从左边传来时，婴儿会转头朝向左边。1岁左右的婴幼儿已经能辨别室内物体所处的位置；3岁左右的幼儿能够正确辨别上下，但不能正确辨别前后和左右。

（二）深度知觉的发展

深度知觉是指对同一物体的凹凸程度或不同物体的远近程度的知觉。为了研究婴儿深度知觉发展的情况，美国心理学家吉布森和沃克精心设计了一个“视崖”（见图3-1）。实验中的“视崖”装置是一张特制的1.2m高的桌子，桌子表面的一半是结实的桌面，另一半则没有桌面，将红白相间的棋盘布从结实的桌面铺到空桌面下方的地板上，然后在整个桌面上覆盖一块厚玻璃，由此结实桌面的一方形成了“浅滩”视觉效果，没有桌面的一方形成了“悬崖”的视觉效果。在“浅滩”与“悬崖”之间有个0.3m宽的中间板。实验的被试者由36名6～14个月的婴幼儿和他们的母亲组成。实验过程中，轮流把婴幼儿放在中间板上，然后婴幼儿的母亲分别在“浅滩”和“悬崖”一侧呼唤自己的孩子。结果发现，当母亲在“浅滩”一侧时，有27名婴幼儿在母亲的呼唤下从中间板爬向了母亲身边；当母亲在“悬崖”一侧时，只有3名婴幼儿“勇敢”地爬向了母亲，大部分孩子是拒绝通过“悬崖”一侧的。实验结果表明，婴儿很早就能感觉到深浅，具有了深度知觉。

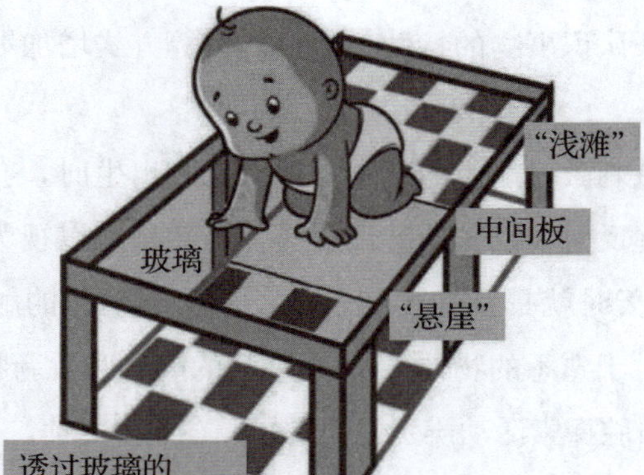

图3-1 “视崖”实验装置

（三）形状知觉的发展

形状知觉是指对物体的形状进行辨别的能力。不少研究证明，出生不久的婴儿对不同图形的注视时间不同，说明他们已能辨别这些图形。范茨等学者采用视觉偏好法发现，婴儿的形状知觉有以下特征：相比于简单图形如单色圆形，婴儿更喜欢复杂图形如同心圆；相比于众多图形，婴儿对人脸更加偏好。

（四）大小知觉的发展

大小知觉是指人们对物体的长度、面积、体积在量方面变化的反映。婴幼儿大小知觉的研究主要包含两个方面：大小恒常性的获得和辨别大小能力的形成。有研究认为，2.5～3 岁是儿童大小知觉发展的敏感期。

有一个关于婴儿大小恒常性的实验，实验过程是将边长为 30cm 的立方体放在距离 3 个月婴儿 1m 的地方，如果婴儿向左转头，就给予强化（妈妈的呼唤）。当条件反射建立成功后，对婴儿进行测试，在距离婴儿 3m 的地方，分别放一个边长为 30cm 和 90cm 的立方体，结果发现婴儿只会对边长 30cm 的立方体做出转头的动作。此研究表明：3 个月大的婴儿已具有大小恒常性。

婴幼儿大小辨认能力的产生则相对较晚。杨期正等人（1981）以 1～3 岁的幼儿为被试者，以幼儿常见的两类色彩相同、大小不等的皮球为实验物，让幼儿根据保育员的不同要求拿不同大小的皮球。结果发现：18 个月前的幼儿还不具有辨别大小的能力，即不能根据保育员指令拿对相应的皮球。18～24 个月这一阶段，幼儿已逐渐能够根据指令选择相应大小的皮球，18 个月的幼儿正确率为 20%，24 个月的幼儿正确率已达到 60%。到 2 岁 4 个月时，幼儿的大小判别能力又有所提高，正确率达 88%。

岗位操作

如何应对婴幼儿的感知觉失调？

明明今年快 3 岁了，父母反映他在家经常好动不安，走路易跌倒，经常出现摔伤，不像其他孩子那样会翻滚和拍球，会害怕陌生的环境，出现紧张、孤僻、不合群、过分依恋父母等现象，容易产生分离焦虑，或过分紧张、爱惹别人，偏食或暴饮暴食，脾气暴躁。在托育园里，李老师也发现明明注意力不集中，爱做小动作，经常违反课堂纪律，容易与人发生冲突，调皮任性，同时出现语言发展迟缓、语言表达困难和说话迟等现象。经过专业机构检查发现，明明的表现是典型的感觉统合失调症。李老师应该如何帮助明明呢？

（1）接纳、理解明明的行为表现。当了解到孩子这些“异常行为”是感觉统合失调所致，并不是孩子故意捣乱、不听话时，作为老师应该接纳、理解孩子的行为。

（2）理性分析，找到原因。及时提醒家长带孩子去专业、正规的医院进行检查，做到早发现、早检查、早诊断、早干预。

（3）采取行动，积极面对。当为明明找到合适的治疗环境后，老师也可以通过自己的一些小方法帮助孩子。例如，见到陌生人就哭、抵触新环境的孩子往往属于触觉过分敏感，老师可以通过简单的游戏来唤醒孩子皮肤的触觉，以缓和这种敏感的状况，如利用软刷子轻刷孩子的身体，或者拿梳子轻轻敲击孩子皮肤等。

操作解析：对待感统失调婴幼儿，老师要充分接纳并理解其所表现出来的行为，并利用自己所学知识协助家长对孩子进行专业检查，同时采用一些小游戏帮助解决孩子感统失调的问题。

第二节　婴幼儿认知发展

岗位情境

周一，好多幼儿进入托育园后都无精打采的。上午的学习内容是蔬菜和水果的分类。为了增加趣味性，让幼儿易于理解，王老师准备了形状各异、五颜六色的蔬菜和水果模型，摆在了桌子上。刚将模型放在桌子上，有个幼儿就高兴地喊道："王老师，我家里也有这个水果模型。"于是幼儿们开始热烈地讨论水果模型，王老师见状，开始维持纪律，好不容易安静下来了，王老师继续组织今天的教学内容。王老师让幼儿自己操作模型练习刚才示范的分类，这下教室里乱成了一锅粥，有的孩子拿着水果模型给娃娃"喂食"，有的孩子则大声说着自己喜欢的模型，王老师开始制止孩子们的行为，可是孩子们就像听不到一样，继续我行我素。王老师很生气，也很困惑：周一的活动怎么组织起来这么困难？孩子为什么总是分心？如何才能吸引孩子的注意力？

上述情境中体现的是幼儿注意力的特点。本节内容以婴幼儿认知发展为主题，主要探讨以下问题：什么是注意、记忆、想象、思维？婴幼儿注意、记忆、想象、思维的发展有什么规律？婴幼儿发展引导员应如何培养婴幼儿的注意力、记忆力、想象力和思维力？

岗位知识

一、婴幼儿注意

（一）注意的概念

注意是指心理活动对一定对象的指向与集中。注意有两个显著的特征：指向性与集中性。指向性主要是指在同一时间内，个体的心理活动不可能同时指向外部的所有刺激，会有选择、有方向地集中于特定个体。例如：在逛商场时，婴幼儿不会注意到商场中所有的物品，只会注意到自己感兴趣的玩具。集中性主要是指当个体的心理活动指向某一外界事物时，会在这个选定的事物上持续一段时间。例如：婴幼儿选择了看电视里的动画片后，就会看得很入迷，忽视外界的刺激。

（二）婴幼儿注意的发展

1. 胎儿期

个体在胎儿期就开始对声音有了定向反射。大量的研究表明：胎儿在母亲的肚子里，对不同分贝的外部刺激能够做出不同的反射，即对不同的声音刺激会产生选择性注意，有些声音会让胎儿觉得舒服，有些声音则会使胎儿躁动。

2. 0～1 岁

随着月龄的增长、神经系统的不断发育，婴儿开始积极主动地探索外界事物。1～3个月的婴儿已经能够保持较长时间的清醒，会主动去注意他们感兴趣的刺激。

0～1 岁婴儿注意的发展，主要表现在以下两个方面：

（1）本能的定向反射性注意。这种原始的注意行为是一种无条件反射。对适度的光线和声音婴儿会产生注意，从而变得安静。相反，高强度的声音或光线刺激会让婴儿暂停吮吸动作或者闭上眼睛。

（2）选择性注意萌芽。范茨的视觉偏好研究证明了选择性注意在新生儿期已经出现萌芽。此时的婴儿开始有选择性地注意外界事物，并且这些选择还带有规律性倾向。1～3个月婴儿注意选择性的规律主要是相比于简单、直线、规则、密度小以及不对称的图形或刺激物，更偏好复杂、曲线、不规则、密度大以及对称的图形或刺激物。

3～6 个月的婴儿更加积极主动地探索外界事物。身体运动技能的进步和头部运动自控能力的发展让他们探索外部世界的范围更大。

6个月以后，随着动作的进一步发展，婴儿注意的事物增加，选择的范围也不断扩大。婴儿6个月最长注视时长能够显著正向预测24个月的工作记忆与延迟满足（张青，王争艳，2022）。9个月以后，当物体从自己的视野中消失时，婴儿能够注视物体藏匿的地方，甚至能够将物体找出来，这标志着“客体永久性”的形成。

3. 1～3岁

（1）言语对婴幼儿注意发展的影响。1岁左右，婴幼儿的言语能力出现萌芽并逐步发展，认知能力也得到发展，注意也随之得到更好的发展。1岁以后，幼儿能说出单词句、双词句。2岁以后幼儿能说出简单句，并且出现以词代句的现象；能够对成人的言语指令做出相应的反应，能够在听到某个物体的名称时注意到那个物体。

（2）表象对婴幼儿注意发展的影响。表象是物体不在眼前时，其特征在人头脑中的反映。随着表象的出现，婴幼儿的注意开始受到表象的直接影响。当眼前的事物与婴幼儿大脑中的表象出现较大差距时，婴幼儿会产生最大的注意。

2～3岁幼儿投入有意注意活动的时间日益增加，其持续注意能力也开始大幅提升。从这个时期开始，其注意力不仅持续时间更长，也开始变得更有选择性。幼儿因为维持注意的能力得以提升，所以更能专注于与行为目标有关的事情。

此阶段可以多安排一些动手操作的活动。相较于坐下来看和听，此时的幼儿更喜欢用动手操作的方式进行学习。而在动手操作过程中，幼儿需要运用多种注意能力，以确保活动目标的达成。这不仅可以促进幼儿对注意力的习得，也可以锻炼幼儿运用与分配各种注意的能力。

二、婴幼儿记忆

（一）记忆的概念

记忆是指人脑对过去经验的反映，是个体对其经验的识记、保持和回忆。识记是人们反复感知从而识别并记住事物的过程；保持是将识记的事物在头脑中储存和巩固的过程，是记忆的中心环节，是实现后续回忆的必要前提；回忆是对头脑中储存的记忆内容的提取过程。

（二）婴幼儿记忆的发展

1. 胎儿的记忆

有学者进行过一项研究，让准妈妈在她们怀孕的最后两个月为胎儿读故事《戴帽子的猫》，在婴儿出生后，给婴儿们播放妈妈读的《戴帽子的猫》和另一种不同节奏的故事，发现婴儿的吮吸振幅出现了不同频率，表明婴儿更喜欢妈妈之前读过的故事。

2. 婴儿记忆的发生

最初的条件反射和对刺激的习惯化是婴儿记忆发生的重要标志。

（1）条件反射的出现。记忆发生的标志就是条件反射的出现，婴儿最初形成的条件反射往往与生理需要相关。例如，妈妈每次喂奶时都会将婴儿抱起，这种喂奶抱起的姿势与平时的抱姿不一样。奶水与抱姿（喂奶时）多次结合后，只要是抱姿一出现，婴儿就开始吮吸。这说明婴儿已经记得这种抱姿，并且形成了条件反射。

（2）对刺激的习惯化。对刺激的习惯化是指当一个原本新异的刺激物重复出现时，个体对该刺激注意的时间就会逐渐减少，甚至后来该刺激不会引起注意。有研究表明通过让婴儿反复吮吸一个玩具逐渐让他们产生习惯化，可以使婴儿逐渐对这个玩具失去兴趣。

3. 婴幼儿记忆发展的过程

研究表明，3 个月婴儿对学习过的动作进行再次学习时，出现了节省学习时间的情况。之后，6 个月左右的婴儿开始出现“认生”现象，主要表现为只愿意亲近主要照顾者，并对“陌生人”的靠近感到不安，这表明再认形式的记忆出现。9～12 个月时，婴儿的“客体永久性”形成，婴儿已经能“回忆”被遮挡和隐藏起来的物体，并出现主动去寻找的动作。大概 18 个月以后，幼儿的语言开始迅速发展，2 岁的幼儿能够借助语言回忆前几天去过的场所，3 岁的幼儿能够回忆前几个星期发生的一些事情。

三、婴幼儿想象

（一）想象的概念

想象是指对大脑中已有的表象进行加工改造，形成新形象的过程。表象是想象的原材料，表象指的是当客观事物不在面前时，人的头脑中出现的关于事物的形象。

（二）婴幼儿想象的分类

1. 无意想象和有意想象

根据想象是否有明确的目的以及是否需要意志努力，可以将想象分为无意想象和有意想象。无意想象是指没有预先明确的目的，在外界某种刺激的影响下产生的不由自主的想象。例如，婴幼儿看到天上飘荡的白云，会告诉妈妈它们像棉花糖或者树叶。有意想象是指有一定的目的性，需要意志努力，自觉主动进行的想象。例如，幼儿根据教师的要求，利用树叶粘出一只兔子。

2. 再造想象和创造想象

根据想象内容的新颖性、创造性和独特性，可以将想象划分为再造想象和创造想象。再造想象是指依据语言的描述或非语言（图样、符号等）的示意，在大脑中形成有关某一客体新形象的过程。例如，幼儿听老师讲小蝌蚪找妈妈的故事，头脑中出现相应画面。创造想象是指根据一定的目的，不依据现成描述，在大脑中独立地创造出某种新形象的过程。例如，当老师要求幼儿画出自己所想象的未来交通工具的时候，幼儿将在动物园所看到的狮子与路上看到的出租车相结合，创造出了“狮子车”的形象。

（三）婴幼儿想象的发展

想象的产生需要两个最基本的条件：第一，头脑中有相当数量的、具有稳定性的表象，即加工材料。第二，要有运用内部的智力动作对已有的表象进行加工改造的能力。婴儿刚出生时，不具备这些条件，随着婴幼儿大脑神经系统逐渐成熟，到 1.5～2 岁时，婴幼儿才基本具备了想象的两个基本条件。婴幼儿刚开始的想象是记忆表象的简单迁移，加工改造的成分极少，如在简单的“过家家”游戏中，婴幼儿左手抱着布娃娃，右手拿着饼干往布娃娃嘴里放，并发出一些咀嚼声。

四、婴幼儿思维

（一）思维的概念

思维是指人脑对客观事物间接概括的反映，它是借助动作、表象或言语实现的能揭示事物本质特征及内部规律的认识过程。思维是人类重要的心理过程，它具有两个基本特点：间接性和概括性。

（1）思维的间接性。对于感官所不能直接感知的事物，思维能借助一些媒介进行加工反映，主要是通过概念、判断、推理等形式间接地反映事物的本质与规律。例如，幼儿一觉醒来，发现门前的路上都是潮湿的，就问妈妈昨晚是不是下雨了。

（2）思维的概括性。概括性是指对同类事物共同的、本质的属性和事物之间规律性联系的反映。例如，幼儿发现自家的树经过妈妈浇水后会长大，幼儿园的树经过老师浇水后会长大，从而认识到给小树苗浇水能够让它长大。

（二）婴幼儿思维的发展

1 岁左右，婴幼儿手的动作开始出现表达意愿和运用工具这两个新的功能。表达性动作是指表达意愿的动作，11～12 个月婴儿会用手向成人指出自己想要的物品或者想去的地方。这说明手的动作成为一种具有象征功能的类似语言的符号，并使得心理反应具有了初步的间接性。工具性动作是指按照物体的结构特征和功用来使用物体的动作。1 岁以后，幼儿可以对不同的物体做出相应的动作，对同类物体做出相同的动作，这说明幼儿手的动作具有了一定的概括性。

当婴幼儿掌握了以上两种动作以后，就开始运用尝试错误的方式去寻找解决问题的办法。在认识外界事物的过程中，婴幼儿通过动作和行动不断地探索，但在探索过程中，会遇到大量的问题，婴幼儿会采用尝试错误的方式去解决所遇到的问题，并以此来积累经验。他们“犯错”的过程也就是不断改正错误、完善方法、积累经验的过程。例如，当婴幼儿想要桌布中间的玩具时，却发现自己的身高不够，于是拿起旁边的凳子垫高，但又发现自己的手臂不够长，偶然间发现能够通过拽桌布来移动桌布中间的玩具，通过多次“犯错”，婴幼儿完善了自己的方法，积累了拿玩具的经验，再遇到放在桌布中间的玩具时，婴幼儿能够马上知道拉动桌布去获得玩具，这也是工具性动作概括性的一种体现。

2 岁之前是思维发生的准备时期，在 2 岁左右，出现了最初的语词概括，是婴幼儿思维发生的标志。婴幼儿概括地反映客观事物的能力是逐渐发展起来的，大约经过了三个阶段。第一阶段是以事物最鲜明和最突出的外部特征来概括，也即直观的概括。例如，婴幼儿会以颜色或者形状作为概括玩具的依据。第二阶段是开始以各种物体的用途和功能来概括。例如，将碗、盘子和筷子归为一类，因为都是吃饭用的，并且婴幼儿学会了用碗等工具来表达自己想吃饭的想法。第三阶段是开始能按照事物较稳定的主要特征加以概括，并舍弃掉非本质的、可变的次要特征，也即语词的概括。例如，对于“车”的理解，婴幼儿可以舍弃颜色、大小、形状等外部特征，而将驾驶、运输作为“车”的主要特点。

3 岁之前婴幼儿的思维主要是直观行动思维，主要有直观性和行动性两个特点。直观性是指婴幼儿的思维离不开对具体事物的直接感知，依赖直观的事物和情景。例如，小女孩离开了娃娃玩具就不会进行娃娃家游戏。行动性是指婴幼儿的思维不能离开自身的动作。脱离实际的动作，思维就会随之转移或中止。婴幼儿经常表现为边做边想或者是先做后想，并且缺乏行动的计划性和对行动结果的预见性，思维不能调节和支配行动，直观行动思维与感知运动同步进行，只能在动作中而不能在动作外进行思考，因此不能计划自己的行动，也不能预见行动的结果。例如，婴幼儿在用雪花片拼凑物体时，在拼凑之前往往不知道要拼凑什么物体，拼凑完成之后才知道拼凑的是什么物体。

岗位操作

照护者如何发展婴幼儿注意力?

从本节的岗位情境中可知王老师很生气，也很困惑：为什么幼儿参与周一的活动这么困难？幼儿为什么总是分心？如何才能吸引幼儿的注意？对此，经验丰富的张老师给出如下建议：

（1）防止无关刺激的干扰。教师在幼儿游戏时不要一次呈现过多的刺激物。活动中运用的模型等不应过早、过多地呈现，用过后立即收起。

（2）制定合理的作息制度。和家长商量好，周日不要让幼儿外出玩得太久，要使幼儿的生活有规律，保证幼儿在周一有充沛的精力从事学习等活动，防止注意力分散。

（3）灵活运用无意注意和有意注意。教师可以运用新颖、多变、强烈的刺激，激发幼儿的无意注意。

（4）日常活动中设置一些“抑制活动”。比如“反着说”“反着做”游戏：老师说 12，幼儿说 21；老师说拍手，幼儿要跺脚；老师说往前走，幼儿则往后走等。这些活动可以培养幼儿的抑制能力，提升注意力。

操作解析：在托育机构的教学活动中，教师要遵循婴幼儿注意的发展特点，给予积极的外部支持，设置符合其特点的活动，促进婴幼儿注意力的提升。

第三节　婴幼儿言语发展

岗位情境

有一天，微微妈妈做好一碗红烧肉，放在了餐桌上。20 个月的微微正在玩玩具，一下就被红烧肉的香气所吸引了，但是因为个子矮看不到餐桌上的红烧肉，于是她用力地踮起脚看着餐桌，说：“肉肉？肉肉？”开始吃饭时，妈妈把她放在餐椅上，她指着红烧肉急促地说“妈妈肉，妈妈肉……”妈妈赶快给她夹了一块肉，在吃到红烧肉后，微微又对旁边的爸爸说："宝宝饿，宝宝肉。"

上述情境中体现的是婴幼儿言语的特点。在婴幼儿成长过程中，言语的发展会对其社会化水平产生长期影响。本节内容以婴幼儿言语发展为主题，主要探讨以下问题：言语的本质是什么？婴幼儿言语的发展有什么规律？如何促进婴幼儿言语的发展？

岗位知识

一、言语的概念

语言与言语是两个不同的概念。语言是由语音、词汇和语法构成的复杂的信号系统。言语是借助语言传递信息的过程。语言是工具，言语是对工具的运用。即言语要借助于语言才能实现，离开了语言，人们之间只能通过表情、动作进行交际，而这种方式的交际所能传递的内容是非常有限的，远远不能满足社会生活的需要。而语言是在人们相互交际的社会生活需要的基础上产生的，语言也只有发挥它交际工具的功能，才有存在的价值。所以，语言也离不开言语。

言语可分成外部言语与内部言语。外部言语又可分为口头言语和书面言语两种。口头言语是指以听说为主的外部言语，主要包括对话言语和独白言语两种形式；书面言语是指以读写为主的外部言语。内部言语是一种自问自答或不出声的言语活动，具有隐蔽性和简略性。内部言语不是用来进行交际，而是为了支持思维活动而进行的不出声的言语。

二、婴幼儿言语的发展

1 岁左右，婴幼儿说出第一批真正被理解的词，被认为是言语发生的标志，以此年龄为界限，可将婴幼儿言语活动的发生发展过程划为两大时期：言语准备期（0～1 岁）和言语形成期（1～3 岁）。

（一）言语准备期（0～1 岁）

1. 发音的准备

（1）简单发音阶段（1～3 个月）。新生儿呱呱坠地，发出第一声啼哭，这就是最初的发音。2 个月以后，婴儿不哭时也能发出 ai、a、e 等音，这种发音在大人引逗时更加明显。这些音的产生不需要过多的唇舌运动，只要张口，气流自口腔而出，音也就产生了。需要注意的是，天生聋哑的婴幼儿也能发出这些音，因为这些音的发出是一种本能行为。

（2）连续音节阶段（4～8 个月）。这一阶段，当婴儿吃饱喝足睡好，感到愉悦和高兴时，常常会自动发音。此时婴儿发出的韵母增多，声母出现，而且会连续重复同一音节，如 ba—ba—ba，da—da—da 等，其中有些音节与词音很相似，如 ba—ba，ma—ma 等，虽然这些音不具有符号意义，但父母认为孩子在呼唤他们，会感到非常高兴，多次结合就会形成条件反射，使音具有意义。

（3）模仿发音——学话萌芽阶段（9～12 个月）。这一阶段，婴儿开始增加不同音节的连续发音，四声均出现，听起来像在说话，虽然这些“话”仍然不具有意义，但却为学说话做了发音准备。同时，婴儿模仿大人说话增多，这标志着婴儿学话的萌芽。在成人的耐心教育下，婴儿逐渐能把一定的音节与某个事物联系起来，使其表示一定的意思。

2. 语音理解的准备

（1）语音知觉能力的准备。刚出生 10 天的婴儿就对声音的刺激非常敏感，能够区分语音与其他声音。婴儿还具备语音范畴知觉能力，能很清楚地分辨两个语音范畴之间的差别（如 b 和 p），而对同一范畴之内的变异予以忽略，使语音具有稳定性。语音知觉的发展为语言理解提供了必要的前提，只有“听准音”，才可能“听懂义”。

（2）语词理解的准备。8～9 个月，婴儿已经能“听懂”成人的一些语言，表现为能对语言做出相应的反应。但这时，引起婴儿反应的并不是词的意义，而是成人说话时的语调和整个情境。也就是说，如果成人发出同样的词音，但改变语调和语言情境，婴儿就不再做出反应。相反，语调和情境不变，只改变词音，婴儿还会做出同样的反应。

（二）言语形成期（1～3 岁）

1. 不完整句阶段（1～2 岁）

（1）单词句阶段（1～1.5 岁）。

这一阶段幼儿言语的发展主要反映在言语理解方面，具有以下特点：1）由近及远。幼儿最先理解的是他们经常接触到的物体的名称，如“灯灯”；其次是对成人的称呼，如“爸爸”“妈妈”；再次是玩具和衣物的名称，如“球球”“衣衣”。2）固定化。这一阶段，幼儿对词的理解往往和某种固定的物体相联系，如“爸爸”特指戴上眼镜时的爸爸。3）词义笼统。这一阶段，幼儿对词的理解非常不确切，一个词常常代表多种事物，而不是确切地代表某种事物。

同时，他们开始说一些具有意义的词，说出的词具有以下特点：1）单音重叠。由于幼儿此时大脑发育尚不成熟，发音器官还需要锻炼，而重复前一个音不用费力，容易发出，因此常常说出叠音的字，如“娃娃”“帽帽”。有时也会以象声词代表物体的名称，如把小狗叫作“汪汪”。2）一词多义。由于此阶段的幼儿对于词的理解还不够精确，因此说出的词可能代表多重含义。如见到小鸟说“鸟鸟”，见到天上的飞机或者风筝也说“鸟鸟”。3）以词代句。这个阶段的幼儿常常会出现使用一个词代表一个句子的情况。如幼儿说出“拿”这个词，有时代表他们要拿奶瓶，有时代表他们要拿玩具。

（2）双词句阶段（1.5～2 岁）。

这一阶段幼儿言语的发展主要表现在开始说由双词或三个词组合在一起的句子，如“爸爸抱抱”等。相对于单词句，这种句子表意更加明确，但其形式是断续的，并且结构不完整，好像成人的电报式文件，因此也被称为“电报句”。虽然表达的是不完整句子，但幼儿说话的积极性高涨起来，变得很爱说话。

2. 完整句阶段（2～3 岁）

许多研究发现，2～3 岁是人生初学说话的关键时期，幼儿开始学习运用合乎语法规则的完整语句来表达自己想法。如果照护者经常与幼儿交谈，那么幼儿的言语将在这一阶段迅速发展。这一阶段的言语发展主要体现在以下方面：

（1）能说出完整的简单句，并出现复合句。这一阶段的幼儿能够逐渐使用简单句来表达自己的想法，简单句就是只含有一个主谓结构并且句子各成分都只由单词或短语构成的独立句子或分句，如“宝宝要吃饭”。同时开始说一些复合句，复合句由两个或两个以上意义相关、结构上互不做句子成分的分句组成，如“宝宝要吃饭，宝宝饿了”。幼儿表达自己想法的句子越来越长，词类越来越丰富，语言表达的内容方面也发生了质的变化，话题时间开始涉及过去，如和妈妈讲幼儿园过去发生的事情。

（2）词汇量迅速增加。因为学习新词的积极性较高，每天都能掌握新词，所以 2～3 岁幼儿词汇量增长非常迅速。到 3 岁左右，幼儿大概能掌握 1 000 个字。幼儿的表达还是以简单句为主，但复合句明显增加，单词句明显减少。

拓展阅读

看电视与婴幼儿语言发展

14 个月时，不看电视和看电视 30 分钟的婴幼儿比看电视超过 60 分钟的婴幼儿在短语理解上的表现相对更好。

电视与孩子的关系是单向的，孩子并不能对接收到的语言做出更多的回应，电视也不能对孩子的表达做出反应，这样孩子就会丢失很多表达语言和学习运用语言的机会。因此，对婴幼儿接触电视的时间应有一定的控制，以 30 分钟为宜，父母最好能陪伴左右。

资料来源：卢珊，等．看电视时间与婴幼儿语言、情绪社会性发展的关系［J］．学前教育研究，2018（11）．

岗位操作

如何通过绘本活动促进婴幼儿言语发展？

2 岁半的豆豆在托育园里说话少，表达不流畅，但是他很喜欢看绘本、听故事。作为托育园的老师，应如何通过绘本活动促进他的言语发展呢？

针对豆豆言语发展的问题和特点，老师采取了以下方法：

（1）选择短小有趣且易模仿的绘本故事。

（2）老师通过富有感情的语气、语调示范绘本中的语句，必要时配合动作。

（3）通过复述、设置问题等鼓励豆豆表达，在其表达后，及时鼓励，强化其行为。

（4）家园合作。提醒家长多进行亲子阅读，并在阅读中和幼儿积极沟通。

操作解析：老师可以通过选择适宜的绘本，配以适当的阅读策略，比如复述、提问、互动等，为婴幼儿创设恰当的语言环境，促进其表达能力的发展。

第四节　婴幼儿动作发展

岗位情境

点点出生了，他软软的，看起来是那么弱小，但接下来的日子里，点点的表现却让人惊奇。1 个月时，点点妈妈无意间用手指碰了一下他的手掌，他紧紧地握住了妈妈的手。3～4 个月时，点点学会了翻身。6 个月时，点点学会了坐。他还非常喜欢去抓那些悬挂在面前的玩具，一次又一次，一旦成功抓住就会手舞足蹈。8 个月时，点点开始会爬了。

上述情境中体现的是婴幼儿动作的发展。婴幼儿肌肉和动作技能的发展是有一定规律的。本节内容以婴幼儿动作发展为主题，主要探讨以下问题：婴幼儿动作发展的特点是什么？如何根据婴幼儿不同阶段动作发展的特点，组织开展不同的教育活动？

岗位知识

一、婴幼儿动作发展概述

根据不同部位、不同大小的肌肉或者肌肉群产生的动作差异，可将动作概括为两大类：粗大动作与精细动作。粗大动作往往又被称为大肌肉动作，主要指那些由人体躯干、四肢等大肌肉或大肌肉群产生的动作，它们是发展人体动作技能的基础，包括位移技能、非位移技能与操作技能。小婴儿的翻身、爬行、抛投，学步儿的奔跑、跳跃都属于粗大动作。粗大动作不是由大肌肉或者肌肉群独自完成的，它往往需要大肌肉和小肌肉共同参与完成。精细动作是指那些由手部和眼部等小肌肉或者小肌肉群完成的动作，又被称为小肌肉动作。这一类动作主要涉及手指、脚趾和嘴唇，幼儿握笔写字、翻阅书本、系扣子等都属于精细动作。精细动作更加倾向于婴幼儿手眼协调配合，需要婴幼儿在意志的支配下，借助神经系统的感知功能，由小肌肉或小肌肉群协调完成相关动作。

二、婴幼儿动作发展特点

（一）早期动作发展总体特征

（1）从整体动作到局部的、准确的、专门化的动作。

（2）从上部动作到下部动作。

（3）从中央部分的动作到边缘部分的动作。

（4）从大肌肉动作到小肌肉动作。

（5）从无意识动作到有意识动作。

（二）不同年龄段动作特点

1. 新生儿的无条件反射活动

新生儿的动作以先天性反射动作为主，包括：吸吮反射、眨眼反射、抓握反射、行走反射、巴宾斯基反射等。这些动作主要都是与生俱来的，又会在特定时间消失，如惊跳反射会在 4 个月左右消失。这些动作出现和消失的时间节点也是判断婴幼儿肌肉、神经和心理发展的重要指标。

2. 婴儿期动作的发展

这一阶段婴儿的动作更加精细化，集中在手部和脚部。以手部动作为例：3 个月的时候开始出现一些不随意的、无目的性的手的抚摸动作；到 5 个月时，由于抚摸动作的反复，形成动作表象，动作具有一定的随意性，开始把手作为感受外界的一种媒介；6 个月时开始逐步学会拇指与其余四指的对立抓握动作，在抓握过程中，逐步形成眼和手的协调动作，即视觉和动觉联合的协调运动。

在行走动作发展方面，一般遵循“三翻六坐八爬”的规律，即 3 个月学会翻身、6 个月学会坐，8～9 个月学会爬行，1 岁开始站立和行走。但是，这种规律是存在个体差异的，受到家庭教育、动作发展早晚、认知能力等因素的影响。直立行走使婴幼儿接触的事物大大增加，有利于其各种感官的发展，也大幅拓展了婴幼儿的认知范围。

3. 幼儿期动作的发展

1～3 岁幼儿动作随意性增加。幼儿 13～14 个月时能够独立行走，2 岁时行走达到自如程度，独立性、自主性提高；1 岁后幼儿双手可以在一定程度上进行自我服务，包括穿脱衣物、自主进食等，动作速度、稳定性明显提高。

各年龄段婴幼儿动作特点如表 3-1 所示。

表 3-1　各年龄段婴幼儿动作特点

月龄	动作特点	
	粗大动作	精细动作
0～2 个月	俯卧时会转头；仰卧时两脚在空中交互踢	手会握拳；仰卧时手臂会挥动
3～5 个月	俯卧时头、胸部能抬高，头能抬高至 90°；会从俯卧位翻身到仰卧位	会取物放在口中；双手会各自抓物
6～8 个月	会坐；仰卧时头会抬高；会匍匐前进	会敲打玩具；能将玩具从一只手换到另一只手；会用大拇指和其他手指一起捡拾物品
9～12 个月	会爬行；会独坐；能够扶物行走；会独立站立	会拍手；会用拇指和食指取物；会拉下袜子
13～18 个月	能够独立行走；能爬上楼梯；能倒退走；会跑步；能扶着扶手上楼；能扶物单脚站立	单手能够同时捡起两个小东西；会拧瓶盖；会拿笔涂鸦；会拿勺子进食；会叠积木（3 块）

续表

月龄	动作特点	
	粗大动作	精细动作
19～24 个月	能扶着扶手上下楼梯；能从蹲姿到站姿；会双脚跳	会仿画圆形；会拉拉链；会剥开糖果包装；会叠积木（6～7 块）
25～36 个月	会从台阶上往下跳；会踢球；会脚跟接脚尖走路；能够骑三轮车；能平稳跑	取物不易掉落；会丢接球；会叠积木（8 块以上）；会穿鞋；会照样画图；会解纽扣

岗位操作

如何通过游戏提高婴幼儿精细动作能力?

1. 蝴蝶找花

材料：夹子、不锈钢板（铁、铜制都可）、彩笔、卡纸、塑封纸、透明胶、双面胶。

制作方法：将卡纸做成花朵和蝴蝶状并塑封好，将花朵粘贴在不锈钢板上，用蝴蝶装饰夹子。

玩法提示：指导孩子练习正确使用夹子，并尝试根据花朵的颜色找到相应颜色的蝴蝶夹子。

2. 小刺猬背果子

材料：塑料小夹子、彩纸、小盒子、塑封纸、透明胶、双面胶。

制作方法：

（1）用彩纸剪出刺猬的形象（双面）并进行塑封。

（2）用红色彩纸剪出苹果，并用透明胶固定在塑料小夹子上。

玩法提示：孩子取苹果夹子依次夹到刺猬的背上，注意排列整齐、有序。教师还可以提供不同大小的苹果，引导孩子按大小顺序夹夹子。

操作解析：婴幼儿最喜欢做的手部精细动作有下列 14 种：开、关、塞、放、嵌、按、抠、拉、插、拔、摸、套、拧、夹。孩子年龄越小，个体差异也越大，在设计材料时教师应尽可能地满足不同能力孩子的需要。如“夹夹看”系列的“玩夹子”游戏就可以设计多种玩法。

（1）工具不同：同时提供勺子和食品夹，允许孩子用手抓、用勺子舀或用食品夹夹取物体。

（2）所夹物不同：由易到难分别为枣子、弹性球、木珠。

（3）盛放的容器不同：依次为大口桶、小口瓶、更小的冰格、贴有颜色标记的冰格。

第五节　婴幼儿情绪与社会性发展

岗位情境

15 个月大的小曼和罗罗争夺一个玩具，罗罗哭了起来。小曼看起来很担心，就把玩具给了罗罗。但罗罗还是不停地哭，于是小曼停顿了一下，跑到隔壁房间为罗罗取来了他的安全毯。此时，罗罗停止了哭泣。

上述情境中体现的是婴幼儿的情绪变化以及对他人情绪的感知。随着年龄的增长，婴幼儿的社交范围越来越广，在初始情绪的基础上，会出现蕴含社会意义的情绪，如同情、期望等。本节内容以婴幼儿情绪与社会性发展为主题，主要探讨以下问题：婴幼儿情绪随着年龄的增长会出现哪些变化？婴幼儿情绪和社会性的发展有哪些特点？作为婴幼儿发展引导员，我们该如何合理调节婴幼儿的情绪？

岗位知识

一、婴幼儿情绪的发展

（一）发展阶段

婴幼儿从出生开始就有哭、静、四肢蹬动等情绪表现。美国心理学家伊扎德通过研究发现，新生儿具有惊奇、伤心、厌恶、最初步的微笑和兴趣 5 种不同的情绪。我国心理学家孟昭兰认为，新生儿本身就具有兴趣、痛苦、厌恶和微笑这 4 种初生情绪。这些初生情绪反应基本都是遗传本能，并且与其生理需要是否得到满足具有直接的联系。随着年龄的增长，孩子的情绪会越来越丰富和复杂。

心理学家通过对500名婴儿进行调查研究发现，婴儿到3个月末时，已逐渐具有欲求、喜悦、厌恶、愤怒、恐惧和烦闷等至少6种情绪。5～6个月时会出现一些有选择的社会性微笑，如会通过开心的笑声吸引妈妈的注意力。7～12个月时，婴儿会出现明显的害怕情绪，最典型的就是陌生人恐惧，如“怕生”。这种“怕生”取决于多种因素，包括陌生人的行为、环境特点等。2岁以上的幼儿开始能逐步表达如嫉妒、内疚、害羞和自豪等复杂的情绪。此时语言能力的提升能够帮助幼儿将自己的情绪表达得更加清晰。

（二）情绪的社会化发展

情绪的社会化发展，即在初始情绪的基础上，在人际交往和社会行为的反馈中蕴含社会意义的情绪如同情、期望等的产生过程。婴幼儿情绪社会化的过程也是其学习控制与表达自己情感的过程。

1. 母婴依恋的形成

鲍尔比（J. Bowlby）的研究认为母婴依恋关系是婴幼儿社会化的桥梁，也是婴幼儿情绪开始社会化发展的最为明显的标志。这是婴幼儿首次与他人建立起一种关系，是在与母亲的亲密接触与交流后，形成的一种特殊的社会性情感联结。这种依恋可以划分为三种类型，包括安全型、回避型、反抗型。而后两者的依恋行为被认为是不安全依恋，往往会使婴幼儿在后期生活中出现频繁的攻击性行为。同时，这类婴幼儿在面对陌生人时也会出现退缩和难以接近等表现。

2. 自我意识情绪的出现

自我意识情绪是指个体根据他人对自身或自身行为的评价所产生的情绪，它包括对自己的肯定和否定。自我意识情绪一般在2岁半左右开始出现，婴幼儿积极的同伴交往及早期友谊的建立，都有利于他们学习体验他人的感受，理解他人的想法，从而正确认识自己和他人。

3. 情绪社会性参照的发生

社会性参照是指当婴幼儿面临陌生、不确定的情境时，他们更倾向于从成人的脸上寻找表情，并识别、利用这些信息指导自己的思想和行为。有人利用“视崖”进行实验说明了情绪的社会性参照作用：实验者利用桌子、厚玻璃等材料模拟“浅滩”和“悬崖”，并将数名12个月的婴儿及其母亲作为实验对象。婴儿在“悬崖”的一侧，母亲在另一侧。一半的母亲面带微笑呼唤，另一半母亲面带恐惧。结果，母亲面带微笑的一组，婴儿大部分都爬过来了；反之，母亲面带恐惧的一组，没有一个婴儿爬过来，并且也流露出与母亲相似的神情。实验结果表明，婴儿不仅正确解读了这些面部表情，而且可以从中获取较为有效的信息来指导自己的行为。

4. 情绪的自我控制性的发展

情绪的自我控制性是指用以调节自身情绪反应的强度或持续时间，使之达到令人安适的水平，以便实现自己的目标的策略。婴儿在刚出生的时候，是不具备控制自己的能力的。婴幼儿最初的情绪是与生理需要相联系的，而随着年龄的增长，情绪逐渐与社会性需要联系起来，也就是所谓的情绪社会化发展。婴幼儿在成人的指导教育下，通过与外界环境的不断交往，发展各种心理能力，逐步克服情绪的冲动性，学会控制自己的活动，并在后期将其提升为一种自我调节能力，如表 3-2 所示。

表 3-2　0～3 岁婴幼儿对情绪的理解、表达及调节

月龄	情绪理解	情绪表达及调节
0～6 月	可以区分快乐、悲伤和愤怒等面部表情	积极情绪的表达受到鼓励并更为经常地出现； 通过吸吮和回避等方式调节消极情绪
7～12 月	能更好地辨认他人的基本情绪； 社会性参照出现	愤怒、恐惧和悲伤等消极情绪更经常地出现； 通过滚动、撕咬或远离令人不安的刺激物等方式对情绪进行自我调节
13～36 月	开始谈论情绪和掩饰情绪； 同情反应开始出现	出现次级（自我意识的）情绪； 通过转移注意力或控制刺激物的方式调节情绪

（三）婴幼儿情绪调节策略

1. 及时消除引起消极情绪的诱因

婴幼儿的情绪反应主要来源于生理性需求。研究表明，刚出生 1 周的婴儿啼哭的原因主要是饥饿和寒冷。父母需要及时发现并消除引起婴幼儿情绪起伏的刺激。然而，在 0～1 岁阶段，婴儿表达自己的主要方式是哭，所以要想及时消除这些刺激，就需要照护者能够分辨婴儿不同模式的哭声，理解其中蕴含的不同情绪，并认真对待婴儿的哭闹。如何做情绪的“诠释者”呢？主要方法就是心平气和地观察婴儿的面部表情和四肢动作，眉毛、脸颊、嘴唇、手、脚、肩部都是他们“说话”的地方。

照护者既要做优秀的情绪“诠释者”，还要做优秀的“安抚者”。照护者要用语言和肢体动作积极回应婴幼儿的情绪，这有利于引导婴幼儿情绪的健康发展。例如，孩子起床后流露出不悦的神情，并伴有啜泣和哭闹。母亲看见了，将孩子抱起并安抚他，温和地询问

孩子哭闹的原因："宝贝，你怎么了？为什么看起来不开心？"孩子说："我不想你去上班。""为什么呢？""因为我想和你玩。"母亲耐心地解释自己要去上班的理由，并给孩子一些有趣的玩具分散注意力，孩子渐渐平复了情绪。母亲积极的回应使孩子能够识别自己的情绪类型，并在母亲的帮助下找到解决消极情绪的方法。

2. 正确对婴幼儿的行为进行评价

自我意识情绪在婴幼儿 2 岁左右出现，而这种自我意识情绪很大程度上会受成人评价的影响。婴幼儿取得进步时能够得到照护者及时的肯定和表扬，碰到困难时能够得到照护者的关心和帮助，犯了错误时能够得到照护者的怜悯和理解，就会激发婴幼儿对照护者的信任感和亲切感，进而建立健康的依恋关系。

3. 为婴幼儿提供积极的社会参照

在婴幼儿的成长过程中，照护者的情绪特质和特点将会对其产生巨大的影响。父母情绪易失控、脾气暴躁容易使婴幼儿胆小懦弱，缺乏安全感。而父母情绪稳定、善于控制情绪，有利于婴幼儿形成活泼开朗的性格，建立良好的亲子互动关系，使婴幼儿更好地感受到父母的爱和家庭的温暖，使婴幼儿性格中快乐和爱的成分更多。具备了充足的安全感，婴幼儿在遇到困难和挫折时才有足够的勇气去面对和战胜困难。

4. 提供健康温馨的成长环境和情绪宣泄渠道

父母提供一个健康、温馨的家庭环境，有利于婴幼儿健康成长。这样的家庭环境要求父母或其他照护者经常表达对婴幼儿的爱，比如经常抚摸他们的小脑袋，牵牵他们的小手，拥抱他们，这不仅能安抚婴幼儿的情绪，还会加深婴幼儿对相应感觉的体会以及对情感的认识（赵梦星，2018）。

此外，父母或其他照护者还需要给婴幼儿提供一个情绪宣泄渠道，并拥有足够的耐心。婴幼儿在生活中可能会遇到挫折和困难，从而出现一些不良情绪，如母子分离带来焦虑情绪、探索活动失败带来痛苦体验等。成人应给予婴幼儿发泄的机会，以免积蓄负面情绪，造成身心伤害。盲目地要求孩子立即停止负面情绪，甚至斥责与惩罚只会加重婴幼儿的痛苦，导致其与照护者的疏远。

5. 辅助婴幼儿进行情绪调节

家长在婴幼儿期的育儿行为应注意以下两方面：一是回应性，即对婴幼儿的需求能够给予及时有效的回应；二是接纳性，即能够鼓励和支持婴幼儿的自主性发展和探索，使用恰当的管教策略为婴幼儿建立规则等。

当家长表现出积极的、支持性的育儿行为而不是消极的、控制性的育儿行为时，婴幼儿更容易倾听并回应父母发出的指令和信息，听从并遵守家长的要求，同时控制好自己的情绪和行为。例如，在建构游戏过程中，一位幼儿哭了，为了让哭泣的幼儿安静下来，母亲轻轻蹲下来说：“你不想玩积木了？这里有些图书。你不要？哦，你想让我抱抱！”幼儿很快安静下来，并又愉快地继续搭建他的积木了。

此外，父母还可以通过将婴幼儿的注意力从消极事件转移到积极事件（如玩玩具）上，来调节其消极情绪。

拓展阅读

照护婴幼儿情绪小技巧

适宜性实践	反例
照护者一天中大部分时间都会拥抱或抚触婴幼儿，与婴幼儿进行一对一的温暖互动	照护者将婴幼儿长时间放在婴幼儿床、围栏或座位中。他们遵循“不接触”的方针，忽视了抚触对婴幼儿健康发展的重要性。 照护者与婴幼儿的互动是严厉或冷酷的
照护者会了解并观察每个婴幼儿给出的信号，因此他们能够判断婴幼儿什么时候需要进食、什么时候感到不舒服，或者什么时候想要被抱着	照护者依据自己的日程安排或偏好而不是婴幼儿的日程安排或偏好给予关注和照护
照护者始终一致地回应每个婴幼儿对食物和舒适的不同需求	照护者对婴幼儿的回应不可预测，或者根本没有回应，或者对孩子不关心或不适应

资料来源：Carol Copple，等．0～3岁婴幼儿发展适宜性实践．洪秀敏，等译．北京：中国轻工业出版社，2020.

二、婴幼儿社会性的发展

（一）婴幼儿社会性发展的特点

1. 婴幼儿社会关系的变化

（1）0～1个月。婴儿被目光、声音和母亲的气味吸引，主要通过碰触和抓握产生联系。

（2）2～3个月。此阶段属于核心关系阶段。婴儿能够保持目光接触，表现出积极的社交行为，比如微笑、发音、做手势等；其对社交回应的积极性很高，能够面对面互动。

（3）4～9个月。此阶段属于主题型关系阶段。婴儿的兴趣从单纯的面对面互动转变为集中于某个主题，如物品游戏和身体游戏等。

（4）10～18个月。此阶段属于连接型关系阶段。婴幼儿将自己对外部世界的兴趣和交流技能整合，直接和他人交流感兴趣的事物，如一起玩互动性更强的游戏。

（5）18 个月以上。此阶段属于合作型关系阶段。幼儿能够理解他人的感受可能和自己不同；能清楚地意识到真实和虚假事物的区别；社交互动能够发展为真正的合作以及围绕目标开展活动。

2. 早期的同伴交往

婴幼儿 3 岁前虽然主要与其父母交往，但也开始了同伴间的相互交往，并在其交往中显现出了社交方式和社会接受性方面的差异性。同时，随着婴幼儿认知能力的提高、活动范围的扩大，其与同伴交往的时间和数量越来越多，同伴交往在其生活中所占的比重越来越大，并对婴幼儿的个性、社会性发展发挥着日益重要的影响。

婴幼儿早期同伴交往主要经历以下三个发展阶段：

（1）以客体为中心阶段。婴幼儿的交往更多地集中在玩具或物品上，而不是同伴。

（2）简单交往阶段。婴幼儿已能对同伴的行为做出反应，经常企图去控制另一个婴幼儿的行为。

（3）互补性交往阶段。婴幼儿同伴间的行为趋于互补，出现了更多更复杂的社交行为，相互间的模仿已较普遍；婴幼儿不仅能较好地控制自己的行为，还可以与同伴开展需要合作的游戏。

3. 婴幼儿自我的发展

自我的发展是婴幼儿社会化过程的重要组成部分，也是体现婴幼儿社会化的一个重要方面。

（1）0～4 个月。刚出生的婴儿没有自我意识。婴儿经常把自己的手指、脚趾当玩具，抱过来就吮咬。婴儿会发现咬玩具和咬自己的手指、脚趾的感觉是完全不一样的，然后慢慢认识到手指、脚趾等是自己身体的一部分，初步拥有了自我感觉。

（2）5～8 个月。婴儿显示出对镜像的兴趣，他们会注视它、接近它、抚摸它，对它微笑。但他们对自己的镜像与对其他婴儿形象的反应没有区别，说明他们并未认识到镜像是自己的像、自己与他人的差别，以及自己是独立存在的个体。这是由于婴儿还没有萌生出自我认知。

（3）9～12 个月。婴儿表现出了对自己作为活动主体的认识，表现为他们以自己的动作引起镜像的动作。这一阶段婴儿产生了初步的主体我。

（4）13～15 个月。幼儿已能区分由自己做出的活动与他人所做出的活动的区别，对自己的镜像与自己的活动之间的联系和关系有了清楚的觉知，说明幼儿已会把自己与他人区分开。这一阶段婴幼儿的主体我得到明确的发展。

（5）16～18个月。幼儿开始把自己作为客体来认识，表现在对客体特征（如红鼻头）与主体特征联系的认知上，即认识到客体特征来自主体特征，对主体某些特征有了稳定的认识。这反映了婴幼儿在客体我水平上的自我认知的发展。

（6）19～24个月。幼儿已具有了用语言标示自我的能力，如使用代词（“我”“你”）标示自我与他人。幼儿在此阶段已经能意识到自己的特征，能从客体中认识自己，用语言标示自己，表明幼儿已具有明确的客体我。

（7）25～36个月。幼儿逐渐形成自我评价，自控能力有所发展，这是自我意识发展的另一个阶段。在此阶段，幼儿的自我控制能力可以表现出来，包括抑制行为的能力和在父母不在场时调节自己行为的能力，集中表现为幼儿展现出对规则和指令的内化。

综上所述，婴幼儿的自我认知是在与外界客体的相互作用中产生和发展的。这种自我认知能力的发展，使婴幼儿在处理自己与外界事物、自己与他人的关系上更符合社会交往准则。婴幼儿自我意识和言语的发展，是婴幼儿从自然人向社会人转化的关键一步和标志。

4. 婴幼儿社会性与情感发展的相互交织与促进

婴幼儿通过交往行为和人际互动来形成最初的情绪反应。如果婴幼儿期缺乏交往机会，会造成婴幼儿情绪体验的匮乏与情感的缺失；如果婴幼儿与照护者之间缺乏互动，日后在生活中将很难与他人建立起亲密的情感关系。

（二）婴幼儿社会适应性行为的界定与培养

婴幼儿的社会适应是指他们接受新环境、适应矛盾冲突情境的能力，包括对新环境的适应能力、对陌生人的适应能力、对同伴交往的适应能力，以及独立地克服困难，处理社会中简单问题的能力。

1. 0～3岁婴幼儿社会适应性行为的界定

（1）个体适应。个体适应主要强调个体为维持各种资源的均衡状态而自我控制、自我调整的过程，其中最重要的就是自理能力，如吃饭、穿衣、梳洗、清洗自己的物品等行为技巧。在0～3岁这一时期，婴幼儿的肢体活动能力逐渐增强，这也是他们自理能力发展的关键阶段。在良好和谐的亲子关系中，父母的信任、支持和鼓励，成为婴幼儿学习自理技能的重要基础，有助于婴幼儿自理能力的发展，也为孩子今后入园做好了准备。

（2）社会适应。社会适应主要关注个体对外在环境变化的应对与适应，包括对物理环境的适应、规则意识的建立和人际交往能力的提升等。由于0～3岁婴幼儿四肢动作能力发展尚不完善，活动范围较小，主要是家庭内部和社区，因此这种适应包括两方面内容：一是社区中的社会互动和行为，主要是指能在成人指导下表现出与其年龄和文化背景相适应的行为和活动；二是与游戏活动场所相关的行为，包括能在公共游戏场地活动、能够独立利用社区设施和谨慎地回避危险的内容。

2. 婴幼儿社会适应能力的培养

（1）建立良好的亲子关系。父母积极的情感和对婴幼儿需要的满足，有利于婴幼儿培养对父母的基本信任感和对人类社会的信任感。如果父母对婴幼儿漫不经心，忽视婴幼儿的情绪，婴幼儿就会缺乏安全感和归属感，把世界看成一个黑暗、危险的地方，出现回避性行为。因此，建立稳定的依恋关系有助于婴幼儿建立与人的基本信任感，最终促进其社会适应能力的发展。

（2）在日常小事中树立规则意识。婴幼儿要成为独立的社会人，就需要养成规则意识和良好的行为习惯，如排队等待的规则、红绿灯规则、收拾玩具的习惯、个人卫生习惯等。在良好和谐的亲子关系中，父母积极的榜样示范和暗示、合理提供选择机会、及时的表扬鼓励等都可为婴幼儿规则意识的建立和良好行为习惯的养成提供帮助。

（3）鼓励同伴接触，提供交往机会。家长应有意识地创设孩子与同伴接触、交往的机会，鼓励其与同伴之间的交流。在与同伴交往过程中，婴幼儿可以与他人相互比较，认识到自己与他人的区别，并通过同伴行为调整自己的行为。在同伴交往中亦会出现冲突、矛盾和竞争，这种冲突的发生以及解决矛盾的过程也是婴幼儿社会能力发展的过程。

（4）提供合作性活动的机会。婴幼儿 1 岁左右，开始积极参与活动，并乐于为他人提供帮助。他们能够从帮助他人的活动中获得情感的满足，而且一起完成有意义的日常活动也能够让婴幼儿对共享价值和共同目标有更深刻的体会。因此，父母如果能够为婴幼儿提供合作性活动的机会，其在社会理解方面会取得很大的进步，在家庭中也能更积极地发挥自己的作用。

岗位操作

如何处理婴幼儿的发脾气行为？

25 个月的子陌，遇到困难会发脾气，比如东西放不进钱包，试了几次后没有成功就会发脾气，哭哭啼啼，然后扔掉，甚至躺在地上打滚。作为婴幼儿发展引导员，你会如何提供帮助呢？

对于子陌的发脾气行为，可采取以下措施：

（1）及时进行情感疏通。首先认可幼儿的情绪，如："宝贝是不是因为这个东西放不进去着急了?"其次协助解决问题，如："发生了什么？需要我的帮助吗?"并在过程中思考原因：是钱包的扣子太紧，还是东西的尺码不适合钱包？和幼儿一起解决问题。

（2）大人示范，并及时鼓励。大人将动作分解，缓慢完成。如果是因为这个钱包太难打开，影响了幼儿的操作，我们就可以帮幼儿把钱包打开，调整角度，让幼儿自己把东西放进去；也可以换一个比较容易放进去的东西，让幼儿完成操作。当幼儿完成后，及时给予幼儿鼓励，提升幼儿的自我效能感。

操作解析：当婴幼儿受挫时，常见的外在表现为发脾气、放弃活动等。照护者首先要认可其情绪，待其情绪平稳后，再循序渐进地引导婴幼儿解决问题。

证书标准

根据《国家职业技能标准　婴幼儿发展引导员》（职业编号：4－10－01－01），本章对应四级的部分工作要求，如表3－3所示。

表3－3　婴幼儿发展引导员标准及要求

级别	职业功能	工作内容	技能要求	相关知识要求
四级	3. 发展引导	3.1 动作发展	3.1.1 能指导看护人为婴幼儿创设有利于身体活动的环境 3.1.2 能指导看护人与婴幼儿进行被动操、主被动操等活动 3.1.3 能指导看护人发展婴幼儿抬头、翻身、坐、爬、站立、走、跑、钻、踢、跳等粗大动作 3.1.4 能指导看护人促进婴幼儿抓、捏、握等精细动作发展 3.1.5 能指导看护人与婴幼儿开展适宜的舞蹈与律动活动 3.1.6 能指导看护人与婴幼儿开展涂鸦、绘画和简单手工等活动	3.1.1 创设适宜婴幼儿动作发展环境的策略 3.1.2 婴儿先天性反射的相关知识 3.1.3 婴幼儿粗大动作发展的基本规律 3.1.4 婴幼儿精细动作发展的基本规律 3.1.5 婴幼儿艺术教育的方法

续表

级别	职业功能	工作内容	技能要求	相关知识要求
四级	3. 发展引导	3.2 语言发展	3.2.1 能指导看护人结合实物和动作，引导婴幼儿倾听和理解语言 3.2.2 能指导看护人引导婴幼儿使用声音、动作和词汇等进行简单的互动和交流 3.2.3 能指导看护人培养婴幼儿阅读的兴趣和习惯 3.2.4 能指导看护人吟唱童谣或儿歌等	3.2.1 婴幼儿言语发展的整体特点及影响因素 3.2.2 反应式倾听与及时回应在婴幼儿语言发展中的重要性 3.2.3 亲子共读环境创设、婴幼儿阅读材料选择的策略 3.2.4 婴幼儿语言互动游戏的方法
		3.3 认知发展	3.3.1 能指导看护人为婴幼儿提供有利于视、听、触等感知觉发展的材料 3.3.2 能指导看护人鼓励婴幼儿认识与辨别物体的明显特征 3.3.3 能指导看护人启发婴幼儿进行简单的分类、配对和排序等游戏活动	3.3.1 婴幼儿感知觉发展的基本规律与特点 3.3.2 婴幼儿注意、记忆发展的基本规律及特点 3.3.3 婴幼儿思维、想象发展的基本规律和特点
		3.4 情绪和社会性发展	3.4.1 能指导看护人保持稳定的情绪，创设温暖、愉快的心理氛围 3.4.2 能指导看护人正确识别并及时回应婴幼儿的情绪反应 3.4.3 能指导看护人帮助婴幼儿理解和辨别悲伤、恐惧、愤怒、愉悦等不同情绪 3.4.4 能指导看护人引导婴幼儿理解并遵守简单的规则	3.4.1 婴幼儿情绪情感发展的基本规律 3.4.2 情绪分化的特点和发展趋势 3.4.3 婴幼儿社会性发展的基本规律 3.4.4 婴幼儿社会性游戏的方法

录像观察

录像 1： 这段录像展现了托育园老师带领婴幼儿开展律动活动的场景。

托育园奥尔夫律动活动

问题：

1. 录像中体现了婴幼儿的哪些发展？

2. 你还可以设计出哪些适合 3 岁以下婴幼儿的律动活动？

录像 2： 这段录像展现了婴幼儿拓印福字的过程，他们自己完成，并与自己的福字拍照留念。

托育园拓福活动

问题：

1. 录像中体现了婴幼儿的哪些发展？

2. 你如何看待这个活动中婴幼儿的情绪表现？

录像 3： 这段录像展现了托育园老师带领婴幼儿开展户外活动的场景，他们在大自然中捡树叶，积极参与和完成活动。

托育园户外活动

问题：

1. 录像中婴幼儿的社会性发展是如何体现的？

2. 你觉得还可以如何促进婴幼儿的同伴交往？

关键术语

感知觉	注意	记忆	想象	思维
言语	动作	情绪	社会性	

课后思考

1. 如何根据不同年龄婴幼儿感知觉发展的特点组织开展活动？

2. 婴幼儿注意、记忆、想象、思维的发展有什么规律？如何培养婴幼儿的注意力、记忆力、想象力和思维力？

3. 婴幼儿言语的发展有什么规律？作为一名婴幼儿发展引导员，应如何促进婴幼儿言语的发展？

4. 婴幼儿动作发展的特点是什么？如何根据不同阶段婴幼儿动作发展的特点组织开展不同的活动？

5. 如何合理调节婴幼儿的情绪？

技能演练

1. 技能练习——实际情境问题

3 岁的小亚跑步和跳跃等运动能力比同班孩子表现都要差，注意力也容易分散。作为带班老师，你打算如何帮助他提升运动能力和专注力呢？

2. 技能提升——尊重与回应式照护演练活动

[活动目标]

（1）提高婴幼儿跑、走、跳的能力，增强婴幼儿移动时的灵敏度。

（2）提高婴幼儿专注力。

[活动准备]

（1）热身运动和放松运动配乐。

（2）运动手环。

（3）锥形障碍物。

（4）婴幼儿跨栏道具。

[活动过程]

（1）老师事先画出不同形状的图形，让小亚沿着图形进行走、跑运动。

（2）加大难度，在地上放上锥形障碍物，小亚需按照 S 形奔跑，在奔跑中老师配以

“跑”和“停”的口令，小亚需按照口令进行活动。

（3）老师示范跨栏跑，并将目标物放在终点。小亚跨栏跑、拿到目标物、返回起点，才算完成整个流程。也可适当加大难度，增加高一些的跨栏。

（4）放松运动：《机器人》——在舒缓的音乐中，小亚根据老师的口号“一、二、三、四”，左手臂依次向前、向侧、向前、向下，右手臂、左脚、右脚、双臂等依次进行。

[活动评价]

（1）能否完成几何图形跑和跨栏跑。

（2）能否完成障碍跑。

（3）能否遵守跑步过程中的指令。

[活动记录]

（1）婴幼儿活动持续时间：______分钟。

（2）项目难度：A. 容易　　B. 适中　　C. 困难

（3）婴幼儿兴趣程度：A. 喜欢　　B. 一般　　C. 不喜欢

（4）婴幼儿配合程度：A. 很配合　　B. 一般　　C. 不配合

[家庭方案]

运动实践：和家人一起来一场几何图形跑比赛，看看谁是“田径飞人”。

[活动提示]

（1）运动手环用于监测婴幼儿心率，判断是否达到中高强度运动。

（2）在训练时提醒婴幼儿不要踩到障碍物，以防摔倒。

（3）及时鼓励婴幼儿，特别是跨栏困难时，应积极鼓励婴幼儿多次尝试。

第四章　婴幼儿生活照护

学习目标

知识目标

1. 了解人体所需营养素的功能及食物来源。
2. 熟悉婴幼儿常见疾病的预防与护理。
3. 掌握婴幼儿睡眠、如厕时的照护要求；抚触的操作要领。

技能目标

1. 能够依据婴幼儿生长需求进行合理喂养；能够设计并制作符合婴幼儿生理需求的辅食。
2. 能够为婴幼儿进行抚触操作。
3. 能够对婴幼儿进行科学的如厕指导。

素养目标

1. 树立“以婴幼儿为中心”的服务意识，培养职业责任感和价值感。
2. 关注婴幼儿生长发育特点，提供科学合理的生活照护服务，养成关爱婴幼儿、富有爱心的优秀品格。

学习导图

- 婴幼儿生活照护
  - 1.婴幼儿营养与喂养
    - 营养素与食物来源
    - 婴幼儿母乳和奶粉喂养
    - 婴幼儿辅食喂养
  - 2.婴幼儿睡眠
    - 婴幼儿睡眠环境的布置
    - 婴幼儿睡前准备
    - 婴幼儿穿脱衣物指导
    - 婴幼儿睡眠检查
  - 3.婴幼儿如厕
    - 影响婴幼儿如厕的因素
    - 婴幼儿如厕训练的时机和原则
    - 婴幼儿如厕指导
  - 4.婴幼儿抚触
    - 婴幼儿抚触操作
    - 婴幼儿抚触注意事项
  - 5.婴幼儿常见疾病及预防
    - 婴幼儿患病迹象
    - 婴幼儿常见传染性疾病及护理
    - 婴幼儿常见疾病及护理

第一节　婴幼儿营养与喂养

岗位情境

周老师自从毕业就来到贝贝托育中心工作，迄今为止已经三年了，她具备扎实的理论和实践性知识，深受领导器重，在家长和小朋友中也比较受欢迎。最近，周老师接到了园领导布置的一个工作任务，让她为这一批新来园所的 28 名幼儿的家长开展关于营养喂养小课堂的讲座。

上述情境中体现的是家长掌握婴幼儿营养喂养知识的必要性。在婴幼儿成长过程中，营养喂养对其生长发育具有重要影响。本节内容以婴幼儿营养与喂养为主题，主要探讨以下问题：各类营养素的功能有哪些？它们主要来源于哪些食物？婴幼儿喂养的方式有哪些？如何合理地为婴幼儿添加辅食？

一、营养素与食物来源

婴幼儿期是生长发育的关键时期，营养素是婴幼儿生长发育和身心健康的物质基础。食物中常见的营养素一般分为六大类，而这六大类又可分为两小类，分别是：产能营养素（蛋白质、脂肪和糖类）及非产能营养素（维生素、矿物质和水）。其功能及主要食物来源如表 4－1 所示。

表 4－1　营养素功能及主要食物来源

营养素		功能	主要食物来源
蛋白质		1. 含有人体所需的氨基酸 2. 合成及修补细胞组织 3. 调节生理机能并提供热量（4kcal/g）	瘦肉、鸡肉、鸭肉、鱼肉、牛奶、豆类等
脂肪		1. 构成身体组织 2. 提供热量（9kcal/g） 3. 提供人体必需的脂肪酸 4. 协助脂溶性维生素 A、D、E、K 吸收 5. 保护机体	猪油、牛油、奶油、色拉油、蛋黄等
糖类 （碳水化合物）		1. 构成机体组织 2. 热量的主要来源（4kcal/g） 3. 节约蛋白质消耗 4. 有益肠道功能 5. 具有抗生酮和解毒作用	米饭、面条、面包、馒头等
维生素	维生素 A	1. 维持正常的视觉 2. 维持上皮组织的正常形态及机能 3. 维持正常骨骼发育	肝、蛋黄、牛奶、奶酪、黄绿色蔬菜（如胡萝卜、菠菜、西红柿）、水果（如木瓜、杧果）、鱼肝油
	维生素 D	1. 维持骨骼及牙齿发育 2. 维持血钙浓度 3. 参与钙与磷的代谢	鱼肝油、蛋黄、奶酪、鱼类、肝

续表

营养素		功能	主要食物来源
维生素	维生素 E	1. 主要抗氧化剂，可承受细胞代谢过程中产生的自由基攻击 2. 防止多元不饱和脂肪酸及磷脂质被氧化，维持细胞膜的完整性，预防老化	谷类、米糠油、小麦胚芽油、棉籽油、绿叶蔬菜、蛋黄、坚果类
	维生素 K	帮助凝血作用，以免出血时间延长	绿叶蔬菜（如菠菜、莴苣）、蛋黄、肝
	维生素 B_1	1. 能量代谢的重要辅助 2. 促进肠蠕动及消化液分泌 3. 预防及治疗神经炎	胚芽米、麦芽、米糠、肝、瘦肉、酵母、豆类、蛋黄、鱼卵、蔬菜等
	维生素 B_{12}	辅助体内氧化还原作用	酵母、内脏类、牛奶、蛋类、花生、豆类、绿叶蔬菜、瘦肉等
	维生素 C	1. 作为抗氧化剂，保护其他水溶性维生素不被氧化 2. 能促进胶原的形成，加速伤口愈合 3. 帮助铁质吸收 4. 刺激免疫系统预防感染，减轻过敏性物质的影响	深绿及黄红色蔬菜、水果（如青辣椒、番石榴、柑橘类、西红柿、柠檬）
矿物质	钙	1. 构成骨骼和牙齿的主要成分 2. 调节心跳及肌肉收缩，使血液有凝结力 3. 维持正常神经的感应力	奶类及奶制品、带骨小鱼、鱼干、豆类、豆制品及深色蔬菜
	铁	1. 辅助核酸、蛋白质、糖类、脂质的利用 2. 制造血红素，强化免疫功能 3. 维护脑神经系统的发育与功能	肝脏、红色肉类、鱼类、蛋黄、豆类及绿叶菜
	锌	生长发育所必需的元素，能维持免疫功能，促进伤口愈合	全谷类、肉类及肉制品
	碘	促进生长发育	海带及紫菜
水		1. 构成细胞和体液 2. 调节体温 3. 促进机体新陈代谢 4. 充当机体润滑剂	饮水、食物中含有的水、代谢水

二、婴幼儿母乳和奶粉喂养

（一）母乳喂养

1. 母乳储存方式

（1）分量储存。母乳可依据婴幼儿每次的奶量以专用母乳储存袋［聚乙烯（PE）材质］或奶瓶［玻璃瓶或聚丙烯（PP）、聚乙烯材质］储存。

（2）标记挤奶日期。收集好母乳后，于容器上记录存放日期。

（3）放入冰箱。母乳应存放于冰箱内，最佳温度在 0～4℃。新鲜母乳待降至室温后，再放入冷藏库或冷冻库。尽量与鱼、肉等生鲜食物分开存放，降低被污染的风险。

2. 母乳保存期限

母乳的保存以冷藏为主，重点要把握“333 原则”，即常温下 3 小时、冷藏 3 天、冷冻 3 个月。

3. 母乳回温方式

冷冻的母乳可以先泡在冷水中解冻，解冻后，将装有母乳的储存袋或奶瓶直立放在盛有温水的容器或流动的温水中（水温不要超过 55℃以免破坏酵素或抗感染因子），隔水加热到适合婴儿喝的温度，食用前轻微摇晃，使脂肪混合均匀。

（二）奶粉喂养

1. 配方奶粉选用

母乳喂养对婴幼儿来说是最好且最适当的，若因特殊因素无法以母乳进行哺喂，婴儿配方奶粉可作为理想的替代品。为确保奶粉新鲜，建议购买小瓶装奶粉，并注意使用期限。依据婴幼儿成长需求的不同，市售配方奶粉也有不同种类：

（1）早产儿奶粉：专供早产儿食用，当体重大于 2 500g 后可换成一般婴儿配方奶粉。

（2）婴儿配方奶粉：一般足月婴幼儿食用。

（3）免敏配方奶粉：因不含乳糖，适用于缺失乳糖酶及慢性腹泻婴幼儿。

（4）水解蛋白配方：营养成分已事先经过水解，进食后无须经由肠胃消化即可直接吸收，适用于急慢性腹泻、多种消化酵素缺失或患短肠综合征的婴幼儿。

2. 奶粉保存

为确保奶粉饮用安全，须对奶粉进行合理保存。

（1）未开封奶粉的保存：避免光线直接照射，于干燥环境存放，在保鲜期限内，常温保存即可。

(2) 已开封奶粉的保存：应盖紧塑胶盖，放在室内通风、干燥、阳光照射不到的地方，尽早食用完毕；奶粉容易吸潮，放在冰箱内容易变质，因此不可放在冰箱内。

3. 配方奶粉冲泡原则

冲泡奶粉时，使用经过氯化处理的家用自来水即可，但要注意供水系统的水管是否遭受环境污染。在温度方面，世界卫生组织指出，针对1岁以下的婴儿，建议使用煮沸、过滤、灭菌后的开水，并且使用70℃的水温调配冲泡，这样可大幅降低阪崎肠杆菌的感染概率。实际冲泡时可在泡好配方奶后以冷水冲淋奶瓶约1分钟或者将奶瓶静置3～5分钟，将配方奶的温度下降到40℃左右，再给婴儿喂食。

(三) 混合喂养

6个月以内的婴儿若因母乳量不足而进行混合喂养，母乳喂哺次数一般不变，每次可先喂母乳，待乳房被吸空后再补牛乳或其他代乳品。这样每次乳房可被吸空，有利于维持母乳分泌，不会使母乳量逐渐减少。6个月以上的婴儿已经可以添加辅食，如母乳量不足可混合喂养，并逐渐向断奶过渡。

三、婴幼儿辅食喂养

辅食喂养不仅是为了让婴幼儿有饱足感，更要从均衡营养的角度有目标地规划婴幼儿各餐食的内容，食物中富含各种营养成分，及时添加辅食可解决或减少缺乏营养素（如铁、钙等）的状况。同时，要根据不同食物特性及烹调变化性让婴幼儿在进食过程中培养对食物的喜好。一般4～6个月的婴儿可添加辅食，辅食添加应遵循由少量到多量、由一种到多种、由稀到稠、由细到粗的原则，食物应清淡，尽量少添加调味品。添加辅食的顺序如表4-2所示。

表4-2　添加辅食的顺序

月龄	添加的辅食	供给的营养
4～6个月	米糊、米粉、烂粥、蛋黄、鱼泥、肝泥、动物血、豆腐、果汁、水果泥、菜泥	糖类、完全蛋白质、铁、维生素
7～9个月	烂面、鱼、蛋、肝泥、肉泥、菜末、水果泥	糖类、完全蛋白质、铁、锌、维生素
10～12个月	软饭、拉面、粥、馒头、面包、碎肉、豆制品、碎菜	糖类、蛋白质、维生素、矿物质

岗位操作

照护者如何为 6 个月婴儿制作辅食？

6 个月的兰兰现在已经开始吃辅食了，该选择哪些食材进行搭配、用什么样的烹饪方式、孩子会不会过敏等问题让新手妈妈吴女士有些焦虑。在朋友的推荐下，吴女士来到了一家专业的育婴机构寻求帮助。作为该机构工作人员，小王该如何帮助她呢？

1. 缓解家长的紧张焦虑情绪

首先，对于婴幼儿来说，4～6 个月是开始添加辅食的时期，这个时期也是婴幼儿迅速成长的时期，单纯母乳喂养或混合喂养已无法满足婴幼儿的成长需求。吴女士已经意识到要为婴儿添加辅食，说明已经做好了心理上的准备，这是成功添加辅食的第一步。而对于如何添加辅食的种种困惑，其实并不是只有她一个人遇到这些问题，只要掌握科学添加辅食的方法，一切担心的问题都会迎刃而解。

2. 告知家长辅食的添加方法

在为婴幼儿添加辅食时要遵循由少量到多量、由一种到多种、由稀到稠、由细到粗的原则。首先要为婴幼儿做好一日用餐规划，具体要依据年龄来制定。例如，4～6 个月婴儿，早、午餐及睡前：母乳或婴儿配方奶 180～210ml；午点：糊状食物 3 匙＋果汁 30～60ml；晚餐：糊状食物 4～6 匙＋蔬菜汁 30～60ml。这个时期婴儿由于消化器官功能较弱，对食物消化能力较差，因此可以以蒸煮方式做泥、糊状食物，可选择蔬菜、水果、粥类进行搭配，注意这一时期婴儿易发生缺铁性贫血，可选择一些含铁量高的食材（如肝泥）。其次针对家长担心的过敏问题，在辅食准备过程中无须回避某种食物，延迟提供食物反而会增加过敏体质引发的风险，初期应该少量添加，观察后无不良反应，可 3～5 天提供一种新食物。

3. 以蔬菜高汤这一食谱为例进行示范烹饪

所需食材：玉米 1 根、红萝卜 1 根、西红柿 1 个、洋葱 1 个、卷心菜 1/4 颗、芹菜 1 把。具体烹饪方法：将所有食材放入锅中，加水淹过食材；大火煮滚后，再转小火熬煮 40 分钟至汤头入味；熬煮完成后，以滤网过滤出汤汁，放凉后可立即食用或分装冷冻。

听完小王的讲解后，吴女士瞬间感到压在心上的石头落地了，当即表示回家要给孩子做一道蔬菜高汤。

操作解析： 新手妈妈在刚添加辅食的时候，常常由于担心婴儿营养不足，不知道该如何添加。作为专业的婴幼儿照护者，首先要理解、安抚家长的紧张焦虑情绪，其次要予以切实的指导，告知正确的辅食添加方法，并进行简单示范，这样能让家长有更多的获得感，树立科学育儿的信心。

第二节　婴幼儿睡眠

岗位情境

甜甜 2 周岁了，平时很听话，但最近每天晚上睡觉前她都要跟妈妈“斗智斗勇”。这天晚上已经 10 点半了，她一边抱着自己喜欢的布娃娃，一边缠着妈妈给自己讲故事，听完一个还要接着听，一会儿说口渴了，一会儿说肚子饿，一会儿让妈妈给她拿积木玩。妈妈实在忍不住了，对甜甜说：“你要再不睡觉就自己一个人待着去，不要来烦我，你每天晚上都这样磨人，我白天还要不要上班啊！”甜甜一看妈妈生气了，立刻哇哇大哭起来。

上述情境中体现的是婴幼儿睡眠情况。在婴幼儿成长过程中，良好的睡眠对其健康是极为重要的。本节内容以婴幼儿睡眠为主题，主要探讨以下问题：婴幼儿睡眠环境该如何布置？睡前开展何种活动有助于婴幼儿进入睡眠状态？如何指导婴幼儿穿脱衣物？睡眠检查的内容有哪些？在日常生活中该如何帮助婴幼儿形成良好的睡眠作息习惯？

岗位知识

一、婴幼儿睡眠环境的布置

首先是卧室环境要求。应选择清洁、向阳、通风、安静的房间，室温保持在 18～22℃，相对湿度应保持在 50%～60%，每日上午、下午至少通风一次，通风时间应不少于 30 分钟，保持卧室内干净、整洁、卫生。

其次是床的要求。床的选择要考虑安全环保；床面平整，床垫软硬适度，厚度

3～5cm，要贴合身形，避免脊柱变形；床的尺寸适中，长 120～140cm，宽 60～65cm，高 30～58cm；要有床栏，且间距适当，床的四角要比较光滑，以免划伤婴幼儿。

最后为床上用品要求。被子应选用柔软的纯棉材质，尺寸与床大小匹配，枕芯高度以 3～4cm 为宜，长度与婴幼儿肩宽相同。

二、婴幼儿睡前准备

（一）营造适宜的睡眠氛围

通过播放轻柔舒缓的音乐、轻声细语讲故事等方式，营造安静、温馨的睡眠氛围。

（二）合理组织婴幼儿睡前活动

睡前应为婴幼儿安排一些安静放松的活动，使其入睡时情绪安定，如听音乐、看书、折纸、散步等，避免开展一些激烈运动的活动，否则容易引起婴幼儿兴奋、紧张，从而影响睡眠。

（三）做好睡前如厕工作

睡前 10 分钟，应及时提醒、督促婴幼儿大小便，排空膀胱，清除生理需要对睡眠的干扰。

三、婴幼儿穿脱衣物指导

穿脱衣物指导主要针对 1 岁以上幼儿进行。指导幼儿穿脱衣物，不仅能提高幼儿的生活自理能力，也能培养幼儿的自信心。照护者应掌握指导幼儿穿脱衣物的方法，遵循幼儿穿脱衣物指导的原则，进行正确的示范，耐心、细心地指导幼儿穿脱衣物。

指导幼儿穿脱衣物的原则如下：

（1）照护者应根据不同年龄幼儿的自理能力指导幼儿穿脱衣物。

（2）指导幼儿穿衣时应遵循从上到下、从里到外的顺序进行。

（3）指导幼儿穿脱衣物应遵循从简单到复杂的原则，可从指导穿背心、短裤开始，逐渐增加穿脱衣服的难度，直至幼儿掌握穿脱衣物的技巧。

（4）遵循循序渐进的原则。12 月龄以上的幼儿，可以训练脱袜子、脱鞋、戴帽子；18 月龄以上的幼儿，可以训练脱上衣、脱裤子；24 月龄以上的幼儿，可以训练穿、脱鞋袜，并在照护者的帮助下完成穿衣；30 月龄以上的幼儿，可以训练穿衣服、裤子，系扣子等。同时，要为幼儿建立一日作息时间表并严格执行，培养幼儿有规律的良好作息习惯。

四、婴幼儿睡眠检查

（一）睡前检查

检查婴幼儿有无发热现象，看婴幼儿精神状态，查看面部、咽部、身体皮肤有无皮疹，询问婴幼儿饮食、睡眠、大小便情况；检查婴幼儿是否有携带不安全物品，发现问题及时处理。

（二）睡中检查

检查卧室温湿度、光线是否适宜；检查婴幼儿睡姿、衣物摆放、是否盖好被子以及是否需要排尿等，提醒并照顾常尿床的婴幼儿起床如厕。

（三）睡后检查

观察婴幼儿的精神状态及身体状态，发现异常，及时抚慰与处理；指导或协助婴幼儿穿好衣物，并逐一检查衣物是否穿戴整齐。

（四）检查记录

照护者应对检查结果及时进行记录和整理，密切关注婴幼儿情况。针对患病婴幼儿，要详细记录症状、体征，根据病情进行观察和追踪。

岗位操作

照护者如何培养婴幼儿的作息规律？

童童，男宝，2 岁，一提到他的睡眠情况，家长和托育机构的老师立马就露出了凝重的表情。童童每天睡觉前都会大吵大闹，情绪很激动。针对童童的这种情况，新来的杨老师提出了一些方法。

1. 作息安排与家庭作息习惯相结合

杨老师与家长积极沟通，了解童童在家的作息习惯，得知童童一般在睡前都会进行一些较为兴奋的活动，如看动画片、和爸爸一起玩“打闹型”游戏，杨老师告诉家长在睡前尽量不要玩容易让孩子兴奋的游戏，可以给婴幼儿读故事、播放轻柔的音乐，帮助其入眠。一段时间以后，童童睡前大吵大闹的行为渐渐变少了。

2. 帮助婴幼儿形成时间仪式感

婴幼儿对于时间概念的掌握是与固定事件、事物联系在一起的，比如上午 8 点钟会与起床联系在一起。照护者可以在每天重复的一日活动中，使用仪式化的语言、动作，让婴幼儿知道现在该干什么，帮助婴幼儿形成时间仪式感，如杨老师每日午睡起床都会问候婴幼儿："宝贝，下午好！"建议童童的家长晚上睡觉前对童童说"宝贝，我们要睡觉了"，将每日需重复进行的活动都冠以小小的"仪式"，帮助童童形成良好的作息规律。

3. 适当调整作息规律

依据不同月龄婴幼儿饮食、睡眠、活动的一般规律，合理安排作息，并根据季节、气候变化适时进行调整，即遵循一般规律原则，适当灵活调整。随着夏天的到来，杨老师也适当延长了童童的午休时间，这样一来，童童在午休期间得到了充足的睡眠，下午参加活动时就更加积极了。

操作解析：婴幼儿睡眠是困扰很多家长的一个难题，要解决这个问题，最核心的是要帮助婴幼儿形成良好的睡眠习惯。杨老师从家庭作息习惯养成、时间仪式感营造、作息规律调整等角度提出了可行的建议，有助于婴幼儿养成良好的睡眠作息习惯。

第三节　婴幼儿如厕

岗位情境

2 岁的天天刚上托育园，由于刚从家庭来到托育园这个陌生的环境，天天在生活上和心理上都还没有适应。以往在家里，天天的生活起居都是家长负责照顾的，可在托育园，老师没办法时刻照顾每个幼儿。入园近一个月，天天在托育园尿湿裤子好几回；有时好几天也不大便，引起了大便干燥。

上述情境中体现的是婴幼儿如厕的问题。如厕训练是婴幼儿成长过程中的一个重要环节，如厕指导不仅可以让婴幼儿学会自己上厕所，还有利于其树立自信心，养成良好的卫生习惯。本节内容以婴幼儿如厕为主题，主要探讨以下问题：影响婴幼儿如厕的主要因素有哪些？如何科学地指导婴幼儿的如厕行为？

岗位知识

一、影响婴幼儿如厕的因素

（一）生理因素

1. 感觉丧失

如果婴幼儿有脊髓损伤、脊柱裂及其他使骶尾神经部分或全部受损的情况，都可能会影响婴幼儿的正常如厕。因为这些神经功能区的损伤，会使婴幼儿感觉丧失，从而影响其排泄功能的正常工作。

2. 膀胱控制

良好的膀胱控制是指大脑和膀胱一起工作。当婴幼儿有便意时，大脑皮质的自主信号会解除对骶髓的抑制，并通过脑桥排尿中枢协调同步信号引起膀胱逼尿肌收缩和内外括约肌的舒张，完成排尿。幼儿在 7 岁时能够完全控制自己的膀胱，但有些儿童需要更多的帮助。膀胱控制不良可能导致：尿频，在短时间内会多次排尿；尿急，很突然的、几乎无法控制的排尿需要；尿失禁，没想排尿但尿液流出。如果婴幼儿出现上述情况，无法控制他的膀胱，就可能会在白天和夜晚出现尿床、尿裤子等情况。

3. 大便控制

正常排出的大便是成形、软硬适中、不干不稀的，且排便时不感到排便困难，便后有轻松舒适的感觉，这表明胃肠功能良好。如果婴幼儿大便秘结坚硬，就会造成排便困难而延长如厕时间。如果婴幼儿有肛门或神经损伤，也会导致其不能控制大便和气体的排出。

（二）心理因素

1. 情绪紧张

当婴幼儿来到一个陌生的环境中时，会由于缺乏安全感而引起情绪紧张；在日常生活中，当与家人或玩伴的关系出现矛盾时，婴幼儿也会感到不安和紧张；在生活中突然受到某种惊吓，也会使婴幼儿出现情绪紧张的情况。情绪紧张会引起膀胱突然收缩而排出尿液。

2. 恐惧心理

如果在大小便训练过程中造成精神创伤，会使婴幼儿对如厕训练产生抵抗情绪，从而导致大小便训练退步。比如，婴幼儿正坐在便盆上，突然一声巨响，对他造成很大的惊吓，会使他不愿再坐在便盆上，当再次把他放在便盆上时他就会很害怕。又如，孩子正坐在马桶上大便，突然有凉水冲出来，对他造成惊吓，会使他对如厕产生恐惧心理。恐惧心理会影响婴幼儿的正常如厕，在婴幼儿出现恐惧心理时，家长或老师应耐心劝导，不能急躁催促。

二、婴幼儿如厕训练的时机和原则

（一）如厕训练的时机

如厕训练开始的时间很重要，过早或过晚效果都会受到影响。当婴幼儿有以下表现时说明可以开始进行如厕训练了：婴幼儿有了独立意识，说话总喜欢以“我”来开始；婴幼儿已经有了比较稳定的如厕习惯，但是在想要释放前会有些害羞；婴幼儿可以保持纸尿片长时间干爽，这说明他的膀胱控制能力正在提高；婴幼儿知道大便和小便的不同，形成大小便要去厕所的概念；在纸尿片湿了的时候，婴幼儿会很不自在，想要把它拿出来；婴幼儿可以自己穿脱裤子；婴幼儿能听懂父母的话，了解一些简单的如厕用语，比如知道“粑粑”“尿”等的意思；婴幼儿开始注重自己的形象，衣服脏了就不愿意穿了；婴幼儿会模仿家长如厕的动作，还会好奇地询问“为什么”；婴幼儿会主动告诉家长自己想不想上厕所。

（二）如厕训练的原则

（1）从白天开始训练：婴幼儿在白天对自己的生理性反应较警觉，较容易获得成功经验，有了多次成功经验后，就会逐渐养成自主如厕的习惯。

（2）从小便开始训练：小便次数比大便次数多，有较多练习机会，再者小便产生的异味较大便少，可减轻婴幼儿对如厕训练的排斥感。

（3）从坐在马桶上开始训练：不管男孩还是女孩，让婴幼儿坐着练习如厕都可以起到舒缓情绪的作用，减轻如厕练习带来的压力感，可维持较长时间等待尿意的耐心，也可避免训练期间大小便一起发生的处理困扰。对男童可以等其有坐着小便的成功经验后，再引导其站着小便。

（4）如厕相关技能的训练：在训练期间，所有照护者的态度及做法都要一致，同时也要教导婴幼儿如厕所需要的相关技能，如穿脱衣裤、洗手等。

三、婴幼儿如厕指导

（一）评估婴幼儿的准备程度

大多数婴幼儿到 2 岁左右时就可以开始进行如厕训练了，但也有些婴幼儿可能要到 4 岁才能准备好。照护者要注意观察婴幼儿正确的信号，比如训练时机中所提及的相关表现，当婴幼儿出现这些表现时，表明可以开始进行如厕指导了。

（二）调动婴幼儿的如厕兴趣

调动婴幼儿的如厕兴趣，可以从多角度进行。比如：在购买便盆的时候可以让孩子自己参与挑选，选择一个婴幼儿自己喜欢的小便盆；给普通马桶加上孩子喜欢的儿童马桶圈，确保婴幼儿能双脚踩地坐稳，安全如厕；在婴幼儿如厕时，可以播放一些他们喜欢的音乐，促进排便的顺利进行。

（三）制定常规

每天一次让婴幼儿坐在便盆上，尽量不用尿布，时间可以是早餐后、洗澡前或任何他很可能会大便的时间。让婴幼儿习惯使用便盆，把它当作自己日常生活的一部分。如果婴幼儿不愿意坐在便盆上，一定不要强迫，等几周或一个月以后再尝试。

（四）训练独立性

照护者可以尝试让婴幼儿在某些时候不用尿布，把便盆放在旁边，告诉他们，有需要的话就使用便盆，并且提醒他们便盆就在旁边。可以向婴幼儿展示怎么处理便便，如在给婴幼儿换尿布时，把他带到便盆处，让他坐下，然后给他解尿布，把大便扔进便盆。这有助于婴幼儿把“坐下”和“方便”联系起来。把便盆里的东西倒进大马桶后，可以尝试让他来冲水。在婴幼儿方便后，指导他们自己穿裤子和洗手。

（五）合理对待退步现象

如果在婴幼儿进行如厕训练时出现状况，不要生气或惩罚孩子，照护者要平静地收拾干净，告诉婴幼儿下次尝试使用便盆。任何一项技能的学习过程中都可能出现停滞或退步的情况，当出现这些情况时，照护者要有耐心，逐步引导。

岗位操作

照护者如何指导婴幼儿正确如厕？

20个月的欢欢由于长时间使用纸尿裤，出现了“尿布疹”的症状，经常因为疼痛而哭闹，妈妈很着急，想尝试着拿掉欢欢的纸尿裤，可是不穿纸尿裤后，欢欢不知道主动去厕所排便，经常尿湿裤子。欢欢妈妈很是苦恼，便与欢欢所上托班的老师进行交流，讨论如何指导欢欢正确如厕。

托班老师给出了如下建议，和欢欢妈妈商量好一起按照此步骤帮助欢欢养成正确的如厕习惯：

1. 如厕前的准备

（1）首先让欢欢知道什么是如厕。家长和老师提前告诉欢欢需要做什么事，让欢欢愿意主动配合训练。

（2）激发欢欢的如厕兴趣。这时候的孩子喜欢亲近父母，家长可以有意识地引导欢欢对如厕产生好奇心，欢欢自然会很乐于去学习如厕这项技能。

2. 如厕指导

（1）发出“排便信号”。首先教欢欢学会自己发出“排便信号”来告诉父母或老师她要上厕所了。信号可以是身体上的，如两腿夹紧，也可以是口头上的，如“嘘嘘”“便便”。

（2）脱裤子。带欢欢到坐便器旁，让欢欢学会自己把裤子脱到脚部的位置。如果欢欢做得好，父母或老师要及时表扬和鼓励，等其学会了脱松紧带的裤子以后，可以让她练习脱复杂一些的裤子。

（3）坐在坐便器上。带欢欢到坐便器旁，让欢欢逐步熟悉自己的尿桶或如厕椅，经常带她去坐一坐，不必拉下裤子，只要让欢欢适应坐在上面就可以了，等欢欢明白便盆的概念，有了使用便盆的意识，就可以继续后面的步骤了。

（4）排便。把水龙头打开，让欢欢听着“哗哗”的水声排便。这时候让欢欢保持一个特定的姿势，然后用“嘘嘘”声诱导其排小便，用“嗯嗯”声诱导其排大便。用便盆大小便时，不要玩玩具、吃东西，避免因长时间坐在便盆上而形成习惯性便秘。

（5）清洁肛门。开始时父母可以为欢欢代劳，让欢欢翘起屁股，方便父母给她清洁，慢慢地可以让欢欢学习自己清洁肛门。让欢欢自己把内裤和外裤拉上，父母可以帮助她整理一下裤子。也可以教她在大人的坐便器上排便，排完便后，教她盖好马桶盖，再放水冲，养成良好的卫生习惯。

（6）洗手。把欢欢带到水池边，打开水龙头，让欢欢自己洗手，然后用毛巾把手擦干。每次如厕都要养成便后洗手的卫生习惯。欢欢能够自己顺利完成排便过程或有进步时都应给予表扬，让其体会如厕的舒心和成就感。

1个月后，欢欢自主大小便的次数明显增多，知道主动表达自己的排便信号，能够自己脱下裤子进行排便，能够在妈妈或老师的指导下自己清洁肛门，并逐步养成了便后洗手的好习惯。

操作解析：影响婴幼儿如厕的因素有很多，有些婴幼儿由于小时候长期穿纸尿裤，入托后没办法很快养成自主如厕的习惯，但如厕训练是成长过程中的一个重要环节，如厕指导不仅可以让婴幼儿学会自己上厕所，还有利于其树立自信心，养成良好的卫生习惯。因此，在婴幼儿成长过程中，家长和老师要根据孩子的具体情况，适时帮助他们养成自主如厕的习惯。

第四节　婴幼儿抚触

岗位情境

2个月的琪琪是个足月产的健康宝宝，纯母乳喂养的琪琪乖巧可爱，很少哭闹，家人们都很喜欢她。可这几天不知道为什么，每天傍晚琪琪都会烦躁哭闹半个多小时，医生检查认为琪琪并无器质性的病变，是肠胀气腹痛造成的哭闹，建议做抚触，抚触可以有效地减轻胀气，缓解腹痛。果然，做完抚触的当天，琪琪傍晚哭闹的情况就明显减轻了，很快琪琪又变回了那个不哭不闹、乖巧可爱的宝宝。医生向琪琪妈妈介绍，抚触不仅可以改善婴幼儿的胃肠道功能，对于促进孩子的生长发育、提高免疫力、促进智力发育也都有帮助，同时还能增加家长与婴儿的情感交流，提升婴儿的安全感。治疗结束后，妈妈也学着医生的操作在家里为琪琪进行抚触，希望琪琪健康成长、快乐生活。

上述情境中体现的是抚触对婴幼儿的作用。在婴幼儿时期，抚触能有效地促进孩子的生长发育。本节内容以婴幼儿抚触为主题，主要探讨以下问题：什么是婴幼儿抚触？抚触的操作步骤有哪些？抚触操作的注意事项有哪些？

岗位知识

一、婴幼儿抚触操作

婴幼儿抚触是指通过抚触者的双手对婴幼儿皮肤各部位进行有序、有手法、有技巧的抚摸，让大量温暖的刺激通过皮肤感受器传到中枢神经系统，从而产生良好的生理效应。抚触能够促进婴幼儿消化，增加体重，增强机体的免疫力；同时，有利于婴幼儿缓解紧张与不适感，感受被爱与关怀，获得安全感。

抚触的顺序为：头面部—胸部—腹部—上肢—下肢—背部。

（1）头面部：双手拇指指腹从前额中心处向外推动；从下颌中央向外、向上推动，让婴幼儿嘴唇形成微笑状；两手掌面从前额发际向上、向后推动，至后发际，止于两耳后乳突处，轻轻按压。

（2）胸部：两手分别从胸部的外下方（两侧肋弓下缘）向对侧外上方交叉推动，至两侧肩部，避开婴儿乳头。

（3）腹部：两手交替从右下腹开始，经右上腹、左上腹、左下腹回到右下腹做顺时针摩腹。

（4）上肢：双手抓住婴幼儿一侧上肢，从腋窝处轻轻挤捏至手腕，并揉搓肌肉群及关节；拇指指腹从掌根部依次推向各指尖，并捏拉手指关节。

（5）下肢：同上肢操作。

（6）背部：让婴幼儿处于俯卧位，双手手掌从脊柱两侧由中央向外侧推动。

二、婴幼儿抚触注意事项

（一）抚触前准备

关闭门窗，保证室内光线柔和，室温保持在 25～28℃，可播放轻松、舒缓的音乐；操作者摘掉首饰，修剪指甲，清洗并温暖双手；准备好抚触油、毛巾、婴幼儿衣物等物品。

（二）抚触操作

婴幼儿进食 1 小时后进行抚触，沐浴后抚触效果更佳，时间以 10～15 分钟为宜。婴儿可只留尿布。将抚触油倒在手中，搓揉双手至温热后进行抚触操作，不可将抚触油直接倒在婴幼儿身体上；操作时应轻柔，逐渐增加力度，每个动作重复 4～6 次。操作过程中注意与婴幼儿进行语言和目光交流。抚触过程中注意观察婴幼儿的反应，若出现哭闹超过 1 分钟、肌张力增高、烦躁等，应停止抚触。

岗位操作

如何通过抚触促进婴幼儿的生长发育？

壮壮是个早产儿，由于妈妈严重的孕期高血压，未满 33 周的壮壮不得不提前来到这个世界上。刚出生的壮壮只有 1 800g，他被送进了保温箱，每天医生都会对壮壮进行抚触，4 周后，壮壮的体重增长到 3 100g，身长也由 42cm 长到了 51cm。壮壮终于可以回家了。回到家后，妈妈根据医生的建议实施“婴儿被动操”，对壮壮的饮食、睡眠和发育均起到了积极作用，6 个月时的健康体检显示壮壮的生长发育良好。那么，婴儿被动操应该如何操作呢？有哪些注意事项？

1. 婴儿被动操操作步骤

第一式：胸前交叉。

让婴儿处于自然仰卧的状态，妈妈两只手分别握住婴儿的手，让婴儿手掌呈握拳的状态，手臂从交叉到张开，往复运动两个八拍。

第二式：肘关节活动。

婴儿同样采取仰卧位，手掌呈握拳的状态。妈妈用双手握住婴儿的手，先将左手以手肘为圆心向上弯曲，再将右手以手肘为圆心向上弯曲，往复交替。每动一次为一个节拍，总共做两个八拍。

第三式：肩关节活动。

握住婴儿的小手，使胳膊向上运动，与肘关节活动不同的是这次以肩关节为圆心运动。左右手交替进行，每个动作为一拍，总共做两个八拍。

第四式：伸展运动。

首先让婴儿仰卧、四肢伸展，双手向外平伸，然后让婴儿的双臂在胸前交叉，之后将双手上举过头顶，最后再将双手放下，回到自然放松的位置。每个动作为一拍，总计做两个八拍。

2. 注意事项

（1）在婴儿情绪良好时进行。

（2）选择婴儿空腹或吃奶 1 小时后进行。

（3）保证适宜的湿度和温度，一边做一边进行情感交流。

操作解析：抚触是对婴幼儿常见的干预措施，通过对婴幼儿全身各部位的抚触，能够促进其体格发育，抚触时的目光与语言交流也能明显增强婴幼儿的安全感。

第五节　婴幼儿常见疾病及预防

岗位情境

童童是独生子，由于父母工作忙碌，所以童童的日常生活由祖父母负责。祖父母认为吃得多才能长得壮，所以童童小的时候，只要一哭就给他吃奶。加辅食后童童喜欢上了吃煎炸食品，几乎每天都会吃煎炸食品。两餐之间，童童还喜欢吃饼干、薯片等零食。2 岁时童童的体重已飙升到近 20kg。由于体重的增加，童童越来越不爱活动，出门甚至需要坐童车或大人抱。医生指出童童体重超标，已属于肥胖范畴，建议童童控制饮食并进行适当运动。

上述情境中体现的是婴幼儿肥胖问题。在婴幼儿成长过程中，肥胖会对其健康产生极大的不良影响。本节内容以婴幼儿常见疾病及预防为主题，主要探讨以下问题：婴幼儿患病的迹象有哪些？婴幼儿常见的疾病都有哪些？如何预防婴幼儿常见传染性疾病？

岗位知识

一、婴幼儿患病迹象

婴幼儿患病时，往往不能自己表述身体不适的情况，但通过观察，照护者可以发现异常情况。照护者可以从以下方面观察婴幼儿的健康状况。

（一）神情

健康的婴幼儿活泼好动，眼神灵动，对周围环境充满兴趣。生病后常有烦躁不安、萎靡嗜睡、哭闹等表现。

（二）皮肤

健康的婴幼儿面色红润。皮肤若红中泛微紫提示高热；若面色苍白、萎黄，下眼睑内侧发白，缺少血色，提示贫血；若皮肤与巩膜同时发黄，提示黄疸；若面颊、口唇、鼻尖等处发绀，可见于先天性心脏病；出汗过多常见于结核病和佝偻病；皮下脂肪的厚度往往反映了婴幼儿营养状况。

（三）饮食

婴幼儿若平时食欲较好，突然食欲变差，拒绝喝奶或吮吸无力，不肯进食或进食量明显减少，提示生病；若打嗝、放屁、粪便、口腔内气味酸臭，提示消化不良。

（四）大小便

1. 大便

大便的次数、性状、便量个体差异较大，婴幼儿每天可排便多次。母乳喂养的婴儿大便多呈金黄色；人工喂养的婴儿大便多呈淡黄色，常有奶瓣。添加辅食前，大便不成形，添加辅食后为成形软便。

脓血样大便，伴发热、排便次数增多，提示细菌性痢疾；红果酱样大便，伴腹痛、呕吐，提示肠套叠；蛋花汤样大便，排便次数增多，提示普通腹泻。

2. 小便

婴幼儿正常尿液清澈透明，呈淡黄色。若食用深色水果、蔬菜，尿液颜色可加深；若服用呋喃唑酮、维生素 B_2，尿液可呈橘黄色。

尿量明显减少，伴腹泻，提示脱水；尿量明显减少，伴眼皮肿，提示肾脏疾病；洗肉水样尿液，伴眼皮肿，提示急性肾小球肾炎；尿色加深，呈橘黄色或棕绿色，提示肝、胆疾病；乳白色尿液，伴尿急、尿痛、尿频，提示泌尿系统感染。

（五）睡眠

正常婴幼儿入睡较快且安稳，不打鼾，身上可微微出汗。若睡前过度兴奋、鼻塞、咳嗽、喘憋、疼痛，都可引起入睡困难；佝偻病、蛲虫病可引起睡眠不安；脑炎等脑部疾病早期可表现为嗜睡。

（六）体温

婴幼儿新陈代谢比成人旺盛且体温调节中枢发育不完善，因此正常婴幼儿体温稍高，为 36～37.4℃。一般一昼夜体温波动不超过 1℃属于正常生理性波动。发热是机体启动免疫功能抵抗感染的表现，是身体的保护机制。一般不高于 38.5℃时，无须用药物降温，多喝水、注意休息即可。但要密切关注婴幼儿的精神状态和体温波动，若体温继续升高，或出现精神萎靡、哭闹惊厥，要立刻就医。

（七）囟门

囟门未闭合时，前囟凹陷，提示脱水；囟门凸出，提示脑炎、脑膜炎等颅内压增高的疾病，维生素中毒时也可出现囟门凸出。

（八）疼痛

较大幼儿可说出哪里疼痛，但一般描述不清。婴儿无法表述，头痛时常表现为用手打头或摇头，腹痛时不让触摸腹部。

二、婴幼儿常见传染性疾病及护理

（一）传染病的特性

1. 病原体

传染病的病原体包括：病毒、细菌、真菌、寄生虫等。如引起肺结核的结核杆菌、导致腮腺炎的腮腺炎病毒、引起疟疾的疟原虫。

2. 传染性和流行性

病原体从宿主排出后，经过某种途径传播给另一宿主，可导致二者发生相同的病症。传染病可在一定的地区、一定的时间广泛流行。

3. 感染后免疫

人体感染病原体后，多能对该病原体产生特异性免疫。有的传染病病愈后可获得终生免疫，如麻疹、水痘；有的传染病免疫时间则比较短，病愈后还可再次感染，如流感。

（二）传染病的临床分期

1. 潜伏期

病原体侵入人体到出现临床症状，这段时间为潜伏期。不同的传染病潜伏期长短不一，有的数小时，有的数天。根据潜伏期可确定检疫期限，如托育班出现一名水痘患儿，自患儿离园起，该班所有小朋友需检疫 21 天（水痘最长潜伏期）。

2. 前驱期

从出现一般症状，如发热、头痛等到开始出现某传染病特有症状的时期为前驱期。该时期已有较强的传染性。

3. 症状明显期

此时出现该传染病特有症状，如腮腺炎患儿出现腮腺肿胀。

4. 恢复期

此时免疫力提高，病原体消失，病理过程结束，机体功能恢复正常。但部分患儿会复发，甚至遗留后遗症。

（三）传染病的流行规律

1. 传染源

传染病患者、病毒携带者和受病原体感染的动物均可作为传染源传播传染病。

2. 传播途径

传染病的传播途径主要有以下几种：空气传播、饮食传播、接触传播、虫媒传播、医源传播、母婴传播。

3. 易感人群

易感人群是指对某种传染病缺乏免疫力而容易感染该病的人群。人群中对某种传染病的易感者越多，发生该传染病流行的可能性越大。

（四）传染病的预防和免疫

（1）管理传染源：对病人早发现、早隔离，对接触者进行检疫。

(2) 切断传播途径：加强日常防护，注意室内清洁卫生、通风、消毒；注意个人卫生和饮食卫生；重视爱国卫生，灭蚊杀虫。

(3) 计划免疫：系统接受计划免疫。

(五) 婴幼儿常见传染病表现及护理

1. 手足口病

手足口病是由肠道病毒引起的疾病，主要表现为发热、出疹，多见于 5 岁以下儿童。患儿的水疱液、呼吸道分泌物及粪便中均含病毒。

(1) 临床表现。起病较急，发热或不发热，常伴有咳嗽、流涕、食欲不佳等症状，手、足、口、臀部可见皮疹、疱疹。口腔内疱疹多位于舌、颊黏膜和硬腭处。约 1 周疱疹脱落，无瘢痕或色素沉着。少数患儿可出现脑膜炎、脑炎、脑脊髓炎、肺水肿、心肺功能衰竭等重症表现，病情发展迅速，甚至会导致死亡。

(2) 护理措施。隔离患儿，密切监测患儿体温，及时降温；多饮水；保持患儿口腔清洁，给予营养丰富、易消化的流质或半流质饮食；患儿随身物品严格消毒。

2. 麻疹

麻疹是由麻疹病毒引起的传染性极高的疾病，常并发严重的肺炎、脑炎，曾经是导致我国婴幼儿死亡的重要原因之一。我国实行计划免疫后，麻疹的发病率和死亡率已经明显降低。麻疹病毒主要通过飞沫在空气中传播。

(1) 临床表现。病初 3～4 天，出现发热、咳嗽、打喷嚏、流涕、结膜充血、畏光、流泪，口腔两侧的黏膜上出现灰白色小点，周围有红晕，为麻疹黏膜斑，是麻疹的特异性体征。发热 3～4 天后出现皮疹，体温可高达 40℃。皮疹按照耳后、面部、颈部、躯干、四肢、手足的顺序出现。出疹 3～4 天后，发热减退，症状好转，皮疹按出现的顺序消退，疹退后皮肤留有棕褐色色素沉着和糠麸样脱屑，7～10 天后消退。

(2) 护理措施。隔离患儿，密切监测患儿体温，及时降温；注意保持患儿皮肤、口鼻、眼部清洁；注意休息，多饮水。

3. 水痘

水痘是由水痘-带状疱疹病毒引起的传染性疾病，主要表现为皮疹。它主要通过呼吸道飞沫或者接触患儿皮肤损伤处传播。

(1) 临床表现。发热 1～2 天后出现皮疹，皮疹先发于头面、躯干，后扩展到四肢。初起皮疹为红色斑疹、丘疹，后变为透明饱满的水疱，皮疹有明显的痒感，水疱破溃后，2～3 天结痂，10 天左右痊愈，一般不留瘢痕。

（2）护理措施。隔离患儿；保持皮肤清洁，防止因瘙痒抓破皮肤，瘙痒时可涂抹炉甘石洗剂止痒。

4. 流行性腮腺炎

流行性腮腺炎是由腮腺炎病毒引起的急性呼吸道传染病，主要表现为腮腺区肿痛。它主要通过呼吸道飞沫和直接接触传播。

（1）临床表现。发病初期表现为发热、头痛、疲乏，后出现腮腺肿胀和疼痛，常先见一侧，后另一侧也可肿大。以耳垂为中心肿胀，边缘不清，压痛、表面发热，咀嚼或进食酸性食物疼痛加剧。腮腺肿大持续 5 日左右，之后逐渐消退。可并发脑膜脑炎、睾丸炎、卵巢炎、胰腺炎、耳聋等疾病。

（2）护理措施。隔离患儿；保持口腔清洁，可用淡盐水漱口；饮食清淡易消化；腮腺肿胀疼痛可用冰袋冷敷。

5. 幼儿急疹

幼儿急疹是由感染人疱疹病毒 6 型引起的传染病，主要表现为皮疹。它主要通过呼吸道飞沫和直接接触传播。

（1）临床表现。突然高热，体温可达 39～40℃，高热时可出现惊厥，高热 3～5 天后体温下降，皮肤出疹，皮疹为粉红色斑疹或斑丘疹，皮疹首见于颈部及躯干，后扩展至四肢，皮疹 1～2 天后消退，无色素沉着或瘢痕。

（2）护理措施。隔离患儿；多休息，饮食宜营养丰富、易消化。

6. 细菌性痢疾

细菌性痢疾是由志贺氏菌属（通称痢疾杆菌）引起的肠道传染病，主要表现为腹痛、腹泻、脓血便。它主要通过粪-口途径传播。

（1）临床表现。突然高热，腹痛、腹泻，腹泻每日可达十余次，出现黏液脓血便，可伴有恶心、呕吐、食欲不振、疲乏。重症患儿可出现超高热、惊厥、意识障碍、神志昏迷。

（2）护理措施。隔离患儿；卧床休息，适量饮水；便后清洗护理肛周；严密观察体温，做好降温处理。

三、婴幼儿常见疾病及护理

（一）呼吸系统疾病及护理

1. 急性上呼吸道感染

急性上呼吸道感染是由各种致病源引起的上呼吸道急性感染，俗称“感冒”。

（1）临床表现。鼻塞、流涕、打喷嚏、咳嗽、咽痛，可有发热、头痛、乏力、全身不适等症状。3～5天可自愈。

(2) 护理措施。保证休息，合理饮食；及时清理鼻腔分泌物，保持呼吸道畅通；关注体温，做好降温处理。

2. 急性支气管炎

急性支气管炎是由各种致病源引起的支气管黏膜感染。

(1) 临床表现。患儿往往先有上呼吸道感染的表现，之后以咳嗽为主，有痰，可伴有发热、呕吐、腹泻、头痛、乏力。

(2) 护理措施。适当饮水，助患儿排痰；必要时吸氧。

3. 支气管肺炎

支气管肺炎是由各种致病源引起的肺部炎症。

(1) 临床表现。主要表现为发热、咳嗽、呼吸急促、肺部湿啰音，可伴有精神欠佳、食欲不振、烦躁。

(2) 护理措施。及时清除口鼻分泌物，助患儿排痰；多饮水，进食营养丰富、易消化食物；检测体温，及时降温处理；必要时吸氧。

(二) 消化系统疾病及护理

1. 疱疹性口腔炎

疱疹性口腔炎是由单纯疱疹病毒1型感染引起的口腔炎症。

(1) 临床表现。初起表现为发热，体温可达40℃，1～2天后，颊黏膜、牙龈、舌、唇等处出现单个或者成簇的小疱疹，直径约2mm，疱疹周围有红晕，疱疹很快破裂形成溃疡，疼痛明显，体温3～5天后恢复正常，病程约持续1～2周。

(2) 护理措施。保持口腔卫生，多饮水；进食温凉流质食物；溃疡处可喷涂西瓜霜、锡类散等；关注体温，做好降温处理。

2. 腹泻

腹泻是由多种因素引起的消化道综合征，主要表现为大便次数增多和大便性状改变。

(1) 临床表现。轻型腹泻：多由饮食不当及肠道外感染引起，以胃肠道症状为主。主要表现为大便次数增多，大便稀薄或水样便，呈黄色或黄绿色，有酸味，常有奶瓣，伴食欲欠佳，偶有溢乳或呕吐。多数日内痊愈。重型腹泻：多由肠道内感染引起，起病急，大便每日十余次甚至更多，由于大量失水出现尿少、泪少、皮肤干燥等脱水症状，甚至危及生命。

(2) 护理措施。调整饮食，保持营养；适当补充液体；便后温水清洗肛周，保持肛周清洁干燥。

(三) 皮肤疾病及护理

1. 湿疹

湿疹是由多种原因引起的皮肤变态反应，主要表现为皮疹。

(1) 临床表现。湿疹可发生于面部、颈部、胸背部、臀部，期初为小的斑点状红疹，后形成疱疹或水疱，破溃后渗出淡黄色液体，干燥后形成黄色痂皮。由于湿疹瘙痒明显，患儿会抓挠，容易继发感染。

(2) 护理措施。远离变应原；注意身体卫生，及时更换衣物，保持皮肤清洁干燥；注意调整饮食，少食刺激性食物。

2. 荨麻疹

荨麻疹是由各种刺激造成的血管反应性皮肤病，主要表现为皮肤风团、红斑、水肿、瘙痒。

(1) 临床表现。首先出现皮肤瘙痒，然后皮肤出现淡红色或苍白色风团，边界清楚，形态不一，大小不定，瘙痒明显。可并发严重的过敏症状，甚至出现过敏性休克。

(2) 护理措施。远离变应原；加强患儿营养；多让患儿参加体育活动，增强体质；避免蚊虫叮咬；瘙痒处可用炉甘石洗剂涂擦止痒。

(四) 五官疾病及护理

急性中耳炎是细菌感染导致的中耳黏膜急性炎症，多由上呼吸道感染、呛奶、不当清理外耳道引起。

(1) 临床表现。主要表现为发热、耳痛、外耳道流脓，婴儿会有抓耳、摇头、烦躁、哭闹等表现。

(2) 护理措施。适当休息，减少活动；患耳向下侧卧，以便脓液流出；适当饮水，食物清淡易消化；保持外耳道清洁。

(五) 营养类疾病及护理

1. 单纯性肥胖

单纯性肥胖是长时间能量过量摄入，导致体内脂肪过度积聚、体重超标的营养障碍性疾病。

(1) 临床表现。判断肥胖的方法为：与同年龄同性别健康婴幼儿平均体重相比，超过均值10%～19%为超重，超过20%可诊断为肥胖，超过20%～29%为轻度肥胖，超过30%～49%为中度肥胖，超过50%为重度肥胖。

(2) 护理措施。调整饮食，适当运动。

拓展阅读

国家免疫规划疫苗儿童免疫程序及说明（2021 年版）

可预防疾病	疫苗种类	接种途径	剂量	英文缩写	接种年龄														
					出生时	1月	2月	3月	4月	5月	6月	8月	9月	18月	2岁	3岁	4岁	5岁	6岁
乙型病毒性肝炎	乙肝疫苗	肌内注射	10 或 20μg	HepB	1	2					3								
结核病[1]	卡介苗	皮内注射	0.1ml	BCG	1														
脊髓灰质炎	脊灰灭活疫苗	肌内注射	0.5ml	IPV			1	2											
	脊灰减毒活疫苗	口服	1 粒或 2 滴	bOPV					3								4		
百日咳、白喉、破伤风	百白破疫苗	肌内注射	0.5ml	DTaP				1	2	3				4					
	白破疫苗	肌内注射	0.5ml	DT															5
麻疹、风疹、流行性腮腺炎	麻腮风疫苗	皮下注射	0.5ml	MMR								1		2					
流行性乙型脑炎[2]	乙脑减毒活疫苗	皮下注射	0.5ml	JE-L								1			2				
	乙脑灭活疫苗	肌内注射	0.5ml	JE-I								1、2			3				4
流行性脑脊髓膜炎	A 群流脑多糖疫苗	皮下注射	0.5ml	MPSV-A							1		2						
	A 群 C 群流脑多糖疫苗	皮下注射	0.5ml	MPSV-AC												3			4
甲型病毒性肝炎[3]	甲肝减毒活疫苗	皮下注射	0.5 或 1.0ml	HepA-L										1					
	甲肝灭活疫苗	肌内注射	0.5ml	HepA-I										1	2				

注：1. 主要指结核性脑膜炎、粟粒性肺结核等。
2. 选择乙脑减毒活疫苗接种时，采用两剂次接种程序。选择乙脑灭活疫苗接种时，采用四剂次接种程序；乙脑灭活疫苗第 1、2 剂间隔 7～10 天。
3. 选择甲肝减毒活疫苗接种时，采用一剂次接种程序。选择甲肝灭活疫苗接种时，采用两剂次接种程序。

资料来源：国家卫生健康委关于印发国家免疫规划疫苗儿童免疫程序及说明（2021 年版）的通知 .

2. 维生素 D 缺乏性佝偻病

维生素 D 缺乏性佝偻病是体内维生素 D 不足引起的骨骼畸形。

（1）临床表现。婴儿表现为易激惹、烦闹、多汗，由于汗水刺激头皮，常摩擦枕部造成枕秃。6 个月以内颅骨软化；7～8 个月可出现方颅，肋骨串珠；1 岁后出现鸡胸、膝内翻或膝外翻。

（2）护理措施。补充维生素 D；增加户外活动，多晒太阳；多汗的患儿勤换衣物。

岗位操作

托育园如何进行传染病处置？

2.5 岁的球球进入托育园 3 周了，他已经适应了托育园的生活，在园内表现得活泼好动。一天中午吃午饭时，老师发现球球吃得很少，而且也不像平时那么好动，测量体温发现球球发烧，老师马上联系家长，请家长带他去医院检查，明确发烧原因。球球家长反馈：医生诊断为水痘。在过去的 2 天里，球球班级陆续有 6 名小朋友发烧离园，托育园立即联系疾病控制中心。疾病控制中心要求班级停课，所有小朋友居家隔离，教室暂停使用，彻底喷洒消杀并通风。

遇到班级中有传染性疾病发生时，老师应该如何处置呢？

（1）马上联系患儿家长，带患儿就医，确定病因。

（2）密切关注班内孩子的情况，观察是否有相同症状的孩子出现。

（3）与家长保持联系，关注孩子的疾病情况，若发现为传染病，马上上报托育园和疾病控制中心。

（4）密切接触者马上隔离。

（5）教室等环境严格消毒、通风。

（6）按照疾病控制中心指导，严格执行复学程序及要求。

操作解析： 在托育园中，孩子们接触密切，传染病时有发生，老师要早发现、早报告、早隔离、早治疗、早处理，托育环境严格消毒。只有这样才能保证婴幼儿和老师的健康安全。

证书标准

根据《国家职业技能标准　婴幼儿发展引导员》（职业编码：4－10－01－01），本章对应四级和三级的部分工作要求，如表 4-4 所示。

表 4-4　婴幼儿发展引导员标准及要求

级别	职业功能	工作内容	技能要求	相关知识要求
四级	2. 照护引导	2.1 营养喂养	2.1.1 能介绍母乳喂养的重要性并正确指导 2.1.2 能在相关专业人员确认无法进行母乳喂养或母乳喂养不足的情况下，指导看护人进行配方奶喂养 2.1.3 能指导看护人正确使用喂养工具 2.1.4 能指导看护人进行辅食添加 2.1.8 能指导看护人制订适宜的食谱	2.1.1 母乳喂养的知识和方法 2.1.2 人工喂养的知识和方法 2.1.3 婴儿辅食添加知识 2.1.7 婴幼儿食谱的制作
		2.2 保健护理	2.2.6 能指导看护人及时为婴幼儿进行预防接种 2.2.7 能指导看护人识别和护理婴幼儿发热、惊厥、呕吐等常见症状	2.2.6 婴幼儿预防接种的知识及注意事项 2.2.7 婴幼儿常见症状的护理知识和方法
三级	2. 照护引导	2.1 营养喂养	2.1.2 能指导看护人对婴幼儿食物过敏进行预防和照护 2.1.3 能指导看护人制订适宜的膳食计划和食谱	2.1.3 不同月龄婴幼儿食品选择的相关知识 2.1.4 平衡膳食的原则与要求
		2.2 保健护理	2.2.4 能指导看护人对婴幼儿常见疾病、传染病进行简单护理	2.2.5 婴幼儿常见疾病、传染病护理的知识和方法
	4. 发展测评与咨询	4.2 环境评估	4.2.1 能评估看护人养育婴幼儿的理念	4.2.1 科学的婴幼儿养育理念

录像观察

这段录像展现了婴幼儿的睡前准备活动过程。婴幼儿在老师的引导下开展了睡前的集体阅读活动，自主穿脱衣物，并进行了颇具仪式感的睡前倒计时环节。

托育园午睡安排

问题：

1. 录像中的老师为婴幼儿开展的这些睡前准备活动的依据是什么？请说明理由。
2. 你觉得还可以开展哪些类型的婴幼儿睡前准备活动？

关键术语

营养素　　母乳喂养　　奶粉喂养　　睡眠　　如厕

抚触　　传染病　　常见疾病

课后思考

1. 如何设计 7～9 个月婴儿的一日食谱？
2. 婴幼儿睡前可开展哪些活动？请就其中一项活动进行详细阐述。
3. 如何对婴幼儿进行科学的如厕指导？
4. 如何对婴幼儿进行科学抚触？
6. 婴幼儿常见的传染病有哪些？应如何护理？
7. 婴幼儿常见的疾病有哪些？应如何护理？请举例说明。

技能演练

1. 技能练习——实际情境问题

抚触中心来了一位家长，他来咨询抚触的问题，如果你是操作员，你将如何介绍并演示抚触，帮助家长为孩子进行科学的抚触操作？

2. 技能提升——尊重与回应式照护演练活动

[活动目标]

（1）提高家长的抚触操作水平。

（2）帮助家长学会观察和安抚新生儿。

[活动背景]

在抚触中心为第一次来的新生儿妙妙做抚触。

[活动过程]

（1）与家长交谈，获取妙妙的基本情况。

（2）与家长一起和妙妙交流，让其获得信任感和安全感。

（3）按照顺序对妙妙开展抚触操作，动作轻柔和缓，力量适中。

（4）时刻注意观察妙妙的情绪变化，若操作过程中妙妙哭闹，应尽快安抚，待其情绪稳定再继续操作；若哭闹不止，明显排斥，则要停止操作。

（5）操作过程中与妙妙进行目光和语言交流，如可以说“我要握握妙妙的小手，摸摸妙妙的小肚子”。

（6）操作结束后，适当安抚，给妙妙穿好衣物，交给家长。

[活动评价]

（1）是否按照抚触流程操作。

（2）是否能够注意婴幼儿情绪，及时安抚。

（3）是否能与婴幼儿开展目光及语言交流。

[活动记录]

（1）抚触操作时间：______分钟。

（2）抚触操作是否标准：A. 标准　　B. 一般　　C. 不标准

（3）婴幼儿配合程度：A. 很配合　　B. 一般　　C. 不配合

[家庭方案]

教授家长抚触的操作流程，注意指导操作力度、幅度及时间，强调目光及语言交流的重要性。记录婴幼儿的体重、身长、食量、活动等情况，观察其生长发育情况。

[活动提示]

（1）注意操作规范。

（2）随时观察，在婴幼儿情绪不佳时及时安抚。

（3）注意与婴幼儿的目光及语言交流。

第五章　婴幼儿心理照护

学习目标

知识目标

1. 了解家庭教养方式分类。
2. 熟悉婴幼儿依恋的类型。
3. 掌握尊重及回应式照护理念；婴幼儿依恋的发展阶段。

技能目标

1. 能够根据情境初步判断婴幼儿行为背后的需求。
2. 能够为提升婴幼儿安全依恋进行方案设计。
3. 能够在实际情境中应用尊重及回应式照护理念。

素养目标

1. 树立“以婴幼儿为中心”的服务意识，培养职业责任感和价值感。
2. 关心婴幼儿心理发展，养成关爱婴幼儿、富有爱心的优秀品格。

学习导图

- 婴幼儿心理照护
  - 1.尊重及回应式照护理念
    - 尊重及回应式照护的核心
    - 尊重及回应式照护的原则
  - 2.婴幼儿依恋的发展
    - 婴幼儿依恋关系的本质
    - 婴幼儿依恋发展的里程碑
    - 婴幼儿依恋类型的界定
  - 3.家庭教养方式
    - 家庭教养方式概述
    - 家庭教养方式对婴幼儿心理发展的影响

第一节　尊重及回应式照护理念

岗位情境

5个月的沐沐需要洗澡了，照护者轻轻地说："沐沐，现在开始脱衣服啦!"沐沐的手挥舞着，嘴里发出咿咿呀呀的声音。随后，照护者一边说话一边看着沐沐的眼睛，把他轻轻地放进水里。温暖的水让沐沐感觉很舒服，照护者稳稳地托着他，同时还继续温柔地和他说着话，很快，沐沐平静了下来。

上述情境中体现的是基于尊重的回应式照护。在婴幼儿成长过程中，基于尊重的回应式照护发挥着举足轻重的作用。本节内容以尊重及回应式照护为主题，主要探讨以下问题：尊重及回应式照护的核心是什么？尊重及回应式照护的原则有哪些？照护者应如何开展尊重及回应式照护活动？

岗位知识

一、尊重及回应式照护的核心

尊重及回应式照护是艾米·皮克勒和玛格达·格伯在婴幼儿照护实践中所践行的教育理念。皮克勒是匈牙利的一名儿科专家和研究人员，1946 年成立了专门照顾 3 岁以下儿童的孤儿院，现更名为皮克勒研究中心。玛格达·格伯是皮克勒的朋友兼同事，1956 年他将此经验带到美国，并成立了婴儿教育保育者资源机构。两个机构的核心理念都是尊重，在尊重的基础上回应婴幼儿的需求，增进照护者与婴幼儿的依恋关系，鼓励婴幼儿独立游戏与探索，使婴幼儿得到充分的发展。

在婴幼儿保育和教育领域，关系和互动是关键术语，然而只有 3R 互动，即尊重的（respectful）、回应的（responsive）和双向的（reciprocal）互动方式才能促进亲密的照料关系的建立。在沐沐的例子中，照护者在洗澡之前首先告诉沐沐她要做什么，并且洗澡过程中也通过眼神、动作和语言延续着交流，这种积极的双向互动便是尊重及回应式照护的体现。

二、尊重及回应式照护的原则

（一）独处时保证优质时间

优质时间分为目的性优质时间和非目的性优质时间。在目的性优质时间中，成人和婴幼儿都参与到照护者所设立的任务中，比如喂养、洗澡、换尿布和洗衣服等。在托育机构，目的性优质时间可以提供一对一的互动。而在非目的性优质时间中，照护者完全陪伴在婴幼儿身边而不去指挥其行动，比如照护者坐在地板上和婴幼儿互动，周围摆满了有趣的玩具，照护者没有任何计划，只是观察其会做什么并给予回应。

（二）尊重婴幼儿

尊重，是指建立在理解基础上的同理心，不去评判婴幼儿行为的对与错，全然允许一切的发生。如换尿布时，尊重婴幼儿的方式就是照护者向婴幼儿轻声解释自己在做什么，而不是一言不发、直接冷冰冰地摆弄他们的身体，正如一名负责任的护士会在使用冷冰冰的医疗器械接触病人的皮肤之前告诉对方一样。当婴幼儿遇到情绪事件，比如因喜欢的食物掉在地上而哭闹时，照护者应给予其平和又冷静的支持、关切和理解，尊重其表达方式；当婴幼儿没有表现出需要安慰时，不过早进行安慰，当其做好接受安慰的准备时，再及时回应。如此婴幼儿在此过程中才能关注自身的情绪变化，并且学会如何诚实地表达感受。

（三）让婴幼儿投入感兴趣的活动中

婴幼儿在0～9个月时，能观察周围的环境和人物；会对自己感兴趣，如吃自己的小脚、凝视自己的小手等；能够对环境中发现的新事物进行积极探索，如咬、触摸和拍打。7～18个月时，婴幼儿对新事物表现出兴趣，并能够操纵和旋转对象；能使用新的方式去对待熟悉的事物，如将玩具篮放在头上。16～24个月时，婴幼儿能够对新活动表现出兴趣，并且愿意去尝试新的经验；在新环境中能够积极地探索。21～36个月时，婴幼儿能够在游戏中观察其他婴幼儿；在与他人互动时能够进行提问，如是什么、为什么、怎么样；能够参与更广泛的活动，如户外活动、艺术活动等。在常规生活中仔细观察便会发现，如果婴幼儿对某件事情感兴趣，他们的注意时间会持续很久，这表明其真正投入了自己感兴趣的活动中，这将会使婴幼儿受益匪浅。

（四）了解婴幼儿的沟通方式，并教给他们你的沟通方式

哭泣是婴幼儿最初的沟通方式，反映了其早期的生理需求（如饥饿、困了、尿布湿了、身体不舒服等）和心理需求。随着年龄的增长，婴幼儿开始通过动作、手势、面部表情、言语等与人交流。照护者在照护婴幼儿时，可以通过自然的交谈教会其如何结合语境运用词汇和语言，同时结合肢体语言等，及时回应婴幼儿（声音、面部表情、动作等）。在这一过程中，婴幼儿学会了倾听、互动和表达。但需要特别注意的一点是，照护者的言语与非言语沟通需保持一致。

（五）培养一个完整的人

婴幼儿的发展包含三大维度：生理的发展（身高、体重、大脑、动作技能等）、认知的发展（语言、思维、注意力、记忆力、想象力等）、社会性与情感的发展（自我、人际关系、情绪与情感、道德、亲社会行为等）。照护者照护婴幼儿的目标是使其作为一个完整的人全面发展，因为婴幼儿的发展并不取决于某个活动或玩具，而是取决于日常生活体验、人际沟通交流、游戏玩耍以及换尿布、如厕、睡眠和喂食等常规生活。比如，在换尿布时与婴幼儿积极沟通，进行双向式互动，能够使其获得视觉、听觉、触觉、本体觉等多种感觉的体验，诸如此类的经历利于婴幼儿的整体发展。

（六）以身作则，向婴幼儿表达真实的感受

当婴幼儿生气了，照护者应该鼓励其认识自己的感受。反向思考，照护者是否也可以向婴幼儿表达自己的真实感受呢？答案是肯定的，因为婴幼儿需要与具有真实情感的人接触。例如，19个月的小然摔倒了，她爬起来后给了照护者一巴掌。照护者很恼火，拉住

她的小手，盯着她的眼睛，坚定地说：我很生气，因为你打我，我的脸很疼。在这一例子中，照护者面对婴幼儿的不当行为，没有做出夸张的反应，没有责备、打骂或评判小然，而是就事论事，清晰地说出自己的感受和产生这种感受的缘由，并阻止其继续做错事。如此，小然就能够清楚地明白什么事情做错了，照护者产生了什么情绪，从而调整其行为，并且也会通过模仿照护者的行为学会如何表达真实感受。

（七）问题是学习的机会，鼓励婴幼儿自己解决问题

婴幼儿在 16～24 个月时，其识别和解决问题的能力日益增强，并能通过积极的探索、游戏和试误解决问题，如尝试以不同的角度来拼插积木；能够使用环境中的物体解决问题，比如借助椅子拿高处的玩具；能够使用交流来解决问题，如画手指画时颜料用完了，能够通过手势告诉成人。婴幼儿通常比大人想象的更能很好地解决问题。因此，照护者应在必要的、适时的帮助外，给予婴幼儿更多自己解决问题的机会。根据脚手架理论，照护者在平时与婴幼儿的互动中要留意他们可以学习的情境。照护者精心安排此情境，可以鼓励和支持婴幼儿解决问题，有时他们需要一些帮助，而有时他们需要的仅仅是陪伴。

（八）教会信任并建立安全感

婴幼儿要学会信任，就需要有可以信赖的大人。照护者应及时了解婴幼儿的需求并在合理时间内给予满足。比如在婴幼儿饥饿时及时喂养，困乏时创设安全安静的休息环境，难过时结合个体特征给予适当的安慰等。长此以往，婴幼儿意识到其可以表达需求并能够得到满足，他们的信任感便会逐步建立，随着年龄的增长，他们就能够对熟悉的成人和不熟悉的成人做出不同的回应，能够在新的场景中寻求抚慰，能够对他人表现出情感联结和依恋。

岗位操作

婴幼儿回应式养育活动

活动 1：认识感官

活动材料：水果（苹果、橘子等）、触感柔软的物品（毛绒玩具、布料等）、硬质物品（木头积木、打鼓棒、篮球等）、生活用品（护手霜、香皂等）。

活动方法：邀请婴幼儿做感官游戏。

（1）照护者言语引领——你看见了什么？听见了什么？尝到了什么？闻到了什么？摸到了什么？

（2）婴幼儿通过眼睛、鼻子、耳朵、嘴巴、手等去感受不同的物品。

（3）照护者根据婴幼儿的反馈，双向互动。比如：你看见了苹果；你闻到了香皂的味道；积木是硬硬的；护手霜涂在手上滑滑的等。

（4）加大难度，用手遮住眼睛或者捂上耳朵完成感官游戏。

操作解析：在活动过程中，调动孩子的感官充分参与，并及时互动和给予鼓励，保证互动的优质时间。同时，根据婴幼儿的表现适时调整难度，提高其兴趣度。

活动 2：情绪表达活动

活动材料：绘本《生气汤》。

活动方法：和婴幼儿共读绘本。

（1）照护者一边读，一边借助声音、语调的变化表达绘本中的情绪。

（2）观察婴幼儿表情、动作和言语，并把其情绪描述出来，引起他们对自己情绪的关注。比如，婴幼儿听故事大笑时，告诉他这代表了开心。

（3）照护者表演绘本中的霍斯生气时的动作和言语，引导婴幼儿观察并模仿。

（4）照护者总结生气情绪的表达。

（5）引导婴幼儿用面部表情或姿势动作或言语表达自己生气的感觉，照护者给予积极反馈。

操作解析：通过此活动，婴幼儿充分参与，在观察、模仿和探索中学会生气情绪的表达。

第二节　婴幼儿依恋的发展

岗位情境

18 个月的悠悠因病休养一周后，妈妈再次送他来到托育中心。他紧紧搂着妈妈，眼含泪花，妈妈向小美老师解释，悠悠需要一点时间平静一下。妈妈陪他来到游戏室，温柔地和悠悠沟通，小美老师面带笑容，伸出双手，悠悠却拉着妈妈的衣服不松开。

不久，悠悠情绪逐渐放松下来，开始玩玩具。于是，妈妈和他告别，悠悠脸色一变，但没有哭，小美老师温柔地抱着他，轻轻哼着儿歌。过了一会儿，小美老师把拥抱变成了一个游戏，并观察他的表情，他逐渐兴奋起来。小美老师邀请另一位小朋友一起玩游戏。

不久，悠悠从老师腿上离开，和其他小朋友一起玩起了游戏。

上述情境中体现的是婴幼儿的依恋。在婴幼儿成长过程中，早期依恋关系对其发展会产生长期影响。本节内容以婴幼儿依恋为主题，主要探讨以下问题：依恋的本质是什么？为什么要了解婴幼儿依恋发展的里程碑？如何科学界定婴幼儿依恋的类型？我国学者结合本土文化对依恋的深入研究有何现实意义？照护者应如何促进婴幼儿安全感的发展？

岗位知识

一、婴幼儿依恋关系的本质

一般来说，婴幼儿会与其最重要的照护者之间产生情感联结，研究者将这种联系称为“依恋”。这种深刻的依恋之情能使婴幼儿得到更多的关注。就其本质而言，广义上的依恋是指个体与某一特定个体的长久持续的情感联结。而发展心理学中的依恋，即狭义的依恋，则是特指婴幼儿与成人照护者（父母、祖辈或托育机构看护者等）之间所形成的持久的情感联结，其最核心的要素是照护者对婴幼儿的亲近和回应。

父母通常是婴幼儿最主要的依恋对象，尤其是母亲，她们通过哺乳、抚触、积极互动、对婴幼儿依恋的需求做出适时回应等在早期养育过程中发挥了主导作用。但随着社会环境的变化，双职工家庭越来越普遍，祖辈、家庭保姆、托育园老师等人逐渐参与到婴幼儿看护中来。于是，除亲子间的主要依恋关系外，婴幼儿也会建立家庭之外的次级依恋。研究表明，次级依恋是主要依恋关系的补充，并不会取代主要依恋。

（一）约翰·鲍尔比对依恋的研究

1952 年，约翰·鲍尔比首次强调了依恋关系对婴幼儿健康和成长的意义。根据其研究，依恋来源于婴儿成长过程中不断发展的特征和行为体系。婴儿出生后，完全依赖照护者提供食物、保护他们和满足其他需求。

约翰·鲍尔比强调，婴儿的笑是一种能够激发照护者抚养行为的社会行为刺激物。通常，照护者会做出正面反应，他们对婴儿的一颦一笑给予敏感回应，很快便与婴儿建立了很深的情感联系。当悲伤或害怕的时候，婴儿会主动寻求照护者的保护。

（二）哈利·哈洛的恒河猴实验

恒河猴实验是哈利·哈洛在儿童发展领域最著名的实验之一。哈洛把刚出生的婴猴放进笼中，用两个假猴代替母猴。一个假猴是铁丝做的，称为“铁丝妈妈”，可以 24 小时提供奶水；另一个假猴则是绒布做的，称为“绒布妈妈”，摸起来舒服和柔软。通过实验发现，几乎所有时间里，小猴都会挂在“绒布妈妈”身上，只有感到饥饿难耐时，它们才会跑到“铁丝妈妈”那里吃奶，但只要一吃饱，它们就会迅速回到“绒布妈妈”怀里。这表明，哺乳不是产生依恋的决定因素，母爱的本质是接触性关怀：拥抱、抚摸和亲昵。

将婴猴放进一个不熟悉的环境，没有“绒布妈妈”，它们会表现出极度的焦虑。它们蜷缩在角落，摇摆身子抱着自己。但将“绒布妈妈”置于该环境时，这些婴猴的反应则十分不同。它们会抱着“绒布妈妈”，之后，它们有了安全感，便开始探索周围，无拘无束地玩耍。当恐怖的大蜘蛛机器模型出现时，婴猴同样先去“绒布妈妈”处寻求安慰，然后再勇敢地面对自己的恐惧感。这表明，提供触觉安慰的“绒布妈妈”成为婴猴的安全基地，为其提供了安全感。

这为亲子依恋研究提供了一个角度，当婴幼儿靠近某个人寻求安全基地时，便形成了依恋。当婴幼儿与此人分开时会表现出焦虑等情绪，而当其回归时，婴幼儿会自动靠近依恋对象，情感上恢复舒适感。

拓展阅读

婴幼儿对物品的依恋

部分婴幼儿也会对物品表现出依恋，比如小毯子、毛巾或毛绒玩具。这些物品称为“过渡性客体”或“安全毯”。这种依恋通常出现在1岁左右，其对婴幼儿至关重要。如果物品被清洗，他们会表现出难过的情绪；如果丢失，他们会紧张不安。

15个月的小步白天需在家庭托儿所度过，每天他都会带着自己的布偶小恐龙一起去托儿所；玩游戏时，他也把布偶小恐龙放在身边；午睡时，他会抱着自己的小恐龙入睡。研究表明，在轻微的压力下，如父母不在身边，婴幼儿能从他的特定物品中获得和父母所给予的一样的安抚。

资料来源：琳恩·默里．婴幼儿心理学［M］．张安也，译．北京：北京科学技术出版社，2020.

二、婴幼儿依恋发展的里程碑

（一）依恋发展阶段

根据鲍尔比的研究，早期依恋关系的发展可划分为四个阶段，即前依恋期、依恋关系建立期、依恋关系明确期、目标调节的伙伴关系期。

1. 前依恋期（0～2 个月）

此阶段属于无区别的反应阶段。婴儿的认知水平较低，对任何人都表现出亲近和兴趣，能够接受任何人的注意和照护。在此阶段，婴儿通过微笑、哭泣、抓握、咿呀声等吸引父母，获得亲近、照料和关注，此时的婴儿尚未形成依恋。

2. 依恋关系建立期（3～7 个月）

此阶段婴儿开始关注熟悉的人，已经具备了一定的识别、再认能力，并开始对不同的人做出不同的反应。他们对照护者的信任开始发展，并且做出社交式的反应，比如微笑、发出咕咕声等，也会长时间注视陌生人，并初步产生不安感。

3. 依恋关系明确期（8～24 个月）

此阶段的婴幼儿主动寻求亲密互动，对主要照护者，尤其是对母亲的依恋非常明显。当他们信任的照护者离开时，会引发婴幼儿的焦虑和反抗行为，他们能意识到他们需要某个人，并且传递社交信号。同时，婴幼儿对陌生人会表现出谨慎、恐惧和焦虑。

4. 目标调节的伙伴关系期（24 个月以后）

此阶段是互惠关系的形成期。此时的依恋关系又可以称为双边的人际关系。幼儿对父母有了更多认知，并逐渐会考虑父母的情感和目标，他们既能根据父母的状态和需要调节自己的行为，也能够发出真正的社交信号与父母交流。比如，哭泣行为在婴儿早期主要是生理信号，如饥饿或身体不适，但在此阶段，幼儿能够根据母亲的状态和反应调整哭喊的强度。此阶段的幼儿更容易与照护者暂时分离并调节情绪。语言的发展也有助于他们对分离经验的加工。

（二）情境案例——陌生人恐惧

妈妈带着 10 个月的可可去公园玩，遇到了以前的同事。同事热情地和可可打招呼，可可把脸转过去，趴在妈妈肩上。平静后，她转向妈妈的同事。妈妈微笑着向可可介绍同事，并积极鼓励她，可可接受了对方抱她，但还是试探性地看着对方。妈妈继续鼓励她，不过，她感觉离开妈妈的怀抱还是不够安全，于是探身找妈妈。回到妈妈的怀抱后，可可面带笑容地看着妈妈的同事。

从案例中可以看出，可可对妈妈的同事感兴趣但是又表现出担心和害怕。在妈妈的鼓励下，她响应了陌生人的社交信号。但随着与陌生人接触时间的增长，她变得更谨慎。重新回到妈妈怀抱后，她情绪逐渐平和，安全感提升，并表现出对陌生人的好奇心。

启发：依恋对象恰当的鼓励和支持有助于婴幼儿获得足够的安全感，克服恐惧和不安。

三、婴幼儿依恋类型的界定

在婴幼儿成长过程中，依恋对于个体对自我的评价、对环境的看法和对人际关系的态度均有着深远的影响。对依恋类型进行界定和解读，本质上就是要描述、说明婴幼儿与主要照护者的相互作用方式，从而进一步探索和实践利于婴幼儿发展的养育方式。

（一）玛丽·安斯沃斯对依恋的分类

发展心理学家玛丽·安斯沃斯通过陌生情境实验，测定了母子之间的依恋程度和类型。在实验过程中，母亲带婴儿进入实验场所（陌生环境），实验者作为陌生人出现在实验场所里，但不干涉母子的活动，片刻后母亲独自离开，由婴儿单独与实验者相处，由实验者观察婴儿的表现，片刻后母亲返回。实验者记录这个过程中婴儿从始至终的行为和情绪表现情况。这个测验给婴儿提供了三种潜在的难以适应的情境——陌生环境（实验场所）、与亲人分离和与陌生人相处，以此来研究婴儿在这几种不同的情境下表现出的探索行为、分离焦虑反应和依恋行为等。该实验根据婴儿不同的反应将依恋类型分为：安全型依恋、回避型依恋和矛盾型依恋。

1. 安全型依恋

这类婴儿与母亲在一起时，能安逸地操作玩具，偶尔需要靠近或接近母亲，更多的是用眼睛看母亲、对母亲微笑或与母亲有距离地交谈。母亲在场使婴儿感到足够安全，能在陌生的环境中进行积极的探索和操作，对陌生人的反应也比较积极。当母亲离开时，婴儿的操作、探索行为会受到影响，婴儿明显表现出苦恼、不安，想寻找母亲。当母亲回来时，婴儿会立即寻求与母亲的接触，并且很容易经抚慰而平静下来，然后继续去做游戏。这类婴儿占65%～70%。

安全型依恋的婴幼儿有两个关键特征：

（1）婴幼儿能感觉到当自己有需求时，父母或其他依恋对象会给予情感支持或及时回应，所以在安全型依恋关系中，当婴幼儿感到不安时，其可以表现出来。

（2）婴幼儿更自信，因为父母是“安全基地”，其需求能够得到关注和敏感回应。所以，当婴幼儿哭闹时，父母适当的安抚并不会导致他过度依赖，相反，父母是在给予他保证和信心去独立行动。

2. 回避型依恋

这类婴儿对母亲在不在场都无所谓。母亲离开时，他并不表示反抗，很少有紧张、不安的表现。当母亲回来时，他也往往不予理会，表示忽略而不是高兴，自己玩自己的；有时也会欢迎母亲的回来，但时间非常短暂。因此，实际上这类婴儿对母亲并未形成特别密切的情感联结。所以，有人也把这类婴儿称为无依恋婴儿。这类婴儿约占 20%。

回避型依恋的婴幼儿害怕表达自己的需求，在感到不安、恐惧时也不能自信地认为他能够得到父母的安抚。

3. 矛盾型依恋

这类婴儿在母亲要离开前就显得很警惕，当母亲离开时表现得非常苦恼、极度反抗，任何一次短暂的分离都会引起大喊大叫。但是当母亲回来时，其对母亲的态度又是矛盾的，既寻求母亲的接触，但同时又反抗与母亲的接触，当母亲亲近他，比如抱他时，他会生气地拒绝、推开。但是要他重新回去做游戏似乎又不太容易，他会不时地朝母亲这里看。这类婴儿占 10%～15%。

矛盾型依恋的婴幼儿似乎对父母是否在身边以及自己的需求是否得到满足感到高度焦虑。

（二）我国的依恋类型相关研究

1. 城市儿童依恋类型

胡平（胡平、孟昭兰，2003 年）采用 Q-sort 的研究方法和陌生情境法测量婴幼儿与母亲的感情关系。结果显示：

（1）中国城市婴幼儿不同依恋类型的比例和其他国家的比例存在着一定的差异性，以安全型依恋为例，中国 48.4%，美国 67.4%，德国 61.7%，以色列 46%。研究认为，这与主要照护者有关。美国婴幼儿在出生后几年内，母亲基本陪伴在身边，而中国母亲产后 3 个月（被试者中占比 85%）左右上班，婴幼儿的照护者主要是祖父母或保姆，比较类似于集体照顾（如以色列）的环境。

（2）中国城市不同依恋类型婴幼儿的行为也与别的国家不一致。在回避型依恋中，中国婴幼儿探索活动良好，只是在整个过程中，均无视母亲和陌生人的存在，对母亲和陌生人离开无痛苦和紧张反应，对与母亲的重聚反应平淡。而在矛盾型依恋中，尽管婴幼儿一方面表现出欢迎，另一方面又表现出拒绝和痛苦，但没有明显的反抗行为，同时探索次数和质量均不良。

究其原因，研究者认为这种行为特点可能与母亲参与照料较少有直接关系。但是，究竟是环境、文化、遗传还是多抚养者等原因，尚需进一步研究。

2. 母子依恋和祖孙依恋

根据研究（邢淑芬、梁熙、岳建宏、王争艳，2016），在祖辈参与共同养育的背景下，绝大部分婴幼儿可以形成安全型的母子依恋，这表明对于大部分有工作的母亲而言，反复的日常分离并不会影响婴幼儿安全型母子依恋关系的建立；母子依恋的安全性高于祖孙依恋，这表明即使在多重依恋关系中，婴幼儿也还是更倾向于向某位依恋对象寻求安全感，即主要依恋对象（一般是母亲），而其他依恋对象被称为次要依恋对象。所以，在我国祖辈参与看护的共同养育环境中，依然保持了以母子依恋为主的多重依恋。

在实践中，判断婴幼儿的依恋程度和类型时，需谨慎使用研究结论，需要了解婴幼儿的整体情况，例如家庭环境、文化差异、社会环境等，不能一概而论。

岗位操作

照护者如何帮助婴幼儿建立安全感？

2 岁的豆豆已经上托儿所 6 个月了。但是，每天早上入托时，她仍然会大哭大闹，在托儿所门口紧紧抱着妈妈，有时甚至在地上打滚。妈妈离开后，豆豆几乎不跟任何人交流，也几乎不玩任何玩具，极度缺乏安全感。托儿所豆豆班级的新老师李老师和豆豆妈妈沟通时，豆豆妈妈表示很难安抚豆豆，她和豆豆之间交流很少。李老师应如何帮助豆豆建立安全感呢？

1. 实施以关系为基础的照护

李老师通过日常观察发现豆豆几乎不和任何人交流，即使是和自己的妈妈交流也很少，极度缺乏安全感。而这更需要以关系为基础的照护，给予豆豆充分的敏感性回应。于是李老师采取了以下方法：

（1）主动亲近。豆豆早上入托时，李老师面带笑容抱起豆豆，并通过细节表达对豆豆的关注，比如今天的小裙子或是小发卡或是衣服上的图案，每天都会表达对豆豆的喜爱。

（2）热情而合作地参与互动。李老师通过观察发现豆豆特别喜欢画画，于是从其兴趣着手，主动参与，还为豆豆的画做了画框，挂在班级墙上，一方面邀请豆豆介绍自己的绘画作品，另一方面也引导其他小朋友与豆豆积极互动。

（3）对孩子的需求和信号及时做出适宜的回应。在游戏时间，李老师准备了有趣的玩具，吸引豆豆的注意。李老师作为照护者，和豆豆一起坐在地板上，陪伴、观察，不约束，在其需要时及时给予回应，从而给豆豆创造出外在的安全环境。两个星期后，豆豆终于拿起一个发条玩具并向李老师展示，李老师幽默地说："豆豆，这是会跳的青蛙，呱呱呱，呱呱呱，青蛙来了，蹦蹦蹦，蹦蹦蹦。"豆豆也开心地说着："蹦！蹦！蹦！"

2. 和家长沟通合作

婴幼儿的主要依恋对象最初来源于家庭，通过和豆豆妈妈的沟通、倾听，李老师了解到豆豆妈妈是孤儿，从小在孤儿院长大，不知道应该如何和婴幼儿互动。对此，李老师采取了以下措施：

(1) 邀请豆豆妈妈来班级当助手，并安排一块安静简单的区域供李老师、豆豆妈妈和豆豆一起玩耍。豆豆妈妈一方面观察李老师与豆豆的互动，另一方面也在自由活动时间参与到与豆豆的互动中。

(2) 李老师和豆豆妈妈沟通豆豆的行为，从面部表情、声音、动作、手势、身体接触等方面进行，并讲解其表情或动作等背后的含义。因为每个婴幼儿及其发展都是独特的，所以建议豆豆妈妈多多关注豆豆的交流方式。

(3) 把教室互动视频反馈给豆豆妈妈，让豆豆妈妈通过观看视频，观察豆豆的反应，从孩子的角度看待问题，这不仅有助于其理解豆豆面对困难时的体验、情绪和行为，也能帮助豆豆妈妈更好地捕捉到豆豆的情感依恋信号。

1个月后，豆豆入托时不再哭闹了，能够和妈妈挥手表示再见，而且在游戏活动时间也会主动参与到小朋友的游戏中，安全感大幅提升。

操作解析： 有些婴幼儿缺乏安全感和信任感。对此，照护者实施以关系为基础的照护，与家庭合作，给予婴幼儿充分的敏感性回应，有助于提升其安全感和信任感，帮助他们形成健康的依恋关系。但每个婴幼儿都有独特的个性和交流方式，故应该获取更多的婴幼儿相关信息。特别重要的一点是，婴幼儿必须拥有发展安全型依恋的机会。

第三节　家庭教养方式

岗位情境

2岁的小米在户外活动时，喜欢到处乱爬，甚至会躺在地上打滚，衣服弄得很脏。如果你是小米的妈妈，会采用什么样的方式解决这个问题呢？是直接抱起她，同时告诉她以后再乱爬就不带她来外面玩以示惩罚，还是放任不管，抑或是温柔而坚定地告诉她不能在地上打滚，再共同解决这个问题呢？

上述情境中体现的是家庭教养方式。在婴幼儿成长过程中，家庭教养方式对其发展会产生长期影响。本节内容以家庭教养方式为主题，主要探讨以下问题：什么是家庭教养方式？如何评估和判定家庭教养方式？家庭教养方式对婴幼儿的心理发展有何影响？照护者应如何实施积极的家庭教养方式？

岗位知识

一、家庭教养方式概述

家庭教养方式相对稳定，反映了亲子交往的实质，是教养观念、教养行为及对子女情感表现的综合体现。从维度上划分，家庭教养方式可以分为两大类，积极教养方式和消极教养方式。

积极教养方式是指父母与孩子之间的一种温暖和支持的积极关系，主要包括民主性、情感温暖和关注帮助等，是婴幼儿发展过程中良好的保护性和支持性因素。消极教养方式是指亲子之间的一种拒绝、惩罚和敌对的消极关系，主要包括惩罚定向、拒绝否认和过度保护等。

为判定和评估家庭教养方式的类型，我国学者对简式父母教养方式问卷（S-EMBU）进行了引进和修订，修订后的问卷共有 42 个题目，分为父亲版和母亲版，每部分各 21 个题目，题目相同且都包含三个维度结构：情感温暖、拒绝和过度保护。采用李克特 4 点量表计分，“从不”1 分、“偶尔”2 分、“经常”3 分、“总是”4 分，其中第 15 题反向计分。计算每个维度的总分后除以该维度的项目数，得出的平均分为该维度得分，得分在 1 至 4 之间，得分越高代表该父/母亲使用该种教养方式的程度越高。

题目分布情况如下：

情感温暖维度：2/6/9/11/13/17/21；拒绝维度：1/4/7/12/14/19；过度保护维度：3/5/8/10/15/16/18/20（15 题反向计分）。

拓展阅读

简式父母教养方式问卷

1. 父/母亲常常在我不知道原因的情况下对我大发脾气。父亲（　　分）；母亲（　　分）

2. 父/母亲赞美我。父亲（　　分）；母亲（　　分）

3. 我希望父/母亲对我正在做的事不要过分担心。父亲（　　分）；母亲（　　分）

4. 父/母亲对我的惩罚往往超过我应受的程度。父亲（　　分）；母亲（　　分）

5. 父/母亲要求我回到家里必须得向他/她说明我在外面做了什么事。父亲（　　分）；母亲（　　分）

6. 我觉得父/母亲尽量使我的青少年时期的生活更有意义和丰富多彩。父亲（　　分）；母亲（　　分）

7. 父/母亲经常当着别人的面批评我既懒惰又无用。父亲（　　分）；母亲（　　分）

8. 父/母亲不允许我做一些其他孩子可以做的事情，因为他/她害怕我会出事。父亲（　　分）；母亲（　　分）

9. 父/母亲总试图鼓励我，使我成为佼佼者。父亲（　　分）；母亲（　　分）

10. 我觉得父/母亲对我可能出事的担心是夸大的、过分的。父亲（　　分）；母亲（　　分）

11. 当遇到不顺心的事时，我能感到父/母亲在尽量鼓励我，使我得到安慰。父亲（　　分）；母亲（　　分）

12. 我在家里往往被当作“替罪羊”或“害群之马”。父亲（　　分）；母亲（　　分）

13. 我能通过父/母亲的言谈、表情感受到他/她很喜欢我。父亲（　　分）；母亲（　　分）

14. 父/母亲常以一种使我很难堪的方式对待我。父亲（　　分）；母亲（　　分）

15. 父/母亲常常允许我到我喜欢去的地方，而又不会过分担心。父亲（　　分）；母亲（　　分）

16. 我觉得父/母亲干涉我做的任何一件事。父亲（　　分）；母亲（　　分）

17. 我觉得与父/母亲之间存在一种温暖、体贴和亲热的感觉。父亲（　　分）；母亲（　　分）

18. 父/母亲对我该做什么、不该做什么都有严格的限制而且绝不让步。父亲（　　分）；母亲（　　分）

19. 即使是很小的过错，父/母亲也惩罚我。父亲（　　分）；母亲（　　分）

20. 父/母亲总是左右我该穿什么衣服或该打扮成什么样子。父亲（　　分）；母亲（　　分）

21. 当我做的事情取得成功时，我觉得父/母亲很为我自豪。父亲（　　分）；母亲（　　分）

资产来源：蒋奖，鲁峥嵘，等．简式父母教养方式问卷中文版的初步修订［J］．心理发展与教育，2010，26（1）．

二、家庭教养方式对婴幼儿心理发展的影响

（一）教养方式与情绪发展

积极的家庭教养方式能给予婴幼儿更多情感温暖、信任和鼓励，有利于婴幼儿建立安全型依恋，提升其心理幸福感。而消极的家庭教养方式往往表现为父母对婴幼儿的过分干涉和保护、对婴幼儿的拒绝等，婴幼儿经常感到沮丧且承受着较大的压力，易引发婴幼儿时期情绪调节困难和焦虑情绪的产生。在一项以中国儿童为考察对象的调查中，研究者发现，采用鼓励独立和情感温暖等积极教养方式养育子女的父母能以平等的身份与孩子进行交流，这能帮助孩子获得更多的成就感，进而缓解或消除儿童的焦虑情绪（王柳，2018）。

（二）教养方式与社会性发展

在现实生活中，一些父母对婴幼儿保护过度，比如担心婴幼儿受伤不许其进行户外活动；怕别的孩子会伤害到自己的孩子，不允许孩子和其他婴幼儿一起玩。还有一些父母对待婴幼儿过度严厉或忽视他们，对婴幼儿的回应性低，常通过惩罚解决问题，造成与婴幼儿情感疏远等。婴幼儿期是个体社会适应形成的关键期，父母应对婴幼儿采取积极的教养方式，关心婴幼儿的想法并且尊重其意见，为婴幼儿的同伴交往以及社会适应创造积极的条件。研究表明，家庭教养方式与婴幼儿社会适应两者之间有明显的相关性，父母能够经常鼓励表扬婴幼儿，会不断增强婴幼儿的自信心，有利于婴幼儿更好地适应社会。

照护者如何实施积极的家庭教养方式？

2 岁半的开开迷恋电子产品，每天从托育园回家后，就要打开电视，如果不给看的

话，他就会哭闹不止。父母对此非常苦恼，每次都采用打骂或强制手段，却只能一时压制，不能从根本上解决。在家园共育活动中，他们了解到了积极的家庭教养理念，甚是喜欢，却不知如何操作。作为托育园的老师，针对此问题，你会如何建议他们实施积极的家庭教养方式呢？

1. 约定

和孩子约定每天可以看电子产品的时间，以图文并茂的方式展现出来，并贴在电视墙上。如果孩子没有执行约定，不要批评他，而是以温和的语气询问：“我们的约定是什么？”如果孩子仍然没有执行，则坚定地关掉电视。

2. 认同感受

（1）当开开因为不能看电视而哭闹时，先认同他的感受，如“我能看出来你很生气（难过、沮丧）”。

（2）观察他的反应，给孩子消化情绪的时间。

（3）待他平静后，邀请他一起头脑风暴，看看可以做哪些有趣的替代活动。

（4）对替代活动达成一致后，每天坚持陪伴孩子完成，尝试一星期后评估结果，也可以再次头脑风暴增加更多有趣的替代活动。

3. 鼓励

当开开能够遵守约定时间观看电子产品时，及时给予鼓励，如“你努力了，你一定为自己感到骄傲”“看到你的进步，妈妈为你开心”等。

两周后，开开对电子产品的迷恋明显减轻了，而且比起看电视，他更喜欢和父母一起玩有趣的游戏。

操作解析： 积极的教养方式往往体现为鼓励和情感温暖，通过约定、认同感受、鼓励等，让婴幼儿获得更多的正向体验，也通过更多的亲子活动使得婴幼儿拥有更多的情感支持，从而促进问题的解决。

证书标准

根据《国家职业技能标准　婴幼儿发展引导员》（职业编码：4－10－01－01），本章对应四级和三级的部分工作要求，如表5－1所示。

表 5-1　婴幼儿发展引导员标准及要求

级别	职业功能	工作内容	技能要求	相关知识要求
四级	2. 照护引导	2.2 保健护理	2.2.5 能指导看护人识别婴幼儿哭闹、肢体动作所表达的生理需求并回应	2.2.5 婴幼儿不同月龄情绪变化及回应措施
	3. 发展引导	3.4 情绪和社会性发展	3.4.2 能指导看护人正确识别并及时回应婴幼儿的情绪反应	3.4.2 情绪分化的特点和发展趋势
三级	1. 孕期引导	1.2 心理健康	1.2.3 能指导孕、产妇建立和谐的夫妻关系、亲子关系	1.2.3 夫妻关系、亲子关系特点及应对策略
	3. 发展引导	3.4 情绪与社会性发展	3.4.2 能指导看护人及时肯定和鼓励婴幼儿的情绪表达	3.4.2 婴幼儿情绪反应的识别与回应
	4. 发展测评与咨询	4.2 环境评估	4.2.1 能评估看护人养育婴幼儿的理念	4.2.1 科学的婴幼儿养育理念

录像观察

这段录像展现了幼儿与伙伴因为玩具问题发生冲突时，教师走向幼儿，和两个幼儿分别交谈，协助他们解决问题的过程。

托育园幼儿冲突（回应式照护理念运用）

问题：

1. 录像中的老师应用了回应式照护的哪些理念？
2. 你觉得哪些地方还可以做得更好？

关键术语

照护理念　　　回应　　　尊重　　　依恋　　　积极教养方式

课后思考

1. 请说说你对尊重及回应式照护理念的理解。

2. 假如婴幼儿未建立安全型依恋关系，将会发生什么？试从多角度加以论述。

3. 请在某家托儿所观察婴幼儿与家长分离的场景并回答：孩子们表现出了什么样的依恋行为？家长是如何应对的？你有何补充或建议？

4. 什么样的家庭教养方式更利于婴幼儿的发展？为什么？请举例说明。

技能演练

1. 技能练习——实际情境问题

24 个月的可可已经来到托儿所 2 个月了，他适应得很好，而且和班级的小于老师建立了亲密关系。某天，可可爸爸送他来到托儿所，告诉小于老师，可可身体不舒服，没有往常那么有精神。如果你是小于老师，这一天你打算如何照护可可呢？

2. 技能提升——尊重与回应式照护演练活动

[活动目标]

（1）提高尊重及回应式照护水平。

（2）学会倾听和观察。

[活动背景]

（1）托儿所内，可可和其他小朋友为了抢一个球吵了起来。

（2）当可可不安的时候，小猴子毛绒玩具能够较好地给予安抚。

[活动过程]

（1）小于老师在旁边看着，准备随时给予关注。

（2）可可看向小于老师，小于老师询问是否需要帮助。

（3）小于老师来到可可身边，此时可可情绪有些激动，于是，小于老师抱起可可。

（4）小于老师和可可对话，谈话内容集中于发生了什么、可可的感受和解决策略，在对话过程中注意观察可可的情绪变化。

（5）小于老师拿来可可的玩具猴。

（6）可可情绪得到释放，开始玩别的玩具，小于老师把玩具猴放在他的附近，继续陪伴。

［活动评价］

（1）是否在婴幼儿需要时及时回应。

（2）是否能够倾听婴幼儿的心声。

［活动记录］

（1）婴幼儿情绪持续时间：______分钟。

（2）与婴幼儿沟通难度：A. 容易　　B. 适中　　C. 困难

（3）婴幼儿配合程度：A. 很配合　　B. 一般　　C. 不配合

［家庭方案］

倾听实践：和家人沟通，鼓励家人和婴幼儿在一起时，能敏感回应，积极倾听发生了什么、婴幼儿的感受是什么，和婴幼儿一起想解决策略，并用简洁的文字或图片记录下父母和婴幼儿彼此的成长。

［活动提示］

（1）注意随时观察，在婴幼儿需要时再给予及时回应。

（2）婴幼儿发生冲突时，保障其安全。

（3）和家长合作，共同照护婴幼儿。

第六章　婴幼儿安全照护

学习目标

知识目标

1. 了解婴幼儿安全照护的必要性、婴幼儿意外伤害事故的根源。
2. 熟悉婴幼儿居家安全照护的基本知识、婴幼儿出行安全照护的基本知识。
3. 掌握婴幼儿居家安全隐患防范、婴幼儿出行安全隐患防范、婴幼儿常见伤害的预防与处理方法。

技能目标

1. 能够教育和帮助家长了解和排除婴幼儿居家环境中的安全隐患。
2. 能够教育和帮助家长了解和消除婴幼儿出行过程中的安全隐患。
3. 能够熟练运用婴幼儿常见伤害的预防与处理方法。

素养目标

1. 树立“以婴幼儿为中心”的服务意识，培养职业责任感和价值感。
2. 树立良好的风险防范意识。

学习导图

- 婴幼儿安全照护
  - 1.婴幼儿安全照护概述
    - 婴幼儿安全照护的必要性
    - 婴幼儿意外伤害事故的根源
    - 婴幼儿意外伤害事故的处理
  - 2.婴幼儿居家与出行安全
    - 婴幼儿居家安全照护
    - 婴幼儿出行安全照护
  - 3.婴幼儿伤害预防与处理
    - 婴幼儿伤害发生的原因
    - 托育机构安全防护
    - 婴幼儿常见伤害的预防与处理

第一节　婴幼儿安全照护概述

岗位情境

统计数据显示，意外伤害占我国儿童死亡原因总数的 26.1%，而且这个数字还在以每年 7%～10%的速度增长，意外伤害已成为 0～14 岁儿童健康的第一“杀手”！儿童意外事故 52%发生在家庭，19%发生在街道，12%发生在学校。

上述数据体现的是婴幼儿安全照护的重要性。看护婴幼儿的首要任务是保证安全，没有安全，其他的照护都会失去意义。本节内容以婴幼儿安全照护为主题，主要探讨以下问题：婴幼儿安全照护的必要性何在？婴幼儿安全照护的概念是什么？婴幼儿意外伤害事故的根源有哪些？婴幼儿意外伤害事故的处理原则有哪些？

岗位知识

一、婴幼儿安全照护的必要性

婴幼儿时期是一个稚嫩、脆弱、需要成人精心照顾和保护的时期。第一，大肌肉的迅速发展使婴幼儿具有活泼好动的特性。第二，婴幼儿的思维和行为活动带有明显的随意性而使其控制、调节自己心理活动和行为的能力很差。第三，婴幼儿缺乏生活经验，对什么事都感到好奇，对周围环境中潜在的不安全因素判断力差。因此，婴幼儿时期更易发生安全事故。关爱生命、关注婴幼儿安全日益被当今的人们所重视。给孩子一个安全的童年，是社会、家长和教师的共同心愿，孩子所有的活动都应以安全为前提，如果没有安全，一切活动都没有意义。安全保障是养育照护不可缺少的要素之一，确保婴幼儿的身心不受伤害，是照护者的基本职责。

婴幼儿安全照护，是指为婴幼儿提供一个充分安全的照护环境，包括居家安全、食品安全、外出安全和心理安全，做到防范意外伤害，保障婴幼儿在安全、温暖的养育环境中成长。婴幼儿安全照护的实现需要两个要素的支撑——安全的环境和合格的照护人。要营造安全的环境，就要细致排查生活中的安全隐患，确保活动空间和游戏空间的安全。照护人的警觉性和责任感是预防婴幼儿意外伤害的关键，科学知识的普及和安全教育同等重要。与此同时，照护人掌握基本的急救原则和方法也十分必要，以确保在婴幼儿发生意外时能够及时、正确地予以施救。

二、婴幼儿意外伤害事故的根源

要做好婴幼儿安全照护工作，首先要了解导致婴幼儿意外伤害事故的根源有哪些，进而做出有效的防护。婴幼儿意外伤害事故发生的根源主要有以下几种。

（一）不安全的环境或用具

居家环境通常是较为复杂的，包括客厅、厨房、卫浴间等多种功能区。所以，家庭中的危险因素也包含诸多内容，如刀具、厨房和卫生间里的电器等。

（二）不安全的行为和习惯

在婴幼儿长大的过程中，家长会教授其一些生存技能，但是家长的一些不良生活习惯和行为也可能会传授给他们。

（三）不熟练的技术

0～3 岁婴幼儿还无法准确地使用和操作身边的物体，但此时的婴幼儿好奇心强，他们会对身边好奇的事物进行一些操作，这就容易导致发生一些安全事故。

（四）不适当的监管

如果家长不了解婴幼儿做某件事情会有多大的危险，没有及时制止，就会导致婴幼儿对自己的能力进行错误的估计，从而发生事故。

（五）不充足的知识

在发生婴幼儿意外伤害事故后，很多家长并不知道怎样去处理，也不知道怎样第一时间去降低婴幼儿意外伤害所带来的影响，甚至会让事故进一步恶化，以致造成二次伤害。

三、婴幼儿意外伤害事故的处理

在孩子的成长过程中会发生很多大大小小的意外，家长和托育机构的工作人员都需要了解婴幼儿意外伤害的预防方法，以及在出现意外情况之后，如何在第一时间进行及时的处理。

临床统计显示，异物伤害、跌倒伤、溺水、烧烫伤、中毒和道路交通伤害是最为常见的几类意外伤害。发生意外伤害是每个人都不愿意看到的，但是在意外发生以后，监护人要学会从容面对、及时处理。处理婴幼儿意外伤害事故应遵循以下原则：

第一个原则是必须要抢救生命。当患儿在生命体征发生危象的时候，比如呼吸、心跳微弱甚至趋于停止，应该立即在现场展开心肺复苏、人工呼吸，还要控制大出血、解除呼吸道梗阻等。

第二个原则是要减轻患儿的痛苦。烧伤、骨折等严重的创伤会给孩子们带来非常剧烈的疼痛感，甚至会让孩子休克。现场抢救的时候要及时转运，在转运过程中动作要轻柔，措施要得当，语言要温和，要给患儿相应的心理上的支持，尽量减轻患儿的痛苦，必要时还要给患儿使用镇静类的药物。

第三个原则是要预防并发症的发生，例如骨折和伤口的二次污染。

岗位操作

婴幼儿环境安全教育

1. 活动准备

（1）提供若干安全行为与危险动作的图片，如：“互相用树枝打闹”“在人少的操场上扔飞盘”等。

（2）提供若干安全物品或危险物品的实物或卡片，如：空药瓶、易碎物（卡片）、尖锐物（卡片）等。

2. 活动过程

（1）引导婴幼儿分组感知讨论，引起婴幼儿对安全问题的重视。

1）出示婴幼儿户外活动时的图片并提问：图上有谁？他们在玩什么？你觉得他们这样玩好吗？也许会发生什么事？（会摔跤、会打痛、会从玩具架上掉下来等）那你觉得应该怎么玩，小朋友才不会发生这样的事呢？（引导婴幼儿大胆交流）

2）帮助婴幼儿整理生活经验，了解避免危险的方法，如：不到危险的地方去；不玩危险物品（如鞭炮、玻璃）；正确使用玩具、工具（如剪刀）；不追逐打闹；等等。

（2）寻找教室里的不安全因素。

教师：刚才，我们看的是小朋友在外面活动时不安全的行为或遇到的危险事物，其实，在我们的教室、午睡室、卫生间里都有许多不安全的地方，如教室里的黑板、桌椅、装水的茶桶等，如果……

小朋友两两结伴去寻找教室里有什么地方是不安全的。找到不安全的地方后，为不安全的地方贴上红色警告标记，提醒孩子们注意。

3. 活动结束

婴幼儿集体或分组操作实践，利用日常生活场景或创设特定情景，让婴幼儿学习保护自己身体安全的行为。

操作解析：安全是婴幼儿一切活动的前提。照护者要教育婴幼儿懂得注意安全，保护自己，不做危险动作，并养成一些简单的安全行为习惯。

第二节　婴幼儿居家与出行安全

岗位情境

3 岁的幼儿小甲一次随母亲上街，在超市买了一只彩色的小足球。他在街上就玩了起来，玩着玩着，球从人行道滚向了路中央，小甲不顾一切地奔向足球。这时，一辆电动车迎面驶来，将小甲撞倒，经过抢救，虽然保住了性命，但股骨粉碎性骨折，留下了终身残疾。

上述情境中体现的是婴幼儿安全照护的重要性。本节内容以婴幼儿居家与出行安全为主题，主要探讨以下问题：从哪些方面做好婴幼儿居家安全照护？婴幼儿出行安全照护包括哪些内容？

岗位知识

婴幼儿生性活泼好动，喜欢探索，对周围的世界充满了好奇，但他们往往缺乏常识和自我保护的意识，容易出现意外事故。数据显示，0～3 岁为婴幼儿居家意外事故的高发年龄段，占意外事故总数的70%以上。国际婴幼儿安全组织的调查显示，61%的婴幼儿意外伤害事故发生在家中，其中跌倒或坠落占 25%，烧伤或电伤占 16%，锐器伤占 9%左右。与此同时，超过 70%的家长都不会定期对居家环境安全进行检测，其中 80%的家长不知道如何进行居家安全检查。而婴幼儿的大部分时间恰恰是在家里度过的，因此，保证婴幼儿居家环境的安全是每一个家长和托育工作者必备的技能。

一、婴幼儿居家安全照护

（一）衣物安全

（1）婴幼儿衣物切忌带有长绳，避免缠绕。

（2）定期检查婴幼儿衣物上的纽扣，要确保牢固。

（3）婴幼儿衣物在穿着前要检查颈部、手臂、腿部、腰部、胸部松紧是否合适。

（4）婴幼儿衣物最好选用纯棉织物制作。

（5）婴幼儿衣物上不能有松散的线，以免缠绕住婴幼儿的手指与脚趾。

（二）婴幼儿玩具安全

（1）婴幼儿玩具不应是尖锐、易碎、易裂开或细小容易吞下的。

（2）婴幼儿玩具不能带有长线或长绳，避免缠绕。

（3）婴幼儿玩具应无毒，涂层非为以铅质为底的油漆类。

（4）婴幼儿玩具重量应轻，不要让婴幼儿玩重得会对其构成伤害的玩具。

（5）木制玩具必须非常光滑。

(6) 不能让婴幼儿玩长发披肩的娃娃，或内有填塞物可能会被婴幼儿掏出的玩具。

(7) 不可让婴幼儿玩能发出高噪声的玩具，以免惊吓到婴幼儿，甚至造成婴幼儿听力障碍。

(8) 内部有铁丝、长钉或灌有液体物质的玩具不能让婴幼儿玩。

(9) 可以抛射的玩具，如标枪、飞盘等不能让婴幼儿玩。

(10) 婴幼儿玩具应做到随玩随取，玩后随时收拾。

(三) 家庭宠物安全

(1) 不能让婴幼儿单独和宠物玩，禁止宠物与婴幼儿一起睡觉。

(2) 不要让婴幼儿给宠物喂食，宠物的食品、污物、碗盘要放在婴幼儿触摸不到的地方。

(3) 不能让婴幼儿接触有跳蚤或有疾病的宠物。

(4) 宠物休息处，如鱼缸、鸟笼、松鼠笼及相关物品要放置于婴幼儿触摸不到的地方。

(5) 婴幼儿车、床、摇篮上要加网罩，以保护婴幼儿不受宠物伤害。

(四) 厨房安全

(1) 教导婴幼儿绝对不可以去摸炉子、煤气灶，不管你是否正在煮东西。

(2) 烹饪时，最好把烹具的手柄向内摆置，以免被碰翻而伤及婴幼儿。

(3) 检查烤箱、微波炉绝缘层的性能，保证不会导热或导电，此类用具用完后要随时切断电源，并加以保护。刚从烤箱中拿出来的烤盘、食品千万不可以放在婴幼儿可摸到的地方。

(4) 厨房中的各种刀具、烹饪用具及相关尖锐器具、易碎的器具要存放于高处，避免婴幼儿触摸到它们。

(5) 各种洗涤剂、去污剂要存放于高处，水槽下低矮的储物柜要随时加锁。厨房中的杂物要随时清理。

(6) 装物品的各种塑料包装，用后要随时丢掉或存放于安全处，切不可让婴幼儿触摸到。

(7) 引火器材、桌巾、盘、碗、碟等要存放于高处。

(8) 厨房中切忌存放各种有毒物品或药品等。

(五) 居家安全看护

(1) 所有房间的电插座都要加防护罩，电线要固定在婴幼儿触摸不到的地方；各种电器的电源线、导线要固定好，使婴幼儿无法牵动。各种取暖或加热器、炉灶等均要装设安全防护措施。

（2）婴幼儿床及各种家具要固定牢固，尤其是桌、椅、板凳要避免婴幼儿爬上后摔伤。家具的边角要光滑，均以圆角为好，或者在角上包上海绵、防撞角等物。婴幼儿床要安放在远离电插座即有电源的地方，同时要远离灯具、窗户、电器、暖气等，婴幼儿床上方不能有悬垂物。

（3）无成人陪伴时婴幼儿床上最好不放枕头、被子、床单、围巾等，更不能将宠物放进婴幼儿的床上或摇篮里。

（4）禁止将婴幼儿放在无安全防护设施的高处；窗户、阳台栏杆要密且高，住高层建筑的禁止抱婴幼儿从无栏杆的阳台、窗前向楼下观望。

（5）开关门窗要小心，避免夹到婴幼儿；各种家具抽屉用后要上锁，冰箱在不用时要随时锁住，以防止夹伤婴幼儿。

（6）各种药品、婴儿爽身粉、洗发膏、洗涤剂、消毒剂、开水或盛开水的容器、各种引火器具，以及一些较为贵重的物品等，一定要存放于婴幼儿绝对触摸不到的地方。给婴幼儿洗澡时，要先放凉水，再放热水，以免不注意导致婴幼儿被烫伤。

（7）绝对禁止让婴幼儿独自一人进食花生、瓜子、带核果品、带刺（骨）食品、各种豆类等。此类小件食品要存放在婴幼儿触摸不到的地方。

（8）室内地面要防滑，要确保无活动的地板砖、地毯。最好不使用玻璃制品或带有尖角的装饰物，以免伤及婴幼儿。

（9）各个家庭的情况不同，但看护婴幼儿的关键就在于保证婴幼儿安全。因此，任何对婴幼儿可能产生危害的因素都应避免。

二、婴幼儿出行安全照护

（一）出行前准备

1. 衣着要求

（1）衣服。婴幼儿的皮肤细嫩，容易损伤，衣着应简单、宽松、质地柔软，以纯棉或棉质衣料为主，吸湿性、吸水性和透气性良好，易穿脱且不影响四肢活动。

（2）鞋子。鞋子应选择具有优良的透气性和吸汗功能的，根据婴幼儿脚的肥瘦、宽窄来选择合适的鞋子，还应注意鞋底的软硬、厚薄，是否防滑、轻便等。婴幼儿 7～8 个月学步之前，不会扶站，穿鞋的目的是美观或者保暖，所以夏天和室内温度较高时可以赤脚，或者穿宽松的软底鞋，以棉布缝制或绒线编织为宜。学步时，选择底部软硬结合的鞋子，鞋底前1/3为软底，后2/3为硬底，并选择防滑底。鞋子穿上后，脚趾前留0.6cm的空隙。

（3）袜子。应该选择纯棉袜，款式、尺寸要符合婴幼儿的脚形，袜腰适当宽松些，注意袜子里面的线头是否过长、过多，以免线头缠住脚趾，发生缺血导致组织坏死。

2. 童车准备

（1）童车选择。1岁内婴儿多选择坐卧两用多功能童车。这类童车体积较大，功能较多，靠背可以给婴儿当床、当摇篮，也可以把靠背扶起，让会坐的婴儿坐着玩耍；1岁以上的幼儿选择小轮便捷式折叠童车更安全，如伞柄式童车，打开后是帆布座椅，折叠起来像大伞，非常轻便。

（2）童车安全检查。出门前首先检查童车的安全性，确定其各功能正常，没有松脱和破损的部分，检查是否有婴幼儿可能触及并塞进嘴里的松动物件，确保轮子、安全带及其他配件均处于安全良好状态，不存在危及婴幼儿安全的可能性。

（3）使用童车安全注意事项。婴幼儿坐在童车里，面部不可用尼龙纱巾遮盖住；车架上面的玩具要固定好，以免砸落在婴幼儿头部，定时检查螺母、扣环有无松动；如童车可以折叠，把婴幼儿放入车内后应固定好开关，并保证婴幼儿触及不到开关；当婴幼儿能够独立站起时，应扎好安全带，以免其摔出车外。

3. 婴幼儿汽车安全座椅准备

选择乘坐私家车外出时，不能简单地将婴幼儿安排在普通成人座椅上，而应使用儿童安全座椅。体重低于9kg的婴幼儿，应使用脸向后式且倾斜45°的儿童安全座椅，将安全带置于较低的狭槽内，与肩齐或比肩略低，将安全带夹头的顶部系在腋窝的位置；体重在9～18kg的婴幼儿，应使用脸朝前的高背式汽车座椅，将安全带插入指定的加固狭槽内，与肩齐或比肩略高，将安全带固定在腋窝的高度，保持安全带贴在身上；体重超过18kg的婴幼儿，使用安全带定位，加高座椅，将肩部安全带紧贴前胸系在肩部以上，确保不系到孩子的颈部、脸部和胳膊上。腰部安全带应贴紧大腿，不高过腹部。

（二）交通安全

1. 私家车安全

（1）开车注意不要超速，不要急刹车。

（2）车辆启动后，应锁好婴幼儿触手可及的门窗。

（3）任何情况下都不能把婴幼儿独自留在密闭的车厢内，以免发生危险。

2. 公共交通安全

（1）不要在人多拥挤的时候乘坐公交车，这样可能会挤伤婴幼儿，而且车厢内空气不流通、环境嘈杂，会使婴幼儿感到不安甚至哭闹。

（2）在乘坐公共汽车、地铁等公共交通工具的时候，一定要牵住孩子的手或抱着他。

（3）要依次排队等车，不要插队。

（4）从小教导孩子遵守公共道德，乘坐公共交通工具时不要站在座位上或在座位上跳来跳去。

3. 童车安全

（1）当婴幼儿坐到车内后应固定好安全带。推童车过马路时，先将童车推至斑马线处，等信号灯显示可以通行时再过马路。

（2）如停止行车时，要使用刹车功能，最好有两个刹车。

（3）不要在把手上悬挂过多的物品，以免童车向后倾倒。

（4）不要让婴幼儿单独留在车内。

4. 步行安全

（1）领孩子过马路时一定要牵住孩子的手，绝对不能让他自己过马路，绝对禁止靠近马路边玩游戏。

（2）以身作则，从小培养孩子的公共道德。过马路时，即使马路上一辆车都没有，只要是红灯，也要等到绿灯亮时再带孩子通过；且必须走人行横道、地下通道或过街天桥。

（三）户外安全看护

1. 公共场所安全

（1）进入公共场所要随时在孩子身边，并牵牢孩子的手，保证孩子时刻不离你的左右。

（2）要教育孩子不随便捡拾杂物，要远离污染区、危险区。

（3）严禁将孩子独自留在公共场所中游戏，更不能把孩子托付给陌生人看管。

2. 商场游玩安全

（1）商场护栏基本上是能够保护人的，但是不要让孩子攀爬护栏，家长抱着孩子的时候要注意远离护栏。不要让孩子在护栏周围逗留或奔跑打闹。

（2）在自动电梯关门的时候一定不要用手、脚阻止电梯关门，避免孩子被电梯门夹住。尽量站在电梯后侧，不要让孩子倚靠电梯门。

（3）乘坐自动扶梯的时候一定要注意安全，抱着孩子时尽量站在电梯中间；如孩子能够自己乘坐，要让孩子处于电梯中间，不要让孩子在自动扶梯上玩耍。乘坐自动扶梯的时候不要让孩子戴长围巾、穿过长的衣服，避免卷入电梯里面。

（4）玻璃旋转门也是经常会夹住孩子的地方，如果孩子不小心被夹住，后果不堪设想。家长带孩子出门进门的时候，一定不要让孩子急着往门里冲，不要用手推门。

3. 婴幼儿戏水安全

（1）不管在什么情况下，都不能让婴幼儿独自戏水。

（2）禁止年龄较大的孩子在婴幼儿附近做疯狂的拍水游戏。

（3）若将孩子放入游泳池玩耍，一定要先试一下水温，以水温在27℃左右为宜。

（4）若家中有游泳池，要确定泳池周围装有围挡及保护婴幼儿的安全锁。

4. 婴幼儿游戏区安全

（1）孩子进入游戏场所玩耍时，一定要先检查是否安全、卫生，是否有突出的锐利物。

（2）仔细检查游戏区是否有玻璃碎片、可入口小件物品。

（3）检查游戏用具是否安全可靠，是否适合孩子游戏。

（4）要确定在孩子游戏时一旦出现危情，有把握及时解救。

（5）当孩子游戏时，必须随时保持警惕，注意他的安全。

5. 庭院安全

（1）随时检查草坪与游戏区域，确保这些场所无危险物品。

（2）检查户外的井盖、洒水设施，整理庭院的工具，保证其均处于对孩子无危害的区域。

（3）检查婴幼儿的游戏器具是否牢固，保证没有松脱的螺栓或钳夹物，修补生锈之处。保证秋千的绳子或铁链牢固。

（4）消灭庭院中的昆虫。

（5）注意孩子企图吃草、树叶、泥土、蠕虫等杂物的动作，及时阻止。

婴幼儿出行的准备及注意事项

春天来了，你要带2岁的俊俊和3岁的媛媛外出游玩，此时你应该做好哪些准备？有哪些注意事项？

1. 做好出行准备

带婴幼儿出门前应先了解一下当日的天气、温度，并根据目的地的具体情况选择合适的交通工具。无论选择什么样的交通工具，都应该以婴幼儿的安全为前提。外出时婴幼儿大部分的时间都被背着、抱着或坐在童车上，所以一定要携带婴幼儿背带、童车来作为婴幼儿的交通工具。不管路途远近，尽可能备齐物品，以备不时之需。

（1）背、抱：小月龄的婴幼儿以背、抱为主，可以选择婴幼儿背带，这样可以腾出双手，做一些简单的活动和操作。

（2）童车：童车可以坐或躺，比较合适。

（3）乘车：避免在人多拥挤的时候乘坐公交车，以免挤伤婴幼儿。如果是私家车出行还需要配备婴幼儿安全座椅。

2. 婴幼儿出行注意事项

（1）不要将孩子交给任何陌生人照看。

（2）不要将孩子独自留在公共场所游戏，孩子要在视线以内并随时跟着。

（3）不要带孩子到任何有安全隐患的场所，如水池、马路、高台等。

（4）最好是去离家近、空气新鲜的地方，如果要去公共场所，例如商场、影院或超市等，应小心避免接触到有咳嗽、打喷嚏等明显疾病症状的人。

操作解析：作为婴幼儿照护人员，我们不仅要熟练掌握各种出行用具的选择与使用方法，还要注意保护婴幼儿的安全和健康，防止婴幼儿伤害事故的发生。

第三节　婴幼儿伤害预防与处理

岗位情境

在某托育机构，大家一起下楼去参加室外活动，明明在下楼时不小心踩空，从楼梯上摔了下去，导致胳膊和膝盖擦伤出血。

上述情境中体现的是婴幼儿跌倒伤造成的伤害。婴幼儿由于其年龄与生理等特点，易发生异物阻塞气道、跌伤等伤害，照护者掌握必要的婴幼儿伤害预防与处理知识，有助于婴幼儿的健康成长。本节内容以婴幼儿伤害预防与处理为主题，主要探讨以下问题：婴幼儿伤害发生的原因有哪些？托育机构应如何做好安全防护？婴幼儿常见的伤害有哪些？应如何进行婴幼儿常见伤害的预防与处理？

岗位知识

一、婴幼儿伤害发生的原因

（一）婴幼儿自我控制能力缺乏

婴幼儿时期是展现人类生命力的第一个重要阶段，此时婴幼儿智力迅速发育，活动能力快速发展，对事物充满好奇心，但其动作协调性及自我控制能力较差，同时缺乏防护意识，因此，婴幼儿时期成为意外伤害发生频繁的特定年龄阶段。

（二）我国婴幼儿照护人员安全认识及行为不到位

婴幼儿照护人员对伤害的认知不足和重视程度不够是婴幼儿伤害发生的重要原因。当婴幼儿活动环境中存在危险因素时，如果照护人员没有认识到危险因素的存在，就不会采取有针对性的防卫举措，就有可能发生婴幼儿伤害。不少意外事故都需要及时处理然后再将患儿送往医院，但由于经验和知识缺乏的缘故，很多照护人员在面对婴幼儿意外伤害事故时，不知道怎样处理或者进行错误处理，从而耽误了治疗的最佳时机。

目前，大部分家长对婴幼儿安全教育的重视程度远远低于对早期智力开发的重视程度，普遍缺乏安全意识与意外防范知识。监护人缺乏防止意外发生的意识和应对意外的必要知识，是造成婴幼儿意外伤害的一个重要原因。

（三）婴幼儿活动环境存在危险因素

婴幼儿活动区域的危险环境因素与婴幼儿意外伤害的发生有着直接关系，婴幼儿伤害干预应以婴幼儿活动环境安全为重点，为婴幼儿创设安全的生活和活动环境。

随着医疗技术水平的不断提高和群众保健意识的增强，出生缺陷、营养不良和疾病造成的婴幼儿死亡已得到有效控制，但意外伤害仍是21世纪影响婴幼儿身心健康、生命安全的重要因素之一。意外伤害是中国0～15岁儿童的首位死亡原因，婴幼儿时期又是意外伤害的高发年龄段。意外伤害不仅严重影响了受伤害婴幼儿的身心健康，同时也给家庭和社会带来了巨大的经济损失。因此，采取综合性干预措施，预防婴幼儿意外伤害，对提高人们的整体健康水平和生存质量、促进社会经济的健康发展具有重要意义。

拓展阅读

托育机构婴幼儿伤害预防

托育机构应当最大限度地保护婴幼儿的安全健康，切实做好伤害防控工作，建立伤害防控监控制度，制定伤害防控应急预案，重点开展五方面工作：第一，根据现有法律和相关规定要求，落实安全管理的主体责任，健全细化安全防护制度，认真执行各项安全措施。第二，排查并去除托育机构内环境安全隐患，提升环境安全水平。第三，规范和加强对婴幼儿的照护。第四，开展针对工作人员、家长以及幼儿的伤害预防教育和技能培训。第五，加强对工作人员的急救技能培训，配备基本的急救物资。

资料来源：国家卫生健康委办公厅．托育机构婴幼儿伤害预防指南（试行）．

二、托育机构安全防护

（一）人员安全

（1）各岗位服务人员须在县级以上卫生健康行政部门指定的医疗卫生机构进行健康检查，并取得健康合格证，机构在岗工作人员每年进行 1 次传染病方面的健康检查并合格。

（2）保育人员上岗前提供接受相关专业知识培训并考核合格证明，并取得急救证。

（3）保安员须由获得公安机关颁发的保安服务许可证的保安公司派驻，或应当经公安机关培训取得保安员证。

（4）厨师或食品安全管理员须取得食品安全知识培训考核合格证书。

（5）托育机构各岗位服务人员每年须自愿接受相关部门心理健康检查，心理健康不合格者无条件接受调岗或下岗。

（6）托育机构根据相关规定按比例配备足够数量的各岗位服务人员。

（二）设备安全

（1）寝室不设上下铺、不设床帘，床上用品无带子、绳子等，且有防掉落设施。

（2）桌椅尖角处要有圆弧处理，桌椅表面及婴幼儿可触及的隐蔽处，均不得有锐利的棱角、毛刺及小五金部件的锐利尖端。

（3）室内外活动场所地面经过软化处理，平整、干燥、防滑、无尖锐突出物，有棱角的墙面要有软包处理。

（4）楼梯间、阳台等有安全防护措施，如楼梯软装处理，安装防护栅栏、适合婴幼儿使用的扶手，阳台有防坠落措施等。

（5）机构主出入口、婴幼儿室内生活以及户外活动等区域安装视频监控系统，确保监控全覆盖，录像资料保存 30 日以上。

（6）配备一键式报警系统，且能正常使用。

（7）在符合《玩具安全》系列国家标准的厂商处购买玩具并有记录。

（8）自行设计的玩具需符合《玩具安全》系列国家标准。

（9）提供县级以上卫生健康部门指定的医疗卫生机构出具的符合《托儿所幼儿园卫生保健工作规范》要求的托育机构卫生评价报告。

（10）自行加工膳食的托育机构，提供由县级以上市场监督管理部门出具的食品经营许可证。

（三）环境安全

（1）托育机构的建筑设计符合相关要求。

（2）有县级以上消防机构出具的消防审批合格意见或消防检查合格意见。

（3）每季度至少开展一次各种形式的婴幼儿、服务人员、监护人安全教育，并有记录。

（4）每年至少邀请一次消防、公安等相关部门进行安全教育，并有记录。

（四）管理安全

制定完善的托育机构安全管理制度，包括日常安全管理制度、各类突发事件应急管理制度和演练制度等。

三、婴幼儿常见伤害的预防与处理

（一）异物伤害

1. 鼻腔异物

（1）症状表现。异物进入鼻腔初期会有单侧鼻腔轻微疼痛，患儿经常触碰或挖患侧鼻孔。合并鼻腔感染后患侧鼻孔流黄涕，偶尔伴有涕中带血，严重者患侧鼻背红肿，出现全身发热等症状。

（2）处理方法。若婴幼儿年龄过小或异物质地柔软，甚至已变质腐化不宜自行用钳取出时，不要慌张，也不要要求患儿尝试将鼻腔异物擤出，应立即到医院进行专业清理。对年龄较大的幼儿，异物较小者，可用手按紧没有异物的鼻孔，同时轻压另一侧鼻孔引导幼儿擤鼻，将异物擤出。还可以用棉花或纸捻刺激幼儿鼻腔，使其打喷嚏将异物喷出。经上述处理无效者应送医院用鼻镜看清异物大小、位置和深浅度，千万不要用手、镊子自行挖取异物。

（3）预防措施。

1）将小块食物、小件物品等可造成婴幼儿鼻腔异物的物品放在婴幼儿接触不到的位置。

2）使用玩具、婴幼儿用品等前后，检查有无零件、装饰物、扣子等破损、脱落或丢失。

3）婴幼儿活动需在照护人员视线范围内进行。

2. 气管异物

（1）症状表现。患儿出现剧烈的呛咳、呼吸困难、面色发紫的症状。

（2）处理方法。

1）拍背倒立法。此方法适用于 0～1 岁的婴儿。施救者一手虎口轻轻握住婴儿的脖颈，婴儿胸腹部朝下趴在施救者手臂上，身体向下倾斜，呈头低脚高姿势，另一手掌根拍婴儿的背部，迫使异物咳出。

2）胸部手指冲击法。年龄较小的婴幼儿还可以采用胸部手指冲击法进行急救。先让患儿仰卧于桌上或躺于施救者手臂上，面朝上，施救者立于一侧，用中指和食指放在患儿的剑突下和脐上的腹部，快速向上冲击压迫，直至异物排出。

3）海姆立克急救法。年龄较大的幼儿（一般两岁以上）可采用此法进行急救。让患儿坐立或站立，施救者站在患儿身后，双臂环绕幼儿腰腹部，一只手握拳，拳心向内按压幼儿的肚脐和肋骨之间的部位，另一只手握住拳头，有节奏地向上、向内推压，通过气流迫使异物咳出。异物被迫咳出体外，可能会对人体造成伤害，若有不适感，仍需就医诊治。

（3）预防措施。

1）引导婴幼儿养成良好的饮食习惯，吃饭时细嚼慢咽、保持安静。

2）婴幼儿食用坚果、硬糖、豆类食品时容易吞入气管，建议采用捣碎、煮烂或掰成小块的方法，在成人陪同下食用。

3）教育婴幼儿形成安全意识，勿将玻璃球、纽扣、硬币等物品放入口中。

4）给婴幼儿喂奶喂药时，注意入口量应适宜，避免呛咳。

（二）跌倒伤

1. 症状表现

婴幼儿跌倒伤的部位和力度不同，受伤程度就会有所不同。婴幼儿在学走、跑、跳的过程中不可避免会出现跌倒伤，如学步阶段经常会出现站不稳、走不稳而跌倒的情况，这种轻微的跌倒伤不会有太大影响。若重伤伤及头部，导致脑内出血，会出现呕吐、嗜睡、头痛、全身无力等症状。若伤及四肢，会出现肿痛、哭闹不安等症状。

2. 处理方法

当受伤流血时，应采用压迫止血法立即止血。先观察患儿头部是否受伤，检查头部是否有肿块、意识是否清楚，出现皮下血肿可用凉湿毛巾或冰块进行冷敷，切忌用手揉搓，随后局部加压包扎，让血肿自然吸收，一般小血肿 1～2 周、大血肿 4～6 周即可吸收。若患儿出现反应迟钝、无意识、呕吐、痉挛等症状，应立即送往医院急救。

轻轻按压患儿四肢，检查是否有肿痛症状。若患儿哭闹不止、表情痛苦，可能为骨折，应拨打 120 急救电话，等待医护人员到来，将患儿送往医院进行诊断。同时，在救护人员到来之前，尽可能不随意搬动患儿。

3. 预防措施

（1）婴幼儿的安全座椅、学步车等常用物品应定期检查安全性能，婴幼儿座椅宜采用四角方正式样，加强稳定性。

（2）在室内婴幼儿常活动的空间铺上防滑软垫，减少跌倒伤风险。

（3）开展户外活动时，提前检查地面安全，观察地面是否存在图钉等危险物品。

（4）加强对婴幼儿的安全看护。

（三）烧烫伤

1. 症状表现

一度烧烫伤：表皮受损，局部皮肤发红，伴有灼痛感，无水疱。

二度烧烫伤：皮肤红肿，伴有剧烈疼痛感，出现水疱或肉眼可见的溃烂。

三度烧烫伤：皮肤严重受损，严重者伤及肌肉组织，皮肤出现发黑、发硬的现象。

2. 处理方法

冲：立即脱离火源或热源，用冷水冲洗烧烫伤部位 15～20 分钟。

脱：当烧烫伤部位有衣物时，应用消毒过的剪刀将衣物剪开，小心处理，不可硬扯。

泡：将烧烫伤部位浸泡在冷水中持续 30 分钟以上。若水疱已破裂则不可浸泡，用冰袋冰敷伤口周围，并立即送往医院。

盖：用消毒纱布盖住伤口，防止伤口感染。

送：若皮肤受伤程度为一度烧烫伤，涂抹烧烫伤膏即可，不用包扎，一周内可见好转。若烧烫伤较为严重，切不可自行挑破水疱，宜立即送往医院诊治。

3. 预防措施

（1）日常生活中不要让婴幼儿接触火源、热源，如烧水壶、燃气炉、烤暖炉等。

（2）给婴幼儿洗澡时，成人一定要先试水温以免水太热烫伤婴幼儿。用澡盆洗澡时，一定要先倒凉水，再倒热水，以免婴幼儿误入热水。

（3）开展安全教育，引导婴幼儿逐步形成安全意识，培养其辨别危险事物的能力。

（四）溺水

1. 症状表现

由于缺氧，溺水患儿会表现出神志丧失、呼吸停止及大动脉搏动消失，处于临床死亡状态。

2. 处理方法

撬开患儿牙齿，清除口腔内的污物，同时清除鼻腔内的异物。让患儿平躺，脸偏向一侧，按压患儿胸部或让患儿呈头低脚高姿势拍打背部，迫使患儿将水排出。若患儿仍未恢复意识，检查呼吸、心跳的情况。有心跳、无呼吸者，可做口对口人工呼吸；若心跳、呼吸均停止，则需进行胸外心脏按压和口对口人工呼吸。

（1）胸外按压法。

施救者使患儿平躺仰卧于平整、有硬度的操作台上，随后站立或屈膝跪坐在患儿的右侧，手掌掌根按压患儿两乳头连线中点胸骨中下 1/3 交界处。按压时，手指翘起不接触胸壁，手臂在手掌的正上方，肩、肘、腕在一条直线上，按压深度为胸壁前后径 1/3 或约 5cm，按压频率为 100～120 次/分钟。

对 0～3 岁患儿实施胸外按压时，切忌力度过大过猛，否则容易伤及肋骨。同时，按压要有节奏、用力均匀，注意观察患儿的状态，评估动脉搏动是否恢复正常。

（2）人工呼吸法。

当婴幼儿发生意外事故，呼吸骤停时，应实施人工呼吸急救。人工呼吸步骤如下：

第一步，清理患儿呼吸道，将患儿的头轻轻偏向一侧，小心清除口腔内分泌物、呕吐物或异物。

第二步，对于颈椎无损伤的患儿，将患儿的下颌抬高，仰面朝上，开放气道，下颌角与耳垂的连线与地面呈 60°。

第三步，捏闭患儿的鼻孔，同时张大嘴完全封闭患儿口腔，向里吹气，见到胸部略微隆起，便把嘴松开，同时松开捏患儿鼻孔的手指。吹气时，若患儿胸部无起伏，应该是施救者姿势错误或患儿呼吸道不通畅，应立即检查再进行人工呼吸。

第四步，单人胸外按压与人工呼吸次数之比为 30：2，双人为 15：2。连续完成 5 个循环或 2 分钟，摸患儿颈动脉确认脉搏是否恢复。

第五步，患儿出现呼吸且大动脉有搏动，将患儿头偏向一侧，让其侧躺进行休息。

3. 预防措施

千万不要把 0～3 岁婴幼儿单独留在浴盆、浴缸、水池、游泳池中或湖边、水渠边。在这些区域，即使婴幼儿在身边也不可大意，要保证婴幼儿始终在视线之内。

（五）中毒

1. 症状表现

若婴幼儿误服药物或其他非食用物品（如洗涤剂、杀虫剂、机油等），会引发恶心、呕吐、腹痛，严重者会呼吸急促、面色苍白，甚至出现痉挛、休克、昏迷的症状。

2. 处理方法

首先要催吐。家长可以用筷子、勺子或手指刺激孩子咽部，引发呕吐，如此反复 2～3 次。若刺激无效，可以先让婴幼儿喝下清水，再刺激引发呕吐。

发现婴幼儿误服后应及时催吐，若误服时间超过 3 小时，毒物已进入肠道，催吐就没有太大意义了，应立即前往医院诊治。

如果婴幼儿误喝的是汽油、煤油类物品，不能催吐，谨防发生窒息。

急救过程中，患儿因催吐产生的呕吐物与误服物应收集起来，方便医生仔细查验。

3. 预防措施

（1）家长应将药品及不可食用物品放置于婴幼儿拿取不到的高处。

（2）物品分类摆放并做好标记，避免混淆。

（3）因生病需要服药期间，应查验药物是否过期，谨遵医嘱，不可过量或混吃。

（4）引导婴幼儿辨别日常生活中的物品，教育婴幼儿什么可以吃、什么不可以吃。

（六）道路交通伤害

1. 症状表现

由于道路交通伤害致伤因素多，伤情复杂，患儿可能遭遇撞击、碾压、挤压、燃烧、爆炸等一系列伤害，因此遭受道路交通伤害的患儿可同时发生多种损伤，其症状表现各不相同。

2. 处理方法

立即拨打急救中心电话。通过呼叫患儿名字、与其说话来判断其是否仍有知觉，检查患儿是否完全清醒或是神志不清。如果是清醒状态，在情绪较为缓和后再做检查。如果昏迷不醒，则需要用手轻轻打开患儿的嘴巴，检查是否有飞溅入口的物体。查看是否还有呼吸以及失血和骨折情况。如果颈部或脊椎骨受伤，千万不可移动患儿。如果呼吸微弱或没有呼吸，应立即进行口对口人工呼吸。若是脉搏也停止跳动，则立即以心肺复苏法进行施救。

3. 预防措施

（1）私家车应使用儿童安全座椅。

（2）乘坐公共交通工具时，抱紧孩子，防止跌出窗外。

（3）过马路时由大人引领，教育孩子过马路应走人行横道、天桥等。

（4）平时教给孩子交通安全知识，让婴幼儿熟悉各种交通信号和标志。

（5）不要让孩子在马路附近追逐玩耍，特别是不要在公路边踢球、玩球，不可在车旁、车下玩耍。

（6）可以给孩子穿上颜色醒目的衣服和帽子，以提醒司机。

岗位操作

模拟演练抢救气道异物婴幼儿

2 岁的聪聪活泼好动，吃饭时仍和其他小朋友玩耍打闹，突然聪聪出现剧烈的呛咳、呼吸困难，此时你应该采取哪些急救措施？

1. 实施海姆立克急救法

让聪聪坐立或站立，施救者站在聪聪身后，双臂环绕其腰腹部，一只手握拳，拳心向内按压肚脐和肋骨之间的部位，另一只手握住拳头，有节奏地向上、向内推压，通过气流迫使异物咳出。在急救过程中若用力不当可能会对聪聪的身体造成伤害，若有不适感，仍需就医诊治。

2. 安抚婴幼儿并进行安全教育

（1）危险解除后安抚聪聪及其他小朋友的情绪，缓解婴幼儿的紧张、不安等情绪。

（2）对孩子们开展相关安全教育，告诉他们吃饭时要保持安静，不可玩耍打闹，大声喧哗。

操作解析：作为婴幼儿照护人员，我们不仅要熟练掌握各种意外伤害的急救处理方法，还要注意保护婴幼儿的心理健康，培养婴幼儿的安全意识，防止婴幼儿伤害的发生。

证书标准

根据《国家职业技能标准　婴幼儿发展引导员》（职业编码：4－10－01－01），本章对应四级和三级的部分工作要求，如表 6－1 所示。

表 6－1　婴幼儿发展引导员标准及要求

级别	职业功能	工作内容	技能要求	相关知识要求
四级	2. 照护引导	2.3 安全防护	2.3.1 能指导看护人排查婴幼儿居家安全隐患 2.3.2 能指导看护人排查婴幼儿出行安全隐患 2.3.3 能指导看护人注意婴幼儿饮食安全 2.3.4 能指导看护人注意婴幼儿用药安全	2.3.1 婴幼儿居家安全知识 2.3.2 婴幼儿出行安全知识 2.3.3 婴幼儿饮食安全知识 2.3.4 婴幼儿用药安全知识
三级	2. 照护引导	2.3 安全防护	2.3.1 能指导看护人及时发现并制止婴幼儿可能引发危险后果的行为 2.3.3 能指导看护人预防与紧急处置婴幼儿烧烫伤、窒息、触电、创伤、鼻出血、动物咬伤等意外伤害	2.3.1 危害婴幼儿安全的常见行为与处理方式 2.3.4 婴幼儿意外伤害的处理方法和注意事项

录像观察

这段录像展现了托育园老师带领小朋友去户外活动的场景，老师在活动中给予了小朋友们充分的安全照护。

托育园户外活动安全照护

问题：

1. 录像中的托育园老师采取了哪些安全照护措施？
2. 对于托育机构室内活动，应做好哪些安全照护？

关键术语

婴幼儿伤害	异物伤害	跌倒伤	烧烫伤
溺水	中毒	道路交通伤害	

课后思考

1. 假如婴幼儿发生气管异物伤害，应如何处理？
2. 假如婴幼儿发生溺水，应如何紧急抢救？
3. 在居家环境中，应注意哪些婴幼儿安全防护措施？
4. 在托育机构中，应注意哪些婴幼儿安全防护措施？

技能演练

1. 技能练习——实际情境问题

课间活动时，2 岁半的果果趁无人注意去玩饮水机，不小心打开了热水开关，手被热水烫伤，哭闹不止。如果你是果果的照护人员，你打算如何进行处理呢？

2. 技能提升——急救演练活动

[活动目标]

（1）熟练掌握婴幼儿烫伤急救措施。

（2）培养照护人员及婴幼儿的安全防护意识。

[活动背景]

2 岁半的果果手被热水烫伤，哭闹不止。

［活动过程］

（1）立即进行急救处理。

立即带果果及其他婴幼儿远离饮水机，将果果带到洗漱间，用流动冷水冲洗烫伤部位15～20分钟。安抚果果或用其他事物转移其注意力，同时观察烫伤严重程度，如没有水疱，则为一度烫伤，冲洗结束后涂抹烫伤膏即可。如皮肤表面有水疱，冲洗结束后切不可自行挑破水疱，宜立即送往医院诊治。

（2）安抚婴幼儿并进行安全教育。

危险解除后安抚果果及其他婴幼儿的情绪，缓解婴幼儿的紧张、不安等情绪。

对婴幼儿开展相关安全教育，告诉婴幼儿不可在没有大人看护的情况下接触饮水机、热水壶等危险物品。

［活动评价］

（1）是否能在婴幼儿发生烫伤时进行正确的处理。

（2）是否能够注意婴幼儿的情绪安抚及安全意识培养。

［活动记录］

（1）急救过程：______分钟。

（2）事后婴幼儿情绪：A. 较好　　B. 适中　　C. 较差

［家庭方案］

和家人沟通，帮助果果缓解其紧张、恐惧情绪，和家长一起培养果果的安全意识。

［活动提示］

（1）注意随时观察，在婴幼儿发生意外时及时处理。

（2）注意婴幼儿的情绪安抚和安全意识培养。

（3）和家长合作，共同照护婴幼儿。

第七章　婴幼儿活动环境安排与互动

学习目标

知识目标

1. 了解婴幼儿活动环境的规划。
2. 熟悉婴幼儿活动玩教具的准备。
3. 掌握婴幼儿感觉互动游戏的设计。

技能目标

1. 能够根据婴幼儿年龄阶段规划与设置不同的活动环境。
2. 能够根据婴幼儿实际情况选择与应用不同的玩教具，灵活运用活动区玩教具的投放要点及管理方法。
3. 能够在实际情境中设计不同的婴幼儿感觉互动游戏。

素养目标

1. 树立“以婴幼儿为中心”的意识，培养职业责任感和价值感。
2. 关心婴幼儿心理发展，培养关爱婴幼儿、富有爱心的优秀品格。

学习导图

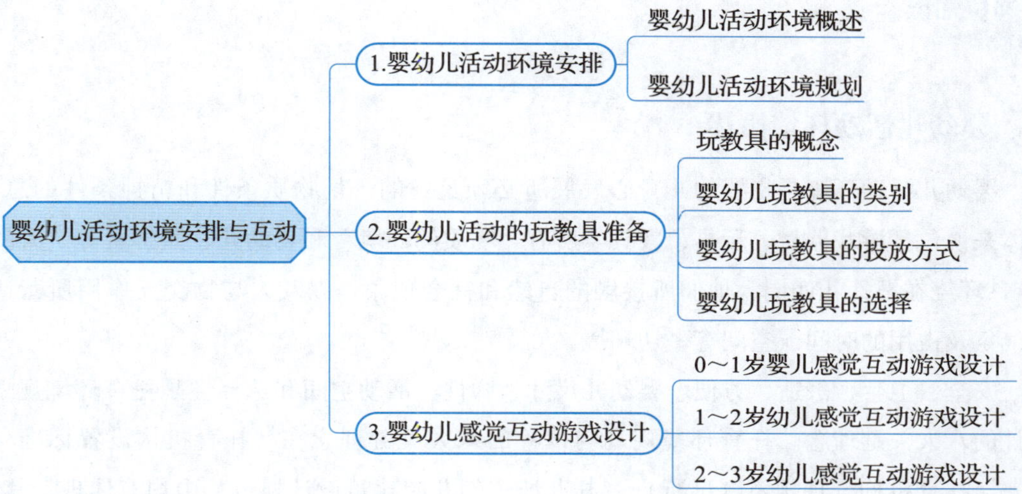

第一节　婴幼儿活动环境安排

岗位情境

7个月的甜甜是托育机构里面最小的宝宝，其他宝宝都在1岁以上，但甜甜所在的托育机构未设置婴儿的专属照顾区域，甜甜每次如厕、睡觉都需要和1岁以上的幼儿共用一个区域，导致甜甜睡觉时经常会被其他年龄稍大的婴幼儿吵醒，生活作息也变得不规律。小王老师与其他老师共同设计了一个方案，把婴幼儿的室内活动区域划分成了0～1岁、1～2岁、2～3岁专用区域，并结合照明、噪声、色彩等因素，对室外活动区域也重新做了相关设计，不同月龄的婴幼儿生活作息不规律等现象大大减少了。

上述情境中体现的是合理安排婴幼儿活动环境的重要性。本节内容以婴幼儿活动环境安排为主题，主要探讨以下问题：婴幼儿活动环境安排要素包括哪几个部分？如何规划室内外活动环境？怎样针对不同年龄阶段的婴幼儿进行功能性空间的规划设置？照明、色彩、噪声对婴幼儿活动环境安排有哪些影响？

岗位知识

一、婴幼儿活动环境概述

婴幼儿活动环境是指婴幼儿身心发展所必须具备的一切物质条件和精神条件的总和。具体来说包括游戏器材、玩具、教具等所有“物质的环境”和婴幼儿、照护者等“人的环境”，环绕在婴幼儿四周、他们所接触的自然和社会现象，以及人与物交互作用所营造出的气氛及占用的时间、空间等一切环境。

安全、卫生、舒适、方便、婴幼儿尺寸、弹性、活动空间和选择性是托育环境规划与设计的八大关键理念。托育环境规划与设计的八大关键理念在《托育机构设置标准（试行）》《托育机构管理规范（试行）》《托儿所、幼儿园建筑设计规范》中均有体现，其中，安全与卫生是婴幼儿托育机构环境建设的重要审核和监察标准。

二、婴幼儿活动环境规划

（一）室内功能性空间的规划

1. 0～1 岁

洗手间：需要设置更换尿布的区域，设置专门的冲淋设备、洞洞板（用于收纳洗漱用品）、婴幼儿抚触区、卫生用品专用区、消毒区、壁挂式垃圾桶等。

护理区：需要舒适、安静的喂奶、抚触环境。

餐饮区：需要给较大的婴幼儿提供高度合适的椅子和桌子。

睡眠区：利用婴幼儿床将睡眠区划分出来。

活动区：给已经能够自由移动的婴幼儿提供开放性的活动空间，这个区域必须要与不能自由移动的婴儿区隔开。在这个区域中，可以设置比较低矮但稳固的橱柜，让婴幼儿可以自行扶持；提供一些可以抓取的素材，最好可以经常更新，以适应婴幼儿不断发展变化的需求。

2. 1～2 岁

洗手间：更换尿布的区域需要与学步区相邻，洗手间必须设置收纳空间、小马桶、洗手槽、个人盥洗用品（牙刷、洗脸毛巾、牙膏、梳子等）、可以储物的小凳子、防滑地垫。

护理区：需要舒适、安静的喂奶环境和稍大的行走空间。

餐饮区：提供矮椅子、矮桌子。

睡眠区：设置易于使用的、符合婴幼儿睡眠方式的床。

活动区：需要设置开放性的活动空间；设置低矮、稳固、开放式的书架，便于随时拿取书籍；设置戏剧表演区、积木区、玩水区、沙坑、音乐区、操作区、安静区、艺术区、数学与科学区等。

3. 2～3 岁

洗手间：需与学龄前幼儿的学习区相邻；设置储藏空间用来存放个人盥洗用品（牙刷、洗脸毛巾、牙膏、梳子等）；设置小马桶、洗手槽。

餐饮区：提供矮椅子、矮桌子，并将桌椅围成不同小组。

睡眠区：设置易于使用且收纳方便的摇床；为那些较晚就寝的婴幼儿与较早起床的婴幼儿设置安静区。

活动区：设置开放性的活动空间；设置低矮、开放式的书架，便于随时拿取书籍；设置戏剧表演区、积木区、沙坑、玩水区、音乐区、木工区、操作区、安静区、写作区、创作艺术区、数学与科学区，以及可以移动的收纳设备。

（二）户外功能性空间的规划

户外游戏空间应当是室内游戏空间的自然延伸，在户外空间规划中，应注意以下问题。

1. 收纳问题

婴幼儿空间收纳需要遵循“有序性”和“开放性”原则。收纳设施作为辅助型功能设施，大多会依附在需要提供的游戏材料多样、婴幼儿活动使用频繁的区域。同时，也要综合考虑建筑、围墙周边环境情况，为婴幼儿挑选合适的收纳位置。

2. 安全问题

金属材质的溜滑梯不能在户外使用。在炎热天气下，金属材质容易造成灼伤。

封闭式的通道不能在户外使用。因为很难看到通道里婴幼儿的举动，不易监控管理，容易发生危险。

在户外使用跷跷板时全程应当有大人的陪同。在使用跷跷板的过程中，一旦其中一位婴幼儿突然地站起，另一位婴幼儿会很快地跌落，若有婴幼儿过于靠近也很容易受伤。

在户外使用弹簧式的骑坐玩具时全程应当有大人的陪同。婴幼儿很可能在摇晃的过程中被甩出或弹出，或是被弹簧夹伤手指。

使用滑梯、秋千、攀爬设备等时应在托育人员的指导下进行。此类设施下方通常都会事先铺上木屑、树皮碎屑或橡胶软垫等，造成割伤或擦伤的可能性较大。

3. 空间的分隔问题

（1）0～1岁。

户外活动空间必须设有一个独立且安全的区域，并与其他区域隔离开来。

1）柔软与舒适度。草皮、爬行专用垫的表面要整洁、平滑；座位区物品，例如小方形椅、软泡棉椅、毛毯、枕头等应该柔软舒适。

2）颜色的一致性和协调性。若色彩运用得当，可以在不同的活动中吸引婴幼儿的注意力，但是色彩运用不当往往会出现相反的效果。例如，在天气晴朗时，使用刺眼或明亮的三原色（红、黄、蓝色），很容易让人分心、心浮气躁。

（2）1～2岁。

空间应当相对封闭，以保证学步儿不被移动较缓慢的婴儿和已经学会较多动作技能的学龄前幼儿所干扰，可以让他们主动地去探索环境。

1）空间的位置。学步儿活动空间的理想状态是位于婴儿区与学龄前幼儿区之间，并且是相对封闭的状态，这样可以鼓励学步儿轻松自然地过渡为学龄前幼儿，同时可以提供很多机会让学步儿与另外两种不同年龄层的婴幼儿沟通。

2）空间的多样性。移动可以刺激婴幼儿的感知能力，为了适应学步儿的需求，其学习空间也必须讲求多样性。例如，沙坑：婴幼儿可以挖掘或跳进去；开放式的草皮区：婴幼儿可以奔跑，或在草皮上翻滚、跳跃；道路：婴幼儿可以骑乘通行，或是推拉玩具车经过一些交通运输设施；山丘坡地：婴幼儿可以往上跑或往下跑，或是从上滚下；具有弯度的路段：用来引导婴幼儿骑乘玩具车转弯等。

（3）2～3岁。

室外空间的设置应体现多样性、生态性与可活动性。

1）多样性。活动环境要具备多元化的特性，以培养婴幼儿在表演游戏、建构游戏、创造性游戏方面的能力。

2）生态性。需要同时具备动态性与静态性，并且提供丰富的机会让他们能够去探索自然环境——树木、花卉、小鸟、昆虫、天气等随四季发生的变化。

3）可活动性。活动空间要大一些，能够允许进行比赛，如跳房子、跳高或戏剧表演；同时也要能够举办运动性竞赛，如足球、棒球、篮球、体操等。

拓展阅读

托育机构环境设置相关规定

第十五条　托育机构应当配备符合婴幼儿月龄特点的家具、用具、玩具、图书和游戏材料等，并符合国家相关安全质量标准和环保标准。

第十六条　托育机构应当设有室外活动场地，配备适宜的游戏设施，且有相应的安全防护设施。在保障安全的前提下，可利用附近的公共场地和设施。

资料来源：国家卫生健康委．托育机构设置标准（试行）．

（三）其他环境安排要素

1. 照明要素

照明设施在婴幼儿的成长中扮演了极为重要的角色。调查结果显示，在教室使用全光谱荧光照明，同时增进紫外线照射（直接受到阳光曝晒）会提高婴幼儿成长与发展的速度。各国的各大医院、疗养院等机构，已全面禁止使用非全光谱、冷色性白色荧光灯泡。托育机构的照明需求要多方面考量，设置的窗户面积至少要占墙壁面积的 20%。

2. 色彩要素

色彩可以描绘生命本身，唤起内在感受和记忆。色彩拥有自己的力量与语言，借由色彩，可以表达出愤怒、兴奋、平静、平衡、激动、鼓舞等沟通信息，也可以增进学习。

在婴幼儿环境规划中，色彩配置是必须要考虑的因素之一。在室内装潢上运用色彩来表现上面提及的各种沟通信息，可以产生不同的力量和效果，如表 7－1 所示。明亮的色彩具有刺激性，也容易让人兴奋。温暖的淡色系则具有相反的作用，会让人感到冷静、淡定与放松。在婴幼儿环境规划中必须注意这两种色系相互搭配使用。

表 7－1　不同色彩对人体的影响与预期效果

色彩	影响	预期效果
粉红色	短暂的冷静效果	甜蜜温和、纯真，帮助肌肉放松
红色	刺激、兴奋	让人想触碰的颜色，易产生强烈的情感，以吸引注意力
橘色	生气勃勃、清心提神	使人情绪放松，但容易让人觉得口渴
黄色	开明	刺激记忆、有助思考与表达、增强预感和洞察力的敏锐度、思路更清晰

续表

色彩	影响	预期效果
绿色	放松、舒适、安静	让注意力集中、舒缓、有移情作用
蓝绿色	冷静、沉着	促进沟通、增强感知性与创造性
蓝色	镇静、冷静	让人有冷静的感觉，可靠、沉着，增强心理的控制度、创造性，有助思考清晰
紫色、靛蓝、紫蓝	冷静、抚慰	减少内心的自我对话、抚慰心灵、舒缓神经质、减轻情绪紊乱的症状
黑色	权力、神秘	激起好奇心、控制情景、个人化
白色	干净的、纯净的、纯真的	缓和情绪冲击、洗涤心灵、深思反省
灰色	自律的	规划行动、深思熟虑、自我控制、自信
咖啡色	温暖、舒适、可信赖的	自然、支持、隐退

3. 噪声要素

婴幼儿的发展，需要一个安静而舒服的生活环境。嘈杂的自然环境，对婴幼儿的正常发育有较大伤害。因此在规划婴幼儿活动环境时可以采用以下方法：

（1）使用吸音材质：在积木下方铺设地毯，在木工区的工作柜上铺一层泡棉，在草地上铺设软席。

（2）使用隔音物品，如地毯、软垫、草皮、带有软垫的隔板、隔音砖等。

（3）活动区与安静区分开。

（4）鼓励婴幼儿以适当的音量说话，并以身作则；利用音乐达到缓和功效；等等。

岗位操作

如何创设婴幼儿室内外环境？

8个月的佳佳被正在学步期的豆豆撞倒，并受了伤。为了解决这个问题，托育机构的小王老师想要对机构的活动空间根据不同年龄阶段婴幼儿的需求来重新做一下区分和规划。小王老师意识到了空间与区域设置问题，想要根据不同年龄阶段设置不同的活动区域，那么她该如何帮助豆豆这类处在学步期的宝宝创设室内外的活动环境呢？

（1）对于豆豆这类学步儿而言，生活和学习空间应当是相对封闭的，以保证其不被佳佳这类移动较缓慢的婴儿和已经学会较多动作技能的学龄前幼儿所干扰，可以让他们主动地去探索环境。

(2) 根据实际情况进行合理的空间环境规划，为鼓励豆豆这类学步儿轻松自然地转变为学龄前幼儿，其活动空间位于婴儿区与学龄前幼儿区之间是比较理想的。

(3) 根据托育中心的基本情况，在空间环境规划时注重空间设施的多样性，规划多种区域。例如，设置有弹性的表面、开放式的草皮区等。

操作解析：1 到 2 岁的幼儿在不断地学习如何控制身体，对外部环境也开始表现出强烈的兴趣，需要更大的空间来锻炼大肌肉运动技能。在规划这类幼儿的活动空间时，要细致地规划出益智区、大肌肉运动区、角色扮演区等让幼儿感受、探索和玩耍；要设置可以自由走动的室内外活动场地，放松幼儿的情绪；要提供光影沙水、树枝落叶、瓶瓶罐罐等，激发幼儿天然的好奇心与探索欲。

第二节　婴幼儿活动的玩教具准备

岗位情境

花花老师做了这样一个实验，她把拼图玩具、积木、娃娃、油画棒、涂色书、画板、书籍带到了游戏室，让 9 个月的欢欢、16 个月的媛媛和 3 岁的小宇一起玩，结果欢欢选择了积木，媛媛选择了娃娃，小宇选择了油画棒、画板和涂色书。

上述情境中体现的是不同年龄婴幼儿选择的玩具的不同。本节内容以婴幼儿活动的玩教具准备为主题，主要探讨以下问题：婴幼儿玩教具有哪些类别？婴幼儿玩教具的投放方式是怎样的？各年龄段婴幼儿玩教具的选择原则有哪些？

岗位知识

一、玩教具的概念

（一）玩具的概念

玩具是指提供给儿童戏耍用的物品。玩具是游戏的载体，是体现婴幼儿天性的工具，是婴幼儿认识世界的一个重要途径，婴幼儿可以在摆弄玩具中活动筋骨、在操作中认识世界、在探索中获得经验、在与同伴的共同游戏中学习交往。

（二）教具的概念

教具一般是指教学时用来讲解说明某事某物的模型、实物、图表和幻灯等的总称，主要用作教学的辅助物。婴幼儿教具是指在婴幼儿教育教学过程中，用于解决问题的模型和仪器等的总称。通过操作教具，有助于提高婴幼儿对认识外部事物的兴趣，锻炼和发展其运动能力、感知力、想象力、创造力等。

二、婴幼儿玩教具的类别

（一）婴幼儿玩具的类别

1. 社会性玩具

社会性玩具是指让孩子在游戏中模仿或扮演某个角色，借此认识物质世界的人或物的一类玩具。例如，人物或动物类玩具，可以让婴幼儿有假想的交际对象，找到情感依托；厨房餐具、用具类玩具，可以让他们学习生活的基本技能；学校、商店、医院等社会机构类玩具，可以让他们认识周边生活环境，通过玩耍的过程获取生活经验；钳子、螺丝、起子等劳动工具类玩具，可以让他们认识基本的劳动工具。

2. 认知性玩具

认知性玩具有助于孩子神经系统发育，能开发孩子智力、提高认识能力、丰富知识经验。例如，教育性玩具（又称教具），可教给婴幼儿特殊的技巧、观念等，包括福禄贝尔恩物、蒙特梭利教具、拼图、穿线玩具等；真实玩具（如沙、水、木材、面团、食物等），可让婴幼儿了解物体与物体的前因后果。

3. 活动性玩具

活动性玩具是指锻炼婴幼儿生理功能的一类动作性玩具，强调身体成长过程中肌体运动能力及人体各部位之间协调能力的培养，婴幼儿主要通过各种动作来操控玩具。例如，适合小肌肉发展的组合性玩具，如雪花片、智慧片、积木、平面或立体拼图等，以及手眼协调性玩具，如穿洞板、扣子板、叠叠乐等；适合大肌肉发展的玩具，如敲打台、软球、推拉玩具等。

4. 科学性玩具

科学性玩具是指具有科学规律的玩具，让婴幼儿观察和操作各种科学性玩具，可以启发他们的好奇心和求知欲，让他们获取自然界中的科学知识和生活经验。这类玩具种类繁多，题材多样化。

5. 语言类玩具

语言类玩具是指锻炼婴幼儿语言能力的一类玩具，婴幼儿通过听、说、读、写，可以学习正确发音、语言组织、口头表达。这类玩具主要包括各类识图卡片、读卡机、学习机、玩具书、绘本、字母符号盘、数理逻辑玩具。

（二）婴幼儿教具的类别

1. 教育性教具

教育功能是婴幼儿教具最显著的特征，教育性教具有助于婴幼儿智力、体力等各方面健康发展，能够引导婴幼儿正确认识未知世界，获得基本的生活经验。教育性教具主要包括训练婴幼儿触觉的教具、促进婴幼儿知识增长和智力增强的教具、促进婴幼儿健康成长和发育的教具、激发婴幼儿好奇心的教具、增强婴幼儿意志力的教具、开发婴幼儿想象力和创造力的教具等。

2. 娱乐性教具

游戏是儿童早期教育的基本活动，要把寓教于乐放在首位。具有玩具特性的教具是婴幼儿认识和感知外部世界的工具，更容易激发其学习的兴趣。

婴幼儿教具的娱乐性及趣味性，体现在玩耍的过程中，婴幼儿通过游戏获得快乐，开发思维逻辑和智力。教具的娱乐性主要体现在以下几点：第一，要有充分的创意性和想象性；第二，色彩要有强烈的视觉冲击力，能吸引婴幼儿的注意力，但要注意色彩搭配的协调，需符合婴幼儿审美；第三，造型要美观、大胆、夸张、特别；第四，可玩性要强，可以勾起婴幼儿的好奇心。

三、婴幼儿玩教具的投放方式

（一）选择玩教具的基本注意事项

1. 适宜的玩教具

（1）确认是否有安全玩具标章，应选择具有安全玩具标章且适用年龄标示清楚的玩教具。

（2）内含小对象玩具容易造成婴幼儿吞食的玩教具，如小型组合型积木、小型立体拼图，其直径应大于 3cm 或长度大于 5cm。

（3）选择纯布料、实心且外表光滑的填充玩教具，不选择毛绒玩教具，毛绒玩教具容易造成婴幼儿鼻过敏而气喘；内容物若为豆子、小塑胶球类，应注意接缝牢固不松脱，不选择海绵填充物。

（4）选择本身不易被咬碎、不掉漆、不易破、不易被拆解成细小碎片或零件、不易坏的玩教具。

（5）选择外表干净，无尖角、无锐利边缘、无涂漆剥落、无破损、无掉毛、无接合处脱线或裂开、无刺耳声或巨响的玩教具。

（6）选择易清洁消毒的玩教具，如材质可水洗、可热水高温消毒、可用酒精或消毒水擦拭消毒。

2. 不适宜的玩教具

（1）需接电源的玩教具，如插电式玩具风扇。

（2）长度超过 30cm，附有线、绳、弹性绳索，可系于摇篮、摇床或婴幼儿手推车上的玩教具。

（3）抛射体或发射强度过强可能导致其他婴幼儿受伤的玩教具，如炮弹飞车。

（4）有坚硬且尖锐角度的玩教具，如木制积木（木制积木虽具质感，但婴幼儿容易不受控制，恐有乱丢造成其他婴幼儿受伤的情形）。

（5）有小装饰品的玩教具，如衣服上有扣子或亮片的布娃娃。

（6）有螺丝的玩教具，因螺丝松脱后容易发生婴幼儿捡食及踩踏受伤。

（7）凹凸不平、不易清洗的玩教具。

（二）投放玩教具的基本注意事项

1. 玩教具种类

当玩教具的总体种类较少时，同种玩教具的数量投放要多，并且可随婴幼儿操作玩教具的熟练程度的提高逐渐增加种类。

2. 分类摆放

通过多种方式帮助婴幼儿自己摆放玩教具，培养秩序感。

3. 轮流更换

一段时间后可以将婴幼儿熟悉的玩教具收起来，在保证种类相同的情况下更换成其他玩教具，增加婴幼儿的新鲜感，提高他们操作玩教具的兴趣。

4. 自己取放

可以把没有危险性的玩教具放在婴幼儿自己能够拿到和放回的地方，由此加强婴幼儿独立性和良好行为习惯的培养。

四、婴幼儿玩教具的选择

（一）0～1 岁婴儿玩教具的选择

0～1 岁婴儿玩教具的选择要充分考虑其年龄特点，在 0～1 岁这个阶段婴儿身体和心理发展的速度比其他年龄都快，机体和神经系统的功能迅速发展，视觉、听觉和对声音的反应逐步完善。0～1岁婴儿玩教具的选择原则包括：提供色彩鲜艳的物品；适合婴儿看、听、吸吮、抓握。如表7-2所示。

表7-2　0～1岁婴儿玩教具选择的要素和特点

设计要素	具体特点
色彩	黑白或对比鲜明的颜色（0～3个月）；鲜艳明快的颜色（4～12个月）
形态	轮廓清晰、简洁，产品材质丰富
功能	能悬挂、能慢慢移动、能摇动、适合抓握（越轻越好）、适合踢打、易倒手、能发出悦耳的声音（丰富的自然声音）
安全性	无棱角、无易脱落的零件、零部件直径不小于4cm、材质安全

（二）1～2岁幼儿玩教具的选择

1～2岁幼儿处于独立行动能力迅速发展的阶段，手眼协调和精细动作的准确性有了极大提升。此时的幼儿喜欢模仿周围的人和事，喜欢可以敲敲打打的玩教具、推拉的玩教具、玩沙玩水的玩教具、简单的拼图玩教具等。1～2岁幼儿玩教具的选择原则包括：玩教具要有较强的活动性能，给幼儿提供更多动起来的机会；玩教具要有很大的创造空间，满足幼儿展现自我、随意塑造的需求；玩教具要具有教育意义，促进幼儿认知思维发展。如表7-3所示。

表7-3　1～2岁幼儿玩教具选择的要素和特点

设计要素	具体特点
色彩	温暖明亮、活泼鲜艳的色彩，如橙色、黄色、蓝色等
形态	造型夸张、抽象、有趣；材质抗摔，如木质、布艺、高质量塑料
功能	能调动幼儿大肢体运动的兴趣；能提升运动技能；能锻炼手部精细动作
安全性	无棱角、没有会脱落的零件、零部件直径不小于4cm、材质安全无毒

（三）2～3岁幼儿玩教具的选择

2～3岁的幼儿好奇心强、好动、行动能力比较强，喜欢装扮模仿各种角色行为，还喜欢拼插玩具、穿珠子、吹泡泡等游戏。2～3岁也是幼儿自我意识能力初步形成的阶段，要多为其创造与其他孩子一起游戏的机会，发展他们的社会交往能力。2～3岁幼儿玩教具的选择原则包括：玩教具涵盖的内容要广泛丰富，满足幼儿迫切了解这个世界的愿望；玩教具形态尽量设计得抽象有趣，给幼儿留有想象的空间，培养他们的创造力。如表7-4

所示。

表 7－4　2～3 岁幼儿玩教具选择的要素和特点

设计要素	具体特点
色彩	鲜艳、明亮、偏暖色调，如红色、黄色、绿色等
形态	多样化形态，材质以木质、布艺、高质量塑料为主
功能	能促进粗大动作和精细动作、语言和认知发展的玩具等
安全性	棱角不锋利、零部件直径不小于 2.5cm、材质安全无毒

岗位操作

如何进行玩教具的投放准备工作？

近日，托育中心新进了一批玩教具，包括响环、哗啷棒、积木、图画书、球、橡皮泥、镶嵌盒、穿珠、画笔等。小张老师作为托育中心新来的管理教师，对婴幼儿玩教具的投放方式与定期检核维护等规则不太了解，我们应该如何帮助他完成玩教具的投放准备工作呢？

1. 1～6 个月

响环、哗啷棒：这些玩具可以让宝宝很方便地抓握，同时还能发出声音，很容易引起宝宝的兴趣。特别适合 2～4 个月的宝宝玩。

积木：颜色鲜艳，形状各异，可以随意地堆积和拆解，变出很多花样来。积木的大小要便于宝宝抓握和操作。

2. 7～12 个月

图画书：对宝宝来说，图书也是玩具。从大把抓书，到一页一页地翻书，你可以看到宝宝小手精细动作发展的全过程。6 个月以上的宝宝会坐以后就可以“看”书了。

球：能滚动的、彩色的小球特别能够引起宝宝的兴趣。宝宝可以用手去抓、推、拍等。6 个月以上会爬的宝宝就可以玩球了。

3. 1～2 岁

球：可以单个玩，也可以按大小不同的顺序套在一起。对 1～2 岁的宝宝来说，这是一种可以变幻无穷的好玩具。

橡皮泥：宝宝可以随意揉、捏、挤、压，做出自己所喜欢的东西。这是锻炼小手指精细动作不可缺少的玩具之一。1 岁左右的宝宝就可以玩。

镶嵌盒：需要把形状对好，才能将零件放进去。这可以让宝宝在活动小手的同时认识不同的形状。特别适合 1.5～2 岁的宝宝玩。

穿珠：将一根绳子穿过一个一个小孔，这不仅需要手眼很好地协调运作，还需要集中注意力。宝宝 2 岁左右就能玩穿珠了。

操作解析：不同月龄婴幼儿的感官、审美观、记忆力、想象力及注意力不相同，对玩教具的需求也不同，教师要根据玩教具的基本特质和婴幼儿的发展阶段设置不同的游戏器具与空间。

第三节　婴幼儿感觉互动游戏设计

岗位情境

小美老师为锻炼多多（5 个月）大腿肌力以及腿部与眼睛协调的能力，将多多的腿抬高使其能准确地碰触到眼前物品，引诱多多用脚去碰触玩具。若多多无任何动作，小美老师则轻握住多多双腿，引导他用脚去碰触该玩具或物品；若多多能自己用脚碰触到玩具，小美老师就会给予多多赞美。

上述情境中体现的是婴幼儿感觉互动游戏场景。本节内容以婴幼儿感觉互动游戏设计为主题，主要探讨以下问题：如何根据不同年龄阶段婴幼儿的发展特点设计相应的婴幼儿感觉互动游戏？

岗位知识

一、0～1 岁婴儿感觉互动游戏设计

（一）0～3 个月婴儿感觉互动游戏设计

1. 0～3 个月婴儿发展特点

（1）感知觉发展。新生儿味觉和嗅觉相对成熟较早，如新生儿能用微笑、皱眉和伸舌

头来表示对甜、咸、苦的好恶。新生儿期的婴儿只能看到20cm左右的视程，前3个月的婴儿主要发展辨别能力。

（2）运动发展。0～3个月婴儿的动作发展主要表现为小手从握拳到松开，尝试有意识地去抓东西，颈部肌肉从完全无力支撑头部到俯卧时能抬头45°，四肢从随机、无控制的动作发展到可以有意识地抬臂、踢腿和翻身。

（3）社会交往的发展。0～3个月婴儿情绪、情感发展的主要表现为哭声的分化和社会性微笑的产生，0～3个月的婴儿已发展出对主要照护者的整体感知，将语言学习的重点放在语音的辨别、对语言交流整体情境的感知上。

2. 感觉互动游戏设计——给自己抱抱

（1）活动名称：给自己抱抱。

（2）活动目标：让婴儿能双手碰在一起。

（3）活动意义：2个多月左右的婴儿多数能做到双手碰在一起，成人可在日常生活中观察婴儿是否出现此动作。这个活动是为了帮助婴儿将双手伸展到胸前，练习双臂交叉的动作，进一步让婴儿感到身体的松弛。

（4）环境与材料：软垫、毛巾一条、色彩鲜艳（有声音效果者更好）可吸引婴儿注意的玩具。

（5）活动方式：

1）当婴儿躺着时，成人可双手交叉握着婴儿的双手前臂，然后将婴儿双手慢慢地拉至另一边的肩膀上，再让他用自己的手轻摸自己的胸部和脸部，好让婴儿能感觉到自己身体的存在，然后放松婴儿的双臂，观察后续婴儿是否出现类似动作。

2）成人可对婴儿说：“小宝，这是你的手手哦！”将婴儿抱直时也可观察婴儿是否出现双手互碰的动作。

3）本活动的观察重点为：观察婴儿的双手是否会合在胸前互碰。

4）如果婴儿能达到此活动目标，则可把悬吊玩具置于婴儿胸前，让婴儿主动将手伸到胸前去碰触该玩具。

（6）注意事项：对于无法达到此活动目标的婴儿，成人可把婴儿的手放到他可以看到的地方，促使他对自己的手产生注意及兴趣；然后，成人将婴儿的双手拉在一起到胸前互碰，过程中制造声音吸引他的注意及兴趣，并协助婴儿于一天当中多练习几次。

（二）4～6个月婴儿感觉互动游戏设计

1. 4～6个月婴儿发展特点

（1）感知觉发展。喜欢探索和游戏，感知觉发展更加精细化，感知觉的联合能力也更强，感觉统合能力开始发展，更喜欢用口腔来认识事物，发现自己的动作和外界是有关联的。

（2）运动发展。颈背部及腿部肌肉力量增强，可以自主左右两侧翻身，从被动移动转向自主移动，对外界的控制逐步增强。

（3）社会交往的发展。积极的情绪体验增多，更容易被逗笑，但往往会出现认生的现象，开始意识到发声可以开展交流。

2. 感觉互动游戏设计——谁在镜子里

（1）活动名称：谁在镜子里。

（2）活动目标：让婴儿对镜中的自己感兴趣。

（3）活动意义：镜子是让婴儿认识自己的一个很重要也很方便的媒介。本活动是利用镜子让婴儿看到自己的外貌，这是他认识自己的第一步，虽然此时婴儿并不知道那个镜中人就是他自己，但随着年龄的增长，他逐渐就能将镜中人物与对自我的概念整合起来。

（4）环境与材料：软垫、安全镜子一面。

（5）活动方式：

1）当婴儿具备俯趴时抬起头及颈部的能力时，可进一步协助婴儿练习此活动。

2）让婴儿俯趴在软垫上，在婴儿前方约 50cm 处放置一面镜子，引导婴儿抬头看镜子。成人可以对婴儿说："看看谁在镜子里？"

3）当婴儿注视着镜中的自己时，成人可引导婴儿说："那是谁？是小宝哦！这是小宝的手手！"

4）本活动的观察重点为：观察婴儿对镜中的自己有什么反应，会不会专心地注视镜中的自己或咿咿呀呀地对镜中的自己发出声音。

5）如果婴儿的反应良好，则可让婴儿看久一点，可利用婴儿看镜子的机会，让自己也出现在镜子中，然后呼唤婴儿的名字，让婴儿发现镜中的成人影像，然后到婴儿身边呼唤他，让婴儿看看真实的成人脸孔，借此让婴儿感受到镜中人和真实的人的不同。

（三）7～12 个月婴儿感觉互动游戏设计

1. 7～12 个月婴儿发展特点

（1）感知觉发展。对因果关系有了初步的认识，可以借助已经掌握的行为能力去解决问题，观察和模仿能力增强。

（2）运动发展。能够独立地坐，开始手膝爬，开始学习独立行走。手部动作除了继续精细化以外，还能在成人的引导下学习按照事物的属性操作，如拧瓶盖、剥糖纸、倒垃圾等。

（3）社会交往的发展。能听懂许多常用的语言指令，能配合家长穿衣、吃饭、洗澡，会发展手势语和体态语，能用更加精准的表情和动作表达内心语言。

2. 感觉互动游戏设计——站起来啰

（1）活动名称：站起来啰。

（2）活动目标：让婴儿能独自站立几秒，并能在协助下行走。

（3）活动意义：快接近周岁时，有些发展较好的婴儿已可以在成人或外物的协助下短暂站立或慢慢行走。会走以后，他们可以任意探索的范围更广了。因此本活动以鼓励婴儿站立及开始学习走路的技巧为主要目的，可以较好地发展婴儿全身的感觉统合。

（4）环境材料：

1）事先准备一个温馨安全的、利于爬行及学习走路的托育照顾环境。

2）准备色彩鲜艳，材质软且无毒，可供婴儿按压、操作及把玩的玩具。

（5）活动方式：

1）成人抱住婴儿腋下，将婴儿抱起成直立站姿。成人可让婴儿双脚碰地站立，但仍须抱持住婴儿，以防婴儿不慎跌倒，在此过程中成人应观察婴儿腿部的支撑力。

2）如果婴儿可以站稳，成人可尝试放开双手，让婴儿自己独立站立几秒，但成人应在旁边随时扶住婴儿，防止婴儿跌倒。如果婴儿腿部足够有力的话，也可以扶着婴儿练习走几步。

3）本活动观察重点是：观察婴儿是否能在协助下行走一两步，能否独自站立数秒。

4）对于可以独自站立的婴儿，成人可进一步鼓励他站着玩玩具；对于可以在站立时保持良好平衡感的婴儿，成人可鼓励其迈出人生中的第一步，开始慢慢学习走路。

（6）注意事项：对于无法达到此活动目标的婴儿，成人可在每次将婴儿抱直时，以手掌轻压婴儿脚底板，以刺激婴儿用力顶回的意愿（因为这是自然的反射），以增加脚底的力量。

二、1～2岁幼儿感觉互动游戏设计

（一）13～18个月幼儿感觉互动游戏设计

1. 13～18个月幼儿发展特点

（1）感知觉发展。喜欢探索，会关注客体的外在属性，能够理解客体间简单的因果关系，出现了惊人的模仿能力。

（2）运动发展。会熟练地行走、上下楼梯，能尝试跑步、踢球等，小手也有了更多功能性动作，即按照事物的特点操作它们，如搭积木、用大蜡笔涂鸦、翻书等。

（3）社会交往的发展。进入真正的语言发展期，能够用词与他人交流，喜欢看书。独立意识开始萌芽，对外界的人、事、物有更清晰的情绪情感回应，具备了最基本的生活自理能力。

2. 感觉互动游戏设计——照顾小娃娃

（1）活动名称：照顾小娃娃。

（2）活动目标：让幼儿对喜爱的玩偶表现出疼爱或照顾行为，对熟悉的成人表达好感（如拥抱、亲吻）。

（3）活动意义：幼儿出现可以安慰别人的举动时，表示他已有“同理心”，即可以理解他人的感觉及情绪，并适时做出安慰他人的动作。本活动的目的是培养幼儿的同理心及帮助他人的能力。

（4）环境材料：温馨安全的环境。

（5）活动方式：

1）准备一个洋娃娃或玩偶，让幼儿学习用不同的方式照顾娃娃，例如“娃娃在哭了，你抱抱娃娃”“娃娃肚子饿了，你喂娃娃喝奶”。

2）此活动亦可用在有其他婴幼儿在哭时，请幼儿去安慰该名婴幼儿，例如抱抱他或亲亲他（但要注意若幼儿有感冒时不宜）。

3）本活动观察重点是：观察幼儿平日是否会对熟悉的人表达好感。

4）对于能达到此目标的幼儿，可试着引导其去协助照顾年纪比他小的婴幼儿。

（6）注意事项：如果幼儿无法达到此活动目标，成人可拉着幼儿的手去轻拍其他正在哭泣的婴幼儿。

（二）19～24个月幼儿感觉互动游戏设计

1. 19～24个月幼儿发展特点

（1）感知觉发展。可以思考解决问题的方法，认知将从感知运动阶段发展到前运算阶段，进入典型的反抗期，占有、争抢行为增加。

（2）运动发展。肢体动作更加具有具体性，动作更加细致，如能走直线、踮起脚尖走路、一页一页地翻书、把珠子穿起来等。

（3）社会交往的发展。在与他人的对话中更主动，会用语言简单地谈论熟悉的人和事，可以辨别不同人的不同情绪，同时也建立了初步的用餐习惯。

2. 感觉互动游戏设计——喜怒哀乐

（1）活动名称：喜怒哀乐。

（2）活动目标：让幼儿能辨识并说出他人不同的情绪。

（3）活动意义：幼儿能够准确选出情绪图片，说明其初步具备了基本情绪的辨识能力，同时通过和成人的互动，有利于其积极情绪的构建和共情力的提升。

（4）环境材料：温馨安全的环境。

（5）活动方式：

1）准备一些喜怒哀乐的表情图卡。

2）成人先介绍这些表情代表的心情。例如，拿一个笑脸对幼儿说："我很高兴，我在笑！"

3）由成人说一种心情，让幼儿拿出代表此心情的图卡。例如，成人说："我很高兴，请你帮我找出笑脸娃娃。"

4）本活动观察重点为：观察幼儿是否能说出或辨识出不同的情绪。

（6）注意事项：如果幼儿无法达到此活动目标，成人可以和幼儿面对面，示范一些喜怒哀乐的表情。

三、2～3 岁幼儿感觉互动游戏设计

（一）2～3 岁幼儿发展特点

1. 感知觉发展

幼儿的认知发展正式进入前运算阶段，借助表象进行思维使其能够认识更抽象的符号体系，如数的概念，能够用实物或图形表征社会现实等，能够讲出许多常见物品的用途，也能够理解方位概念。

2. 运动发展

动作开始变得更加综合，技巧性开始表现出来。灵活性、平衡性增强，工具使用熟练化。协调能力和稳定性加强，能够应对大多数突发情况。

3. 社会交往的发展

能用语言简单介绍自己和家人，词汇量激增。对极端情绪的控制能力明显提高，在成人的引导下可以分享，也有简单的合作，知道自己是男孩还是女孩，更喜欢和同性别的伙伴一起玩。

（二）感觉互动游戏设计——一起丢布球

（1）活动名称：一起丢布球。

（2）活动目标：让幼儿能参与团体性的活动。

（3）活动意义：幼儿愿意和其他小朋友共同参与丢球和传球活动，表明其具有参与团队活动的积极意愿，如成人能够在活动中积极引导幼儿遵守共同游戏规则，有利于其团队合作意识的培养。

（4）环境材料：布球数个、温馨安全的环境。

（5）活动方式：

1）准备一些可握在掌心的布球，可对幼儿说："我们来丢布球啰！你会不会像我这样丢？"

2）准备一个篓子，请幼儿将布球丢进篓子里，观察幼儿能否与其他幼儿一起玩。

3）也可以进一步玩传布球的游戏，请幼儿坐成一排，将布球从第一个传到最后一个，观察幼儿能否配合参与活动。

4）本活动观察重点为：观察幼儿是否能参与团体性的活动。

（6）注意事项：如果幼儿无法达到此活动目标，成人可多示范几次，或请会操作的幼儿示范。

岗位操作

如何设计促进婴幼儿动作发展的游戏？

托育中心的花花 15 个月了，但是身体动作发展方面还不是特别协调。为了促进花花粗大动作的发展，托育中心的老师为花花设计了一个游戏。

活动名称：拉着玩具走。

环境与材料：利于学习走路的安全环境；色彩鲜艳，材质软且无毒，可供幼儿按压、操作及把玩的玩具。

活动方式：

（1）准备一种拖拉玩具（例如玩具火车或动物造型拖拉玩具），引导花花拖着玩具行走。老师可对花花说："带（小狗）去散步啰！"

（2）请花花帮忙拿东西，或将物品放在拖拉玩具上。

（3）本活动观察重点是：观察花花拿或拖拉物品行走时的稳定性。

（4）如果能达到此目标，可进一步引导她去主动探索环境。

注意事项：如果无法达到此活动目标，成人可扶着幼儿腋下，带着她练习“在成人的协助下行走”的活动，观察幼儿能否独自站立数秒、能否在协助下行走一两步。

操作解析： 通过拖拉玩具，设计游戏情境，引起幼儿兴趣，锻炼幼儿的上下肢协调能力，促进其粗大动作发展。

证书标准

根据《国家职业技能标准　婴幼儿发展引导员》（职业编码：4－10－01－01），本章对应四级和三级的部分工作要求，如表 7－5 所示。

表 7－5　婴幼儿发展引导员标准及要求

级别	职业功能	工作内容	技能要求	相关知识要求
四级	2. 照护引导	2.3 安全防护	2.3.1 能指导看护人排查婴幼儿居家安全隐患	2.3.1 婴幼儿居家安全知识
	3. 发展引导	3.1 动作发展	3.1.1 能指导看护人为婴幼儿创设有利于身体活动的环境	3.1.1 创设适宜婴幼儿动作发展环境的策略
		3.3 认知发展	3.3.1 能指导看护人为婴幼儿提供有利于视、听、触等感知觉发展的材料	3.3.1 婴幼儿感知觉发展的基本规律与特点
	4. 发展测评与咨询	4.2 环境评估	4.2.1 能指导看护人了解婴幼儿生活用品、玩具、图书、游戏材料等的配备要求	4.2.1 婴幼儿生活用品、玩具、图书、游戏材料等的配备要求
三级	3. 发展引导	3.1 动作发展	3.1.1 能指导看护人定期更换游戏材料，创设具有一定挑战性的身体活动环境	3.1.1 自制玩具创设运动环境的方法和技巧
		3.3 认知发展	3.3.2 能指导看护人鼓励婴幼儿探索周围环境	3.3.1 婴幼儿认知游戏的方法

录像观察

这段录像展现了托育园老师带领婴幼儿开展感统游戏活动的场景，包含教师示范、婴幼儿参与等整个过程。

托育园感统活动

问题：

1. 请分析录像中游戏活动的活动目标、活动意义、环境材料和活动方式。
2. 你还可以应用以上环境设计什么活动？

关键术语

环境安排　　　　玩教具　　　　感觉互动游戏

课后思考

1. 如何进行婴幼儿活动环境的安排？
2. 选择婴幼儿玩教具的注意事项有哪些？
3. 如何根据不同年龄阶段婴幼儿的发展特点设计相应的婴幼儿感觉互动游戏？

技能演练

1. 技能练习——实际情境问题

24 个月的小隐在托育园和家中，对需要的东西常常用“嗯”来表示，或者用手指，希望大人帮他获取，家长很焦虑，如果你是婴幼儿发展引导员，你会给予什么建议呢？

2. 技能提升——语言发展环境创设演练活动

[活动目标]

（1）创设婴幼儿语言发展环境。

（2）提升婴幼儿语言表达能力。

[活动背景]

在托育园和家中，小隐都不善于表达。

[活动过程]

（1）准备小隐喜欢的玩具和语言类玩教具。

（2）鼓励小隐用语言表达，若仅出现动作或“嗯”的声音，成人提示他“用说的”或“你要这个吗?”并鼓励他以口语回答。

（3）当他愿意表达时，及时给予鼓励。

（4）当他不愿意表达时，和小隐的父母一起创设游戏化情境，引起其兴趣。

[活动评价]

（1）是否创设了利于婴幼儿语言表达的环境。

（2）是否能够给予积极引导。

[活动记录]

（1）婴幼儿表达次数：______次。

（2）与婴幼儿沟通难度：A. 容易　　B. 适中　　C. 困难

（3）婴幼儿配合程度：A. 很配合　　B. 一般　　C. 不配合

[家庭方案]

倾听实践：和家人沟通，鼓励家人和婴幼儿在一起时多用语言沟通，多进行亲子共读活动，并在共读过程中采用对话式阅读策略，给婴幼儿创设更多的语言表达机会。

[活动提示]

（1）注意随时观察，给予及时回应。

（2）多交流，创设表达机会。

（3）和家长合作，共同促进婴幼儿语言发展。

第八章 婴幼儿敏感期发展指导

学习目标

知识目标

1. 了解婴幼儿各种敏感期的特征。
2. 熟悉婴幼儿敏感期的行为表现。
3. 掌握婴幼儿敏感期恰当行为的促进方法。

技能目标

1. 能够根据行为外显特征判断婴幼儿行为背后的需求。
2. 能够针对帮助婴幼儿顺利度过敏感期进行方案设计。

素养目标

1. 尊重婴幼儿身心发展规律，呵护婴幼儿身心健康。
2. 能够理解婴幼儿敏感期，养成耐心倾听婴幼儿心声的职业素养。

学习导图

- 婴幼儿敏感期发展指导
  - 1.婴幼儿秩序敏感期发展指导
    - 婴幼儿秩序敏感期概述
    - 婴幼儿秩序敏感期的重要性
    - 婴幼儿秩序敏感期的过渡方法
  - 2.婴幼儿道德敏感期发展指导
    - 婴幼儿道德敏感期概述
    - 婴幼儿道德敏感期的重要性
    - 婴幼儿道德敏感期的过渡方法
  - 3.婴幼儿社交敏感期发展指导
    - 婴幼儿社交敏感期概述
    - 婴幼儿社交敏感期的重要性
    - 婴幼儿社交敏感期的过渡方法

第一节　婴幼儿秩序敏感期发展指导

岗位情境

26 个月的明明被送到了托班，他适应得很好。某天午饭时间，思思老师刚把胡萝卜、鸡蛋和青菜盛到明明的盘子里，明明就哭闹了起来，并且站起来把菜全部倒进了垃圾桶，拿着盘子让思思老师重新给他盛菜，可是，明明点的三个菜跟思思老师一开始给他盛的一模一样，原来是老师没有按照他说的顺序给他打菜。

上述情境中体现的是婴幼儿秩序敏感期。在婴幼儿成长过程中，秩序敏感期对其发展会产生长期影响。本节内容以婴幼儿秩序敏感期发展指导为主题，主要探讨以下问题：什么是婴幼儿秩序敏感期？婴幼儿秩序敏感期有哪些特征？婴幼儿在秩序敏感期有哪些行为表现？为什么要了解婴幼儿秩序敏感期的发展？照护者应如何帮助婴幼儿度过秩序敏感期？

岗位知识

一、婴幼儿秩序敏感期概述

秩序敏感期，包含两个方面：一个是外在秩序敏感期，比如婴幼儿第一次见到物品放在哪个位置，他就认为这个物品一直要在这个位置，如果挪动地方就会让他不安、烦躁；另一个是内在秩序敏感期，主要表现在环境的改变会让婴幼儿难以适应而不安、发脾气。处在秩序敏感期的婴幼儿，最大的特点就是坚持所有的事情，包括东西摆放的顺序、生活起居的习惯、物品所有权的归属等。他们会根据自己的生活经验，在内心总结出一套近乎苛刻的秩序。例如，一直是妈妈帮婴幼儿洗澡，突然换成了爸爸来做这件事，而爸爸洗澡的方式和妈妈的又不一样，这就会让婴幼儿烦躁、发脾气。

秩序敏感期一般从 1 岁开始，2、3 岁发展到高峰期，直到 4 岁才会慢慢消退。4 岁之后虽然还是会坚持某些东西，但是也不会过于固执了，5 岁之后能听懂很多道理，就会好很多了。婴幼儿秩序敏感期呈现螺旋式上升的三个阶段：第一个阶段，因为秩序的破坏而哭闹，秩序一旦恢复就会安静下来；第二个阶段，为了维护秩序而说“不”，自我意识开始萌芽；第三个阶段，为了维护秩序而执拗，一切都要重来。

二、婴幼儿秩序敏感期的重要性

婴幼儿在内心建立一些“秩序”有利于他们理解这个世界，从而更好地适应外部世界。这对婴幼儿认知发展有重要意义。

婴幼儿秩序感的形成归根到底是他们的一个学习过程。婴幼儿会先观察这个世界（比如看到妈妈用洗衣机洗衣服），然后他们会在心里建立秩序（脏衣服要放进洗衣机），最后他们会去维护这种秩序（把所有他们认为脏的衣服都塞进洗衣机里）。只不过婴幼儿年幼，理解力和观察力有限，往往得到的是片面的认知，所以会产生一些幼稚的行为。然而，婴幼儿会在维护秩序感的过程中，深切地感受到自己和这个世界的联系，找到一定的存在感，这会让他们感到开心和满足。良好的秩序感对于日后的性格和习惯培养都有积极的影响。所以，请尊重他们在秩序敏感期的表现。秩序感的表现形态有安全感、归属感、时空感、格局感、规则意识等。

良好的秩序感既是婴幼儿生命的需要，也是安全感的需要。如果事实违背了他们心中的“秩序”，他们会感觉世界变得“不可控”和“不安全”。所以，有时婴幼儿做出强迫行为，爱闹腾，并不是他们故意无理取闹，而是一种强烈的心理需要。这是他们年龄和智慧增长的一个必经阶段。

三、婴幼儿秩序敏感期的过渡方法

（一）细心观察，耐心倾听

婴幼儿一哭闹，成人就容易发火，还会归咎于婴幼儿脾气差、不听话，其实很多时候婴幼儿哭闹往往是因为成人不经意中破坏了他的某种秩序，所以，成人应该第一时间关注婴幼儿，先了解其哭闹的原因，再以平等的心态倾听婴幼儿的诉求，跟他平等对话，这样才能知道他的真实想法。

（二）满足婴幼儿合理的需求

如果成人不小心打乱了婴幼儿的某种秩序，引起了婴幼儿哭闹、发脾气的情况，那么就要积极地采取弥补措施：尽可能恢复秩序，把刚才的事情倒回去重来一次，只要是合理的、不是特别麻烦的，就尽量维护婴幼儿的秩序感，如玩具按照婴幼儿的要求重新摆放，爸爸妈妈坐反了位置交换一次，鞋子脱掉重新穿一次，关掉电视让他自己来开，等等。尽量按照婴幼儿的要求重新来做或者让婴幼儿按照他自己的方式重新做一遍，恢复其秩序，如此婴幼儿的情绪会很快得到安抚。

在这一阶段，成人需要理解秩序对婴幼儿的重要性，不随意改变家里物品尤其是婴幼儿自己物品的位置，不随意打乱其日常活动顺序，给婴幼儿充分的安全感。面对婴幼儿的合理要求，成人可不必过多在意细节，尽量满足和尊重他，让其享受每一个阶段的成长。

（三）安抚婴幼儿情绪，转移注意力

有时候成人不小心破坏了婴幼儿的秩序，而且这个行为又是不可逆或不能推倒重来，或推倒重来过于麻烦的，那就尽可能地安抚婴幼儿的情绪，转移其注意力。例如，妈妈手快打开了礼物包装，但是婴幼儿哭闹着非要自己开，这时妈妈可以先转移他的注意力：“宝宝，我们来看一下里面装的什么呀？是谁给你买礼物啦？你看看好漂亮呀！你拿出来给我们看看好不好？”等他情绪稳定下来，再安慰他：“宝宝，刚才妈妈太着急让你看到礼物了，没有让你自己打开礼物，你不开心了对不对？下次再有礼物的时候妈妈会记得让你自己打开的好不好？”这样婴幼儿会感觉到被理解、被尊重，情绪就会慢慢平静下来。

（四）创造有秩序的生活环境

家长是婴幼儿的第一任老师，在日常生活中，家长应该注意保持良好的生活习惯，将生活用品按类别有序放好，把物品放在固定的位置，为婴幼儿做出正确的示范；平时引导婴幼儿培养健康规律的生活秩序，例如，饭前便后洗手、睡前洗漱、用完的东西放回原位等。这样婴幼儿不仅养成了好习惯，还维护了自己的秩序感。

秩序敏感期只是婴幼儿成长的一个必经阶段。在这个特殊的时期，无论婴幼儿脾气多坏、闹得多厉害，都不代表他长大以后就是个任性蛮横的人。家长懂得尊重婴幼儿的自然发展规律，多一点耐心和理解，适时加以引导和教育，婴幼儿才能发展得更好。

拓展阅读

家长的策略

儿童敏感期告诉我们，家庭生活、婴幼儿养育并不是一个较劲儿的过程，家长如果不了解婴幼儿各个时期的特点，与婴幼儿拧着来，那家里可能常常都是“冲突与战争”的场面。而认识婴幼儿、尊重婴幼儿、为婴幼儿提供成长所需要的探寻与施展的条件，才是我们家长应该思索与行动的。

资料来源：徐小东．徐小东：陪婴幼儿走过 0～4 岁敏感期［M］．北京：中国妇女出版社，2015.

岗位操作

照护者如何应对婴幼儿的秩序敏感期?

30 个月的昊昊参加托班户外晨操结束后回到班级门口，晶晶老师让孩子们脱去外套，准备室内游戏。可是一进楼道，又听到了昊昊的哭声，前一秒还好好的，怎么突然哭了起来呢？晶晶老师问他怎么了，他哭着说：“我想看升旗。”“今天不升旗，每周一才升旗呢。”“我就要看升旗，我就要看升旗，我就要看旗杆上的旗。”晶晶老师往旗杆那边一看，才发现原来大班小朋友练升旗没有把国旗升回去，破坏了他的秩序感。那么，老师应该怎么应对秩序敏感期的昊昊呢？

1. 首先接纳婴幼儿当下的情绪

晶晶老师先让其他老师照看小朋友，自己蹲下来抱着哭闹的昊昊，先尽量安抚他，让他平静下来告诉自己发生了什么事情。

2. 仔细观察，查找原因

顺着昊昊的眼睛望去，晶晶老师发现昊昊一直盯着大班练升旗的旗杆，经验丰富的晶晶老师立刻觉察到了问题所在，问昊昊："你是不是觉得红旗没在旗杆上，那是有小朋友在用红旗练升旗。"可是昊昊还是不接受老师的解释，继续哭闹。

3. 尽量满足婴幼儿的合理需求

晶晶老师灵机一动："那一会儿我们做完游戏给你观看升旗的视频行吗?"昊昊终于哭着点了点头。做完游戏后老师给他观看了一段升旗视频，事情才算终结。

4. 和家长沟通合作

父母是婴幼儿最重要的照护者，通过跟昊昊的父母沟通晶晶老师发现，昊昊最近哭闹的次数很频繁，父母很多时候觉得不可理喻，也不知道他为什么会突然变成这样。晶晶老师跟父母解释了婴幼儿秩序敏感期的表现及重要性，也教了昊昊父母一些跟婴幼儿沟通的技巧，让昊昊的父母能够正确看待昊昊最近的反常行为，多给予理解和包容，用正确的方法去应对，这对昊昊的健康成长是非常重要的。

操作解析：很多婴幼儿处在秩序敏感期的时候不能获得正确的教养，给婴幼儿的成长带来诸多负面影响。对此，照护者应该给予婴幼儿充分的理解和尊重，和家庭合作，帮助婴幼儿顺利度过秩序敏感期。值得注意的是，秩序敏感期的一些刻板行为有时候会被误解成自闭症的症状，因此，应该全面观察，仔细应对，必要的时候听取专业人士的建议。

第二节　婴幼儿道德敏感期发展指导

岗位情境

3 岁的乐乐最近突然变成了"小警察"，热衷于评价周围事物的对错，跟小朋友和家人在一起玩耍的时候最常说的一句话就是"你这样不对!"。他还常常不听爸爸妈妈的话，一意孤行。

上述情境中体现的是婴幼儿道德敏感期。在婴幼儿成长过程中，道德敏感期对其发展有着重要影响。本节内容以婴幼儿道德敏感期发展指导为主题，主要探讨以下问题：什么是婴幼儿道德敏感期？婴幼儿道德敏感期有哪些特征？婴幼儿在道德敏感期有哪些行为表现？为什么要了解婴幼儿道德敏感期的发展？照护者应如何帮助婴幼儿度过道德敏感期？

一、婴幼儿道德敏感期概述

0～3 岁是人生理、心理、能力等方面最初发展的阶段，对学习做人和终身发展起着奠基作用。在这一阶段对婴幼儿施以道德引导，对其成长具有重要意义。婴幼儿在进入道德敏感期后，会逐渐从依赖父母、以自我为中心的状态中解脱出来，会对规则很重视，经常会在既定的规则、旁人的评价及自我认知之间产生内心冲突。这一阶段的婴幼儿会对各项规则及规则背后的原因特别敏感，道德感逐渐萌芽，并且在潜意识中对其言行做出指导。

当婴幼儿通过自我教育，把那些复杂的、需要做出比较和判断的心理活动付诸行动的时候，他们一方面是以这样的方式获得了有一定条理的、明晰的智力，另一方面也培养了自己的意志。这能帮助婴幼儿在不依赖别人意见的情况下形成自己的决定，而且他们可以以此来把握自己在日常生活中碰到的所有事情：对于想得到的东西，他们会自己决定可不可以去拿；他们会情不自禁地随着音乐翩翩起舞，来放松自己的身心；在他们想安静的时候，他们就会抑制所有想要活动的动机。

二、婴幼儿道德敏感期的重要性

从 9～10 个月开始，婴幼儿除了能寻求他人的回应来指导自己，还能明显地意识到他人的行动和意图。随着其语言能力的发展，父母逐渐能够通过交流帮助他调节行为和感受，明确是非判断。所以，3 岁前有关道德的早期教育很重要，可以为培养婴幼儿规则感、边界感奠定基础。

3～4 岁是幼儿道德的萌芽时期，他们会意识到自己必须做某些事情或不应该做某些事情，开始认识到某些权威的规范性。但是他们只能领会一些初步的、简单的道德认识与要求，这些道德认识往往与幼儿的直接经验或者具体事物相联系，他们从直觉的、具体的、表面的、个别的方面去理解和辨别是非。在生活情境中，成人做好示范作用，并对婴幼儿好的道德行为及时给予鼓励，有利于提高其好的道德行为发生的频率，有利于其加强自律、遵守规则、提高公平公正意识，有利于其健康人格的塑造和人际关系的发展。

三、婴幼儿道德敏感期的过渡方法

（一）创设和谐有爱民主的家庭氛围

和谐有爱民主的家庭道德教育环境，一方面能让婴幼儿对家庭成员之间的爱有一定的认知和判断，通过观察家庭成员之间的言行举止进行模仿，并逐渐形成自己对爱的认知和体验；另一方面能让其产生平等观念，有利于自律能力的增强。

“当孩子的态度是愿意行动并有机会那样去做时，他就会满意。相反，他没有做好准备而被强制行动，或已做好准备却不允许他行动，这两种情况都会让他不满或愤怒。”所以，家长要给孩子留出足够的空间，还孩子话语权，允许孩子在生活中充分表达自己的意愿，享有自主选择的权利，比如去哪里玩、吃什么饭、做什么游戏、穿什么衣服等。如果涉及安全隐患或者违背道德原则的事情，家长必须“蹲下来”，通过讲故事等方式晓以利害，寓教于乐，与婴幼儿在认知和情感上达成一致。有研究表明，2 岁半的幼儿已经对不同规则产生不同的态度，3 岁幼儿则开始重视行为者的意图。因此，家长必须根据婴幼儿不同阶段的身心发展特点，努力营造民主平等的家庭道德教育环境，才能对婴幼儿自信、独立、自律、有责任感等良好个性品质的形成产生潜移默化的影响。

（二）恰当的言语引导

加利福尼亚大学伯克利分校的心理学家麦金农，曾经发起过一项“创造性人格”调查，也就是对特定领域内，比如建筑师和作家里面最具创造性的那批人进行调查，研究他们的共同点。现在的家庭教育理念，通常觉得“立规矩”比“讲道理”更重要，但其发现正好相反：这些最具创造力的人从小接受的家庭教育，重点不是立规矩，而是“讲道理”，父母会不厌其烦地解释规则背后的道德判断和价值观，告诉婴幼儿为什么这样做是对的。

为什么“讲道理”比“立规矩”对保护创造力更重要呢？因为，“讲道理”是告诉婴幼儿规则背后的“第一性原理”。婴幼儿理解了规则背后的道德判断和价值观，就能通过内在的秩序来管理自己，不必被迫遵守外在的规定，这就为发挥创造力留下了足够的空间。

不要以为“讲道理”婴幼儿听不懂。实际上，婴幼儿会经历一个非常强烈的道德敏感期。这时候，你表扬他的道德特质，比表扬他的具体行为更管用。比如，当婴幼儿帮别的小朋友捡回了皮球时，该怎么表扬他呢？下面两个选项，该选哪种呢？

A. “你主动帮助了别人，这样做非常棒！”

B. “你是一个非常善良而且乐于助人的人!”

可以看出，A 是针对行为的表扬，B 是针对道德特质的表扬。心理学家做过专门的对照实验．在帮助别人以后，受到行为表扬的婴幼儿，一周后有 10%的人把自己的玩具捐给了医院生病的小朋友；而受到道德特质表扬的婴幼儿，一周后有 45%的人捐了玩具。针对道德特质的表扬，对婴幼儿的行为有更持久的影响。原因可能是，婴幼儿把这种道德特质内化成了自己人格的一部分，并努力使自己的行为和这种身份认同保持一致。

（三）社区教育资源支持

社区可以和一些早教机构、早教专家取得联系，定期组织公益性的婴幼儿道德发展讲座，培养专业的指导人员，定期走进婴幼儿家庭了解道德教育现状，提供个性化的专业指导，还可以牵头组织婴幼儿家长经验交流会，利用社区公共场所为婴幼儿家庭创设积极健康的道德教育环境，通过多种手段促进 0～3 岁婴幼儿道德发展。

总之，在道德敏感期内，成人要做婴幼儿道德发展的引导者和支持者，在理念上相信婴幼儿是自主的、有能力的学习者，在行动上切实给予婴幼儿道德体验学习的空间和时间，并有效支持和引导婴幼儿的学习。

岗位操作

照护者如何帮助婴幼儿培养规则意识?

在托育园组织的春游活动中，老师正带着幼儿和家长们看桃花。有的幼儿哭闹着让父母给他折花，而有的幼儿手里已经握着好几枝父母折下来的花了。作为托育园老师，应如何利用这个机会对幼儿进行规则教育呢?

1. 言语引导

当老师身边一个小朋友也想要摘花时，老师直接蹲下来对他说：“你看花长在树上多漂亮啊，你折下来它就会枯萎的，花也会难过、会疼的。再说了，你今天折了花，以后来的人们就看不到这么美的花了哦……”

2. 体验活动

现场组织“我是文明劝导员”的活动，让幼儿在公园里“巡逻”，文明劝导游客不要破坏花草，加强幼儿的规则意识和是非观念。老师和家长们及时表扬和鼓励幼儿的劝阻行为。

3. 和家长沟通

幼儿正处于道德敏感期，家长是幼儿们最重要、最常见的模仿对象，因此家长们一定要以身作则、积极向上。另外，家长要正确引导幼儿的是非观，很多时候幼儿是从家长的反应和行为中来判断事情对错的，这个时候家长需要明确告诉幼儿什么是对的、什么是错的，并且耐心跟幼儿解释清楚背后的原因。

操作解析：成人需要重视 0～3 岁婴幼儿在各个阶段的适龄行为。这一年龄段的孩子对所有事物都充满了好奇，特别是婴幼儿后期，自我意识开始萌发，模仿能力增强。成人在道德发展问题上，应深入了解孩子的世界，以孩子的视角与之探讨问题，在游戏中、在生活中渗透道德教育，发挥家庭成员的榜样示范作用，对孩子施以道德启蒙。

第三节　婴幼儿社交敏感期发展指导

岗位情境

萱萱的妈妈最近很苦恼，3 岁的萱萱最近迷上了跟别的小朋友交换玩具，也不管物品之间是否等价，比如拿新买的机器人交换了一张破旧的贴画、用一辆崭新的小汽车交换了一本旧的小绘本、用漂亮的文具盒交换了一块普通的橡皮……妈妈又心疼又不知道该不该阻止。托育园的老师知道之后，告诉萱萱妈妈，萱萱这是在用玩具维系小朋友之间的友谊呢，这是婴幼儿社交发展很重要的阶段，应该尊重婴幼儿，顺其自然，过段时间就会好了。果然，两个月后，萱萱不再执着于交换玩具了。

上述情境中体现的是婴幼儿社交敏感期。在婴幼儿成长过程中，社交敏感期对其发展有着重要影响。本节内容以婴幼儿社交敏感期发展指导为主题，主要探讨以下问题：什么是婴幼儿社交敏感期？婴幼儿社交敏感期有哪些特征？婴幼儿在社交敏感期有哪些行为表现？为什么要了解婴幼儿社交敏感期的发展？照护者应如何帮助婴幼儿度过社交敏感期？

一、婴幼儿社交敏感期概述

社交敏感期是指婴幼儿不再满足于单纯的家庭亲子关系，开始寻求与身边同伴、老师等建立各种不同的人际关系。婴幼儿的社交敏感期一般表现在2～6岁。3岁以前的婴幼儿几乎完全以自我为中心，4岁以后，当他们的关注点从物体转移到人时，就会流露出对外界的好奇和关心，会渴望同伴。为了交到朋友，他们会有意识地观察其他人的活动，努力了解别人的需要，然后投其所好，如从家里拿食物、玩具分享给朋友，并说“只和你玩”这样的话。

交互游戏的出现，标志着婴幼儿开始进入社交敏感期，婴幼儿从游戏中发现：分享和交换可以让自己拥有更多的朋友，但是，有时候也会出现不公平的现象。于是，婴幼儿在交往中开始尝试探索和同伴建立承诺与规则，以便让他们的游戏和交往过程变得更加顺畅。

这个时期婴幼儿会出现一些行为特点：会因为没人跟他玩而委屈，因为交到“志趣相投”的小伙伴而开心；和朋友一会儿打闹得不可开交，转眼又喜笑颜开玩在一起；出现“孩子王”和“跟屁虫”等现象。

交换是婴幼儿社交敏感期的重要表现，婴幼儿在社交敏感期会经历从用食物交朋友、用玩具交朋友到用个人能力交朋友三个阶段。

二、婴幼儿社交敏感期的重要性

社交敏感期是婴幼儿成长中的一个重要阶段，能够满足婴幼儿在成长过程中对友谊的内心需求，为后期建立社会关系获得重要的经验。在社交敏感期内，婴幼儿会渴望与其他小朋友接触与交往，开始懂得分享，想要和他人游戏，虽然在这个过程中难免会出现矛盾，伙伴间的争吵也时有发生，但正是在这样的过程中婴幼儿人际交往的技巧和能力得到了锻炼。

在婴幼儿的成长和发展过程中，社交敏感期是一个很重要的时期，体现了婴幼儿对关系的需求。在日常生活中，人与人也是由各种关系联系在一起的，我们生活在关系中，面临着关系导致的各种问题。所以，社交敏感期的发展，直接关系到婴幼儿未来人际关系的发展。

三、婴幼儿社交敏感期的过渡方法

处于社交敏感期的婴幼儿会有很强的探索欲和求知欲，对新事物的接受能力和学习能力也很强。婴幼儿在社交敏感期会经历人际交往的全过程，为了让婴幼儿顺利度过社交敏感期，成人要给予他们一些处理人际关系的方法的引导，同时做好示范。

（一）帮助婴幼儿建立与人交往的兴趣

婴幼儿在社交敏感期阶段会产生与人交往的兴趣，这是培养婴幼儿交际能力的关键阶段。

第一，在日常生活中，成人要主动引导婴幼儿与小伙伴们分享，让婴幼儿在交往中发展人际交往能力，懂得敞开心扉与人交际，形成人际交往中的价值观。

第二，在婴幼儿与他人交往时，成人要做一个协助者。婴幼儿因为其年龄特点，在人际交往中会遇到一定困难，对此婴幼儿还不具备独立面对的能力，成人要及时给予帮助。如果成人忽视婴幼儿此阶段的表现，婴幼儿的社交能力就会有所下降，对其以后的生活也会有一定的影响。

第三，成人平时要注意自己的言行举止与对待婴幼儿的态度。婴幼儿是成人的一面镜子，如果成人没有给予婴幼儿好的教育，那么在婴幼儿的身上是会有所体现的。

（二）帮助婴幼儿形成与人交往的方式

婴幼儿刚开始交朋友时很难有交友技巧，但在成人的帮助下，他们可以形成自己的交友方式。婴幼儿在与他人的交往中，会关注他人的喜怒哀乐，揣摩他人心理，并模仿他人的说话方式和行为。因此，在婴幼儿处于这个阶段时，家长要善于观察，并及时、耐心地对其交友技巧进行引导，帮助他们形成一种与人交往的良好方式，并鼓励他们主动与人交往。

（三）帮助婴幼儿创造与人交往的机会

蒙特梭利认为有一种力量叫吸收性心智。儿童对周围环境有很强的吸收性心智，能够很快地融入生活的环境，通过多与外界接触，能更好地学习社会化的知识技能，学会亲和地与他人相处，体贴、感恩别人。

因此，父母需要帮助孩子创造与人交往的机会，需要增加孩子外出的时间，让孩子看到外边的世界，认识更多的人，增强自己的人际交往能力。如果把婴幼儿限制在一个地方，孩子能吸收的东西就是有限的，那么我们是无法看到孩子的成长的。比如，很多由隔代老人带的孩子，因为老人的年龄原因，活动的范围会很有限，如果平时跟孩子的交流也相对较少的话，孩子就会比较内敛寡言，甚至影响孩子的语言发展。

父母尽量不要直接干涉孩子的社交行为，要注意观察和引导，留意孩子的社交对象，防止其被有不良行为习惯的孩子带偏；在日常生活中，多听孩子的意见，培养有主见的孩子，帮助孩子建立对社交原则的认知，通过商量建立游戏规则。

岗位操作

照护者如何应对婴幼儿的社交敏感期?

三岁的琦琦喜欢抢其他小朋友的玩具，不管这个玩具他有没有，只要他喜欢就会去抢过来，为此，琦琦经常和小朋友闹矛盾，托育园的小朋友都不喜欢跟琦琦玩。婷婷老师正在努力改变琦琦的“社交习惯”，她应该怎么做呢?

1. 平时注意跟琦琦建立良好的照护关系

不管琦琦多么的“高冷”，婷婷老师每天坚持热情地跟琦琦打招呼、拥抱，尽管刚开始时，琦琦会抗拒，甚至会推开婷婷老师，但是慢慢地，琦琦对婷婷老师有了不一样的态度，俩人有了默契、有了小秘密，琦琦遇到困难的时候会主动找婷婷老师帮忙。婷婷老师不仅与琦琦建立了亲密的关系，更是在亲身示范应该如何与人相处。

2. 亲身示范

琦琦抢小朋友玩具的时候，婷婷老师及时制止并跟他讲道理，引导琦琦用礼貌用语跟对方协商，如：“请你给我玩一会儿，可以吗?”“我们可以交换玩具玩吗?”如果琦琦愿意尝试，要及时表扬鼓励；如果哭闹不止，就先抱着他，安抚他的情绪，等他平静下来再讲道理。

3. 适时引导

因为琦琦老是抢玩具，小朋友们都不喜欢跟他玩，很多时候琦琦只能一个人孤零零地玩玩具，每当这个时候，婷婷老师就陪在琦琦身边，对琦琦说：“我知道小朋友们不跟你玩你很难过。”因为得到理解，琦琦的情绪就会慢慢平静下来，接着老师再引导他分析问题，让他认识到自己的错误，并且陪他观察其他小朋友是怎么交朋友的，让他自己领会。

4. 及时表扬

当琦琦开始不抢小朋友的玩具、学会交换或者等待的时候，要及时给予表扬，在全班小朋友面前给琦琦颁发最佳进步奖状，让琦琦富有成就感，强化正向行为。

5. 家校合作

琦琦抢玩具的行为跟家长的溺爱纵容分不开，正是因为家长没有教给琦琦正确的社交方法，琦琦才会持续以自我为中心，简单粗暴地抢玩具。婷婷老师跟琦琦妈妈认真沟通并反馈了琦琦的进步，强调了顺利度过社交敏感期的重要性，请家长在家的时候也注意纠正琦琦的不良行为，正向激励琦琦的进步，家校合作，帮助琦琦培养健康的社交关系。

操作解析： 处于社交敏感期的婴幼儿容易以自我为中心，不会很好地与人相处，玩耍过程中容易以简单粗暴的方式解决问题。在这个阶段婴幼儿如果没有得到很好的引导，会对其以后社交关系的发展产生重要的影响。对此，照护者应该及时关注婴幼儿的社交行为，除了给婴幼儿创造社交机会，更重要的是教给其积极正向的社交方法，和家庭合作，帮助婴幼儿顺利度过社交敏感期。照护者需要注意的是，不可过多干涉婴幼儿的社交，要给予婴幼儿充分的自由和探索空间，在婴幼儿需要的时候引导一下即可。

证书标准

根据《国家职业技能标准　婴幼儿发展引导员》（职业编码：4－10－01－01），本章对应四级和三级的部分工作要求，如表 8－1 所示。

表 8－1　婴幼儿发展引导员标准及要求

级别	职业功能	工作内容	技能要求	相关知识要求
四级	3. 发展引导	3.4 情绪和社会性发展	3.4.2 能指导看护人正确识别并及时回应婴幼儿的情绪反应 3.4.4 能指导看护人引导婴幼儿理解并遵守简单的规则	3.4.4 婴幼儿社会性游戏的方法
三级	3. 发展引导	3.4 情绪与社会性发展	3.4.1 能指导看护人理解并接纳婴幼儿的情绪，寻找情绪产生的原因 3.4.4 能指导看护人为婴幼儿提供社会交往的机会和条件	3.4.4 婴幼儿社会交往的特点及支持策略

录像观察

录像 1： 这段录像展现了托育园的两位婴幼儿一起共读绘本的情景。

托育园婴幼儿共读绘本

问题：

1. 录像中的婴幼儿在共读绘本时是如何进行社交互动的？

2. 你认为应如何促进婴幼儿人际交往能力的发展？

录像 2：这段录像展现了在托育园手工活动中，婴幼儿分享材料、互帮互助的情景。

托育园手工活动分享互助

问题：

如何促进婴幼儿分享和互助品质的发展？

关键术语

敏感期　　秩序敏感期　　道德敏感期　　社交敏感期

课后思考

1. 对于处在秩序敏感期的婴幼儿，你认为最重要的是什么？

2. 以身边常见的没有规则意识的婴幼儿的行为为例，分析其存在的问题，以及照护者应该如何引导婴幼儿的这种行为。

3. 请在某家托育园观察婴幼儿社交敏感期的相关行为特征，看看婴幼儿们表现出了什么样的外显行为，并分析照护者应如何应对。

技能演练

1. 技能练习——实际情境问题

3岁的丹丹比较胆小，在托育园经常被人欺负，胆小的丹丹不敢还手，每次回家都哭着告诉妈妈有小朋友打她或者抢她玩具。她的爸爸妈妈很着急，在家跟丹丹玩了一些抢玩具的游戏，还教丹丹被人欺负的时候要还手。过了一段时间，丹丹确实不像以前那么胆小了，但是她变得喜欢用暴力解决问题，还经常抢别人的玩具。如果你是丹丹的托育老师，你该怎么做？

2. 技能提升——社交敏感期演练活动

[活动目标]

（1）提高婴幼儿解决社交问题的能力。

（2）学会不干涉和鼓励婴幼儿的社交。

[活动背景]

托育园内，丹丹昨天跟小朋友交换了玩具，可是今天她就后悔了，想换回她的玩具，却遭到了拒绝，由此跟小朋友发生了争吵哭闹不止。

[活动过程]

（1）芳芳老师把发生争吵的两个幼儿带到了教室的一角，等幼儿的情绪平静下来后耐心询问发生了什么事情。

（2）芳芳老师听完并没有急着帮助二人解决问题，而是先让两个幼儿自己想办法协商，最终，丹丹拿回了她的玩具，方法是用另一个玩具来交换。

（3）芳芳老师表扬了丹丹的行为，也对两个幼儿和平解决问题的方式给予了鼓励。

（4）芳芳老师还在上课的时候提醒了小朋友们，交换玩具前要慎重考虑，交换完不能不守信用，还引导大家以后都用和平协商的方式来解决问题。

[活动评价]

（1）是否过多地干涉了婴幼儿的社交行为。

（2）是否能够正向引导婴幼儿的社交行为。

（3）是否能够及时强化婴幼儿的正向行为。

[活动记录]

（1）婴幼儿情绪持续时间：______分钟。

（2）与婴幼儿沟通难度：A. 容易　　B. 适中　　C. 困难

（3）婴幼儿配合程度：A. 很配合　　B. 一般　　C. 不配合

[家庭方案]

社交能力培养实践：和家人沟通，鼓励家人多给婴幼儿创造社交机会，并且尽可能做到不干涉婴幼儿和小伙伴的社交行为，当双方发生矛盾时，在保障安全的前提下，鼓励婴幼儿自己协商解决问题。尊重婴幼儿的社交规则，耐心倾听婴幼儿的“社交事迹”，正向引导婴幼儿的社交行为和理念，并用简洁的文字或图片记录下父母和婴幼儿彼此的成长。

[活动提示]

（1）注意细致观察，了解婴幼儿的社交伙伴，防止其被其他婴幼儿的不良行为带偏。

（2）发生矛盾时，注意保障婴幼儿的安全。

（3）和家长合作，共同促进婴幼儿社交关系的发展。

第九章　特殊需求的婴幼儿照护

学习目标

知识目标

1. 了解特殊需求婴幼儿的障碍类型。
2. 熟悉不同类型特殊婴幼儿的特点。
3. 掌握特殊需求婴幼儿的生活指导和照护。

技能目标

1. 能够根据婴幼儿障碍的类型判断其需求。
2. 能够为提升特殊婴幼儿生活技能进行训练指导。
3. 能够在实际情境中应用特殊婴幼儿照护理念。

素养目标

1. 树立“为特殊婴幼儿建立正常人生”的服务意识，培养职业责任感和价值感。
2. 关心特殊婴幼儿的生理、心理发展，养成关爱特殊婴幼儿、富有爱心的优秀品格。

学习导图

- 特殊需求的婴幼儿照护
  - 1.感知受损婴幼儿的照护
    - 视觉受损婴幼儿照护
    - 听觉受损婴幼儿照护
  - 2.运动发育迟缓婴幼儿的照护
    - 运动发育迟缓婴幼儿概述
    - 运动发育迟缓婴幼儿的照护对策
  - 3.注意缺陷多动障碍婴幼儿的照护
    - 注意缺陷多动障碍婴幼儿概述
    - 注意缺陷多动障碍婴幼儿的照护对策
  - 4.沟通障碍婴幼儿的照护
    - 婴幼儿语言沟通障碍分类
    - 沟通障碍婴幼儿的照护对策

第一节　感知受损婴幼儿的照护

岗位情境

2 岁半的亮亮是个盲童，虽然早已经学会了走路，但因为视力缺失，他从来不敢自己走路。为了帮助亮亮独立行走，妈妈带他来到康复中心。小马老师让亮亮自己走路试试，他哭闹着不肯松开妈妈的手。为了缓解亮亮的不安，小马老师和妈妈同时拉着亮亮的手，带着他在一个摆放着桌子、椅子的房间里慢慢地走了几遍。熟悉了环境后，小马老师拿了一个小盲杖塞到亮亮的手中，教他怎么用盲杖探索他面前的路，如何避开障碍物顺利通过，慢慢地亮亮学会了使用盲杖，然后他自己拿着小盲杖顺利地绕过了桌子和椅子没有磕到。因为是第一次独立行走训练，小马老师没有给亮亮增加难度，他确信，通过训练，亮亮很快就能掌握独立行走的技能，这根小盲杖能带他去任何他想去的地方。

上述情境中体现的是视觉障碍婴幼儿独立行走训练。感知受损婴幼儿的早期日常生活指导对其日后的独立生活将产生巨大的影响。本节内容以感知受损婴幼儿的照护为主题，主要探讨以下问题：视觉受损婴幼儿应该接受哪些训练？听觉受损婴幼儿应该接受哪些训练？

岗位知识

一、视觉受损婴幼儿照护

视觉受损，又称视力障碍，是指各种原因导致双眼视力低下且不能矫正或视野缩小，以致影响日常生活和社会参与。视力损伤明显限制了婴幼儿对外界的感知和信息的获取，导致婴幼儿形象思维发展滞后。对视力障碍婴幼儿进行早期的鉴别和指导干预，对他们的长期发展非常有必要。视觉受损婴幼儿可进行如下的训练。

（一）残余视力训练

部分视力障碍婴幼儿有一定的残余视力。要及早进行视力评估，根据评估结果开展视觉功能训练，如开展注视、视觉定位、视觉搜索、视觉跟踪等训练。通过这些训练帮助视力障碍婴幼儿学会使用残余视力。

（二）触觉训练

通过触觉训练，可以对视力缺损起到补偿作用。让视力障碍婴幼儿通过触摸感知物品的质地、形状，从而认识和了解物品。在触觉训练中，同时补充相应物品的相关生活常识，提升视力障碍婴幼儿的生活经验。

（三）定向行走训练

定向是指让视力障碍婴幼儿利用各种感官确定自己与环境之间的关系，了解自己所在的位置，感知周围的事物；行走是指让视力障碍婴幼儿利用各种感官有效地从一个位置移动到另一个位置。定向行走训练能有效地促进视力障碍婴幼儿感觉、认知能力的发展，增强其社会适应性。在定向行走训练中，要充分利用残余视力，家长要注意保护婴幼儿的安全，但也不应过分保护。

（四）生活技能训练

及早开展基本生活技能训练，如穿衣、吃饭、洗漱、个人卫生等。通过生活技能训练，可以提升视力障碍婴幼儿的自理能力。由于视力障碍会造成婴幼儿动作发展迟滞，因此可根据其年龄开展有针对性的练习，如通过拍手、系扣子、穿珠子等游戏训练手的功能。

（五）辅助工具应用

有残余视力的婴幼儿，可以学习利用助视器来进行学习和生活。教会视力障碍婴幼儿学习使用盲杖等助行器，助行器的学习要配合定向行走训练。

二、听觉受损婴幼儿照护

听觉受损，又称听力障碍，是指各种原因导致双耳不同程度的永久性听力障碍，听不到或听不清周围的环境声和言语声，并因听不见声音直接影响语言系统的发展。对听力障碍婴幼儿进行早期鉴别，制订个性化的早期干预计划，可以帮助其获得正常的口语能力。听力障碍婴幼儿可进行如下的干预和训练。

（一）验配助听设备

首先对婴幼儿进行听力评估，及时验配助听器或植入人工耳蜗，对听力进行补偿或重建。有研究认为，听力障碍婴幼儿应在 2 岁前验配助听器。及早佩戴助听器，能有效提高听力障碍婴幼儿的语言学习能力。

（二）听觉训练

通过触摸或听让听觉障碍婴幼儿感受声音。在听的过程中，让婴幼儿看说话人的口形、表情等，争取让其能看懂别人说的话。

（三）语言训练

进行语言训练时利用手势帮助理解，动作可稍大幅度、适当夸张。首先进行呼吸训练，学会控制气流，然后进行舌、口训练，进而开展发音训练。语言训练要循序渐进，从发音到字、词、句逐步练习，不可操之过急。

帮助听力障碍婴幼儿感受声音

聪聪是个有听力障碍的孩子，因为听不见声音，2.5 岁的聪聪还不会说话。为了帮助聪聪感觉到声音，康复师小于老师把聪聪的手放在自己的脖子上，反复地发出“啊”这个音，聪聪第一次感受到了声音的震动，他也学着小于老师让嗓子振动起来，经过一次又一次尝试，聪聪第一次有意识地发出了“啊”的声音。感受到声音的振动让聪聪兴奋不已，他也对学会说话充满了信心，小于老师为聪聪制订了详细的训练计划。

（1）从最简单的单音节开始学习。

（2）让聪聪反复感受发音时声带振动的情况，同时配合看老师的口形，让声带发声和口形对应起来，争取发出正确的声音。

（3）反复练习，同时让聪聪学习读唇语。

（4）鼓励聪聪，决不放弃。

慢慢地，聪聪能发出的音越来越多，也越来越清晰，大家都相信，未来聪聪一定能学会说话。

操作解析：听力障碍婴幼儿经常会因聋致哑，可通过发声训练逐步教导孩子学会发音，在发音的同时教授其读唇语，当能与他人进行语言交流后，孩子的社交自信心才能更好地建立起来，从而更好地融入社会生活。

第二节　运动发育迟缓婴幼儿的照护

岗位情境

1 岁半的圆圆只能独自站立 1 分钟左右，不能独立行走。医生检查发现圆圆下肢肌力弱，前庭平衡觉差，诊断为运动发育迟缓。康复医生为圆圆制订了详细的康复训练计划，首先训练圆圆爬行、站立，锻炼他下肢的协调和平衡能力。经过一段时间的训练，圆圆下肢的肌力有了明显的增强，爬的速度也快了，而且能独自站立 10 多分钟，性格内向的圆圆也变得活泼起来。接下来的训练计划是让圆圆能独立行走。妈妈也参与到圆圆的行走训练中，在家里只要有时间，妈妈就扶着圆圆练习走路。相信在不久的将来，在医生和妈妈的共同努力下，圆圆一定能迈开双腿，自如地走路。

上述情境中体现的是下肢运动发育迟缓婴幼儿的下肢训练。运动发育迟缓婴幼儿的早期康复训练指导能有效促进其运动能力的发展，对其日后的独立生活将产生巨大的影响。本节内容以运动发育迟缓婴幼儿的照护为主题，主要探讨以下问题：如何评估运动发育迟缓婴幼儿？运动发育迟缓的婴幼儿应接受哪些训练？

岗位知识

一、运动发育迟缓婴幼儿概述

（一）运动发育迟缓的概念及表现

婴幼儿运动能力的发育是一个伴随人体成长不断分化、多样化、复杂化的过程，而运动发育迟缓婴幼儿的运动能力未按照正常规律发育，达不到同一年龄段婴幼儿运动发育水平。其多以明显的运动发育迟缓为主要特征，如抬头、独坐、行走等方面明显落后于同龄婴幼儿，可伴有姿势、反射及肌张力等其他异常症状。

引起运动发育迟缓的病因很多且发病机制复杂，其中主要因素包括脑发育不完全、宫内缺氧和窒息、后天营养不良等。

（二）运动发育迟缓婴幼儿的评估

对运动发育迟缓婴幼儿的评估，常采用 Peabody 运动发育量表 2（简称 PDMS-2）进行。具体评估要求如下：

（1）评估人员为获得相关评估资质认证的康复治疗师。

（2）在安静、舒适的环境下，监护人配合检查者使婴幼儿能够对评估项目做出充分的反应。

（3）该量表可评定 0～6 岁婴幼儿的粗大运动功能，小于 12 个月的婴儿需测反射（8 个项目）、姿势（30 个项目）、移动（89 个项目）3 个能区；1～6 岁的幼儿需测姿势（30 个项目）、移动（89 个项目）、实物操作（24 个项目）3 个能区。

（4）评定精细动作主要测试抓握（26 个项目）、视觉-运动整合（72 个项目）两个能区。

（5）各运动能区的每个项目分为 0 分、1 分、2 分，测试得分为原始分，通过量表附带的评分表，可得到粗大运动商、精细运动商和总体运动商，通过这些发育商可以确定被测试者的运动功能水平，同时也可确定是否有发生运动分离。

二、运动发育迟缓婴幼儿的照护对策

（一）情景式训练

1. 训练内容

情景式训练的 3 个重要组成部分为丰富的环境、游戏、目标活动，其最大的特点在于为运动发育迟缓的婴幼儿提供丰富的情景。主要包括：树下乐园区（锻炼感觉系统）、狮虎山坡区（锻炼俯卧、仰卧、坐位等不同姿势转换）、吊环区（锻炼上肢力量与全身运动协调性）、繁忙小河区（锻炼上下台阶、走平衡木、过吊索桥、荡绳过河等能力）、高尔夫球场区（锻炼走、跑、蹲、全身运动准确性）、攀爬乐园区（锻炼攀岩、爬树、力量与全身运动协调性）、动物喂食区（锻炼走、跑、蹲、投、上肢运动准确性）、葫芦架区（锻炼下肢力量与全身运动协调性）、小足球场区（锻炼走、跑、蹲、踢、下肢运动准确性）。

2. 训练周期

隔日 1 次，每次 30 分钟，10 次为 1 小疗程，3 个小疗程为一大疗程。

（二）Peabody 运动训练

1. 训练内容

（1）鲍巴氏（Bobath）法：主要训练内容为头部的控制训练、头部的支撑抬起训练、翻身训练、爬行训练、站立行走训练等。

（2）沃伊塔（Vojta）法：治疗师让婴幼儿采取一定的体位，对身体一定部位给予压迫刺激，诱导产生全身性、协调化的反射性移动运动，促进运动发育迟缓婴幼儿移动运动能力的发展，包括反射性翻身和反射性腹部爬行动作。

2. 训练周期

在遵循婴幼儿运动发展规律的基础上，每次 30 分钟，每周训练 3 次，3 个月为一个疗程。

（三）早期康复护理

1. 运动干预

1 岁以下运动发育迟缓婴儿多给予翻身、站立、握拳等训练。1 岁以上运动发育迟缓幼儿给予行走训练、俯卧位双手支撑训练；同时早期给予患儿被动操训练，对存在的异常姿势或反射进行调整，不断引导正确姿势。每次运动时间在 20 分钟以内，每日进行 3 次。

2. 感觉、知觉干预

为运动发育迟缓婴幼儿播放音乐刺激患儿听觉，利用颜色等刺激患儿的视觉，经常带其到户外活动，以促进脑部发育和运动能力的提升。

3. 心理干预

对于运动发育迟缓的婴幼儿，专业照护者应给予足够的爱心和耐心，多和其互动，创建良好关系，使其能够积极配合护理人员完成操作，并减少紧张情绪。

4. 检查

定期对运动发育迟缓婴幼儿进行全面检查，对其整体发育情况、运动发育情况等进行综合评估，确保治疗方案和护理的可行性。

5. 家庭指导

专业照护者为运动发育迟缓婴幼儿家长解释运动发育迟缓的因素、治疗方法和预后等，让家长给予足够重视，积极配合婴幼儿训练，不断改善预后。

拓展阅读

正常抱姿对运动发育迟缓患儿运动功能及异常姿势的影响

由于运动发育迟缓患儿颈部及背部肌肉发育不完善，通常无法较长时间支撑头部，因此抱 1 岁以内患儿姿势很重要，家长正确的抱姿对纠正运动发育迟缓患儿异常姿势有所帮助，而错误抱姿则会加重患儿异常姿势，甚至会进一步影响患儿后期运动功能发育。1～3 个月的婴儿由于不能较长时间支撑头部，正确的抱姿应是将患儿头放在左臂弯里，家长肘部护着婴儿头，左腕和左手护患儿背部及腰部，右小臂护着婴儿腿部，右手托着婴儿臀部。此时家长臂弯就可保护婴儿背部脊椎，双手交握时正好在婴儿臀部形成一个重要支撑点。

在常规康复干预基础下辅以正确抱姿有利于提高运动发育迟缓患儿头部控制能力、躯干控制能力和双上肢运动功能，纠正患儿异常姿势，提高其整体运动功能和生活自理能力。

资料来源：梁忠培，等．正确抱姿对运动发育迟缓患儿运动功能及异常姿势的影响 [J]．中华物理医学与康复杂志，2017，39（8）．

岗位操作

帮助脑瘫婴幼儿学会用手

东东是一名脑瘫幼儿，3 岁的他手眼协调能力较差，手部活动笨拙、不协调。日常生活中，东东不能自己穿脱衣服，用勺子吃饭时不能准确把饭送入口中，握笔不能画直线。康复医师为东东设计了针对性的康复训练。

（1）准备大块积木，让东东反复把积木从一边一块一块地拿到另一边。

（2）选择颜色鲜艳的多物品图画，让东东按照提示用手指准确地指出图片中的某个物品。

（3）在纸上用不同的颜色画上小圆点，让东东用蜡笔把两个相同颜色的小圆点连起来。

（4）在家时，妈妈也要随时鼓励东东完成一些日常生活中常做的动作，如穿衣服、自己用勺子吃饭，甚至可以要求东东帮忙拿一些轻的小物品。

经过一段时间的训练，东东的自理能力和动作控制能力明显提高，可以自己吃饭和穿衣服了。

操作解析：康复训练以游戏的形式开展，能有效地吸引运动发育迟缓婴幼儿的注意力，使其更好地配合训练。训练过程要循序渐进，由简到难。通过康复训练，可以帮助运动功能发育迟缓婴幼儿锻炼肢体活动能力，改善运动功能，实现生活自理，建立自信心，从而更好地融入社会生活。

第三节　注意缺陷多动障碍婴幼儿的照护

岗位情境

轩轩 2.5 岁了，但注意力差，不听指令，好动，情绪控制能力差，不能与别人进行有效沟通，被诊断为注意缺陷多动障碍（ADHD）。医生为轩轩制定了循序渐进的训练规划。经过训练，轩轩能对某个物品进行一定时间的观察了，也能听懂并正确执行部分指令了，注意力有明显提升。

上述情境中体现的是注意缺陷多动障碍婴幼儿的表现和训练。本节内容以注意缺陷多动障碍婴幼儿的照护为主题，主要探讨以下问题：注意缺陷多动障碍婴幼儿的特征有哪些？如何对 ADHD 婴幼儿进行照护和训练？

岗位知识

一、注意缺陷多动障碍婴幼儿概述

注意缺陷多动障碍（ADHD），俗称多动症，是儿童期最常见的神经精神障碍，通常在婴幼儿阶段出现，主要症状为注意缺陷、多动和冲动，也会出现学习困难、动作笨拙、情绪困扰和人际关系不良等问题。

（一）注意力缺乏

注意力缺乏是该类婴幼儿的核心特征之一，他们注意的持久性、集中性、分配性和转移性存在缺陷。在日常生活和学习中，其常见表现为：视而不见、听而不闻、不守规则、不服从指令、忘东忘西、易被干扰、做事有始无终等。

（二）多动、冲动

多动和（或）冲动是该类婴幼儿的另一核心特征，他们思考问题草率匆忙，想法形成快但缺乏周密性，做事缺乏条理，自我监控能力差。在日常生活和学习中，其常见表现包括：坐着时经常会觉得局促不安，玩手或玩脚，或是不断扭动身体；在需要坐着的状况下常常会站起来，或活动中离开椅子；在不适当的场合下，会到处乱跑或过度活跃；很难安静地玩耍或学习；极度爱讲话等。

二、注意缺陷多动障碍婴幼儿的照护对策

（一）感觉统合训练

感觉统合训练在 ADHD 婴幼儿干预中广泛应用。其通过强化感觉、认知、行为间的整合能力，提高婴幼儿的注意力以及信息从获取、加工到输出的连续性和协调性。

感觉统合训练的内容包括前庭觉、本体觉和触觉训练，并将认知、言语等内容整合到训练过程中，尤其要加强前庭觉的训练强度。训练中注重操作的连续性和持续性，以及训练内容之间的转换，以促进大脑的唤醒水平，提高感知觉、认知、语言和动作间的整合能力。

前庭觉、本体觉常见训练活动包括：溜滑梯（坐着或趴着）、滑板训练（乌龟爬、青蛙蹬、丢接球、旋转等）、斜坡走路、走跑停活动、球类运动（拍打、传递、投掷等）、荡秋千、蹦床活动、万象组合训练等。

触觉常见训练活动包括：触觉刷按摩和挤压、触觉步道活动（前行、后退、爬行等）、手指精细活动（黏土、手指画等）、毛毯包裹活动（翻滚、摇晃等）、摸箱活动（箱内装豆子、不同质感的物品等）、触觉球活动等。

（二）精细化照护

1. 心理照护

帮助多动症婴幼儿建立友好的关系，在照护过程中，若发现有冲动或不停扭动等问题，可引导其采用大喊或者跑步等方式发泄；照护人员需及时安慰、鼓励，耐心指导多动

症婴幼儿做好每件事情，当其出现急躁情绪时需适当指正，避免呵斥、打骂，当其表现良好时需立即表扬，通过此种方式提升自信。

2. 作息和饮食控制

适当安排多动症婴幼儿体育活动和学习时间，当其无法保持安静时可间歇性安排学习活动，引导其慢慢安静下来；在多动症婴幼儿睡眠前，可让其定时听轻音乐，用温水泡脚，睡前15分钟喝温牛奶，拉上窗帘为其创造良好的睡眠环境；饮食则需避免含铅过高的食物，同时可为多动症婴幼儿补充富含锌、钙等的食物。

（三）加强注意力训练

1. 视知觉训练活动

常见的有效训练活动包括：舒尔特方格、连线、迷宫、拼图、七巧板、乐高（中大颗粒）、找不同、影子训练、棋类游戏、找不同、找相同等。在训练过程中通过视动整合，让婴幼儿集中完成某项任务，以提升其专注力、自控能力和认知能力。

2. 听知觉训练活动

常见的有效训练活动包括：听并模仿、听故事复述、顺背倒背数字、听觉刺激配合以动作、口头任务等。

在活动设计和安排中尽量满足趣味性、多样性的要求，以提升注意力。以“听音乐做动作”为例，具体如下：

（1）活动准备：孩子喜欢/熟悉的儿歌；鼓、摇铃等乐器。

（2）活动开展：播放婴幼儿喜欢/熟悉的儿歌，告诉婴幼儿要仔细听，并随着儿歌的声音大小拍手，当音乐大声时就要大声拍，当声音变小则要小声拍，当音乐停止时则停止拍手。也可用乐器进行，如击鼓、摇晃摇铃等。

（3）拓展活动：提高声量改变的频率，如忽大忽小；使用不同肢体动作或结合性动作，如跺脚、拍手结合跺脚、蹦跳、与人击掌/握手等。

（四）绘画疗法

1. 特点及应用

绘画疗法是一种将绘画活动与心理治疗相结合的临床心理疗法，包括涂鸦画、自由画等多种形式，具有创造性、表现性、游戏性和非言语性等特质。绘画疗法对个体的认知和思维能力要求较低、容易操作，而且能引起个体的参与兴趣，被广泛应用于特殊儿童的治疗。研究（罗建明，2022）表明，经过一段时间的绘画治疗后，ADHD婴幼儿注意力维持时间和主动语言表达能力均呈现显著上升趋势。

2. 操作方法

每周一次，每次的绘画主题由 ADHD 婴幼儿自己决定，治疗师在主题的确定过程中用简单句帮助其更加清晰地表达自己的想法，在绘画的过程中不给予任何干预，绘画结束后请婴幼儿描述自己的作品，当其出现困难时，治疗师可以给予引导。

拓展阅读

脑电生物反馈训练

脑电生物反馈（EEG Bio-feedback，EBF），也称为神经反馈（NF），它是以操作性条件反射为原理，让学习者通过直接的视、听觉信号反馈学习来学会控制和调节大脑活动。目前 NF 已经成为与药物治疗并行的 ADHD 患儿的心理行为治疗方法。

NF 治疗 ADHD 患儿的疗效肯定，能有效改善 ADHD 患儿核心症状和认知功能。NF 治疗 ADHD 患儿的疗效与其疗程或治疗次数（20～40 次）、周频度（2～4 次）和单次治疗时间（20～40 分钟）有密切关系。

资料来源：陈桂芳，谢维爵．近 10 年我国脑电生物反馈治疗儿童注意缺陷多动症的效应探讨 [J]．绵阳师范学院学报，2021，40（11）．

岗位操作

帮助 ADHD 婴幼儿克服多动症状

30 个月的涛涛在家人眼里是一个特别调皮的孩子，他没有一刻安静的时候，给他念故事，他听不了几句就跑掉，让他吃饭，他吃几口就去干别的。上托育园的涛涛似乎很快融入了新环境，但是很快老师就发现，涛涛很难安静下来。老师教小朋友们唱歌，他唱不了几句就自己跑去玩具区玩玩具；画画的时候左顾右盼，用脚踢凳子；大家一起玩游戏的时候，他甚至会推搡别的小朋友。老师建议爸爸妈妈带涛涛去检查一下。经过检查评估，涛涛被诊断为注意缺陷多动障碍。治疗师为涛涛制订了一套训练计划，通过心理治疗和教育训练，达成短期目标和长期目标。

1. 短期目标

（1）上课时保持 10 分钟注意集中，不打断老师讲课，不打扰小朋友听课。

（2）遵守活动纪律，集体活动时不随意跑动，不拉扯、推搡别的小朋友。

（3）安静地吃饭。

2. 长期目标

克服多动症状，能自我控制，遵守秩序。训练干预过程如下：

（1）当涛涛不遵守上课秩序时，老师提醒和纠正时语气不生硬，保护孩子的自尊心。

（2）经常安排涛涛给其他小朋友做示范动作，让涛涛建立自信心，如站在前排带领小朋友们做操。

（3）当涛涛认真完成了老师的指令后，尽快给予夸奖和奖励，表扬涛涛的规范行为。规范时间从短到长，如“认真听 10 分钟老师讲课”，到 10 分钟后表扬其遵守纪律。

（4）开展拼图、绘画等需要较强控制力的活动，并逐渐延长时间，以培养涛涛的注意力。

经过一段时间的训练，涛涛能保持安静的时间逐渐拉长，扰乱课堂的行为大幅度减少，虽然还不能集中精力听课，但是也很少打扰别的孩子，在一些活动中能保持一定的注意力。

操作解析：对于注意缺陷多动障碍患儿，心理辅导、行为纠正可以起到良好的治疗作用，若不及时纠正，会影响学习甚至生活。通过训练，可以让孩子建立基本的秩序观，做到自我控制，从而更好地学习和生活。

第四节　沟通障碍婴幼儿的照护

岗位情境

鹏鹏从出生就跟着务农的爷爷奶奶生活，爷爷奶奶在保证鹏鹏吃饱喝好穿暖之外，很少与鹏鹏交流，他们觉得孩子太小，说了也听不懂。这导致 3 岁的鹏鹏虽然可以发音，但不会用语言进行主动表达，不与人进行眼神交流，虽然能听懂指令，但是依从性很差。这次妈妈回来发现了鹏鹏的异常，带他到医院检查，被诊断为自闭症。妈妈带着鹏鹏开始了系统的康复训练。训练内容如下：

（1）通过看图片说出图片上的物品增加鹏鹏的词汇量。康复师指着图片说名字，然后让鹏鹏模仿着说，不断重复，经过一段时间的训练，鹏鹏掌握的日常生活物品的词汇量明显增多。

（2）让鹏鹏理解指令并准确操作。康复师按照指令进行操作演示，如康复师说“拿一个红苹果过来”，然后伸手从桌子上的篮子里拿一个红苹果放在面前的桌子上。反复做几遍，让鹏鹏学着做。经过一段时间的训练，鹏鹏能完全理解“拿过来”这个词的含义，并能准确地操作了。

上述情境中体现的是自闭症婴幼儿的康复训练。通过康复训练，能让自闭症婴幼儿逐渐学会如何与人沟通，为其日后融入社会正常生活奠定基础。本节内容以沟通障碍婴幼儿的照护为主题，主要探讨以下问题：婴幼儿的语言沟通障碍如何划分？应如何对沟通障碍婴幼儿进行干预训练？

岗位知识

一、婴幼儿语言沟通障碍分类

婴幼儿语言沟通障碍可以分为语言障碍和言语障碍两种类型。语言障碍是指个体具有的语言学知识系统落后于正常发展水平。言语障碍是指个体理解或运用语言的能力有缺陷，不能进行正常的语言交往活动。在日常生活中，语言障碍和言语障碍常被统称为言语和语言障碍，或语言障碍。

（一）言语障碍

1. 构音障碍

构音障碍主要表现为发音不准、咬字不清，存在音调、声响、节律、速度异常及鼻音过重等言语听觉特性的改变，说话含糊不清、不流利。但构音障碍婴幼儿语法和言语所表达的内容往往是正常的，理解他人的语言也无困难，仅仅表现为口语的表达障碍。

解剖、生理、心理和环境等方面的问题都会造成构音障碍，如唇腭裂、发音器官肌肉运动不良、听力损伤、情绪障碍等。另外，婴幼儿在构音学习阶段没有得到正确的指导和训练，也容易发生构音障碍。

2. 声音障碍

声音障碍指婴幼儿的发音引起听者的特别注意和不舒服感。首先是音质异常，如声音沙哑、尖声、唇腭裂的婴幼儿无法发出鼻音等。其次是音高异常，如男孩音高过高，说话过程中音高不定、忽高忽低等。此外还有音量异常，如音量过小或过大。

声音障碍可由咽喉炎、声带息肉、喉部发育异常等疾病引起，心理和性格因素也是造成婴幼儿声音异常的重要原因，如紧张、恐惧等。另外，不正确的发音习惯，也会造成声音异常。

3. 言语流畅性障碍

言语流畅性障碍指婴幼儿说话时不自主地出现声音延长或中断，无法表达自己的想法，俗称口吃或结巴。口吃的原因至今无定论，可能与发音系统和肌肉协调障碍、焦虑等因素有关。

（二）语言障碍

婴幼儿语言障碍指婴幼儿理解或使用口语、书面语时出现障碍，语言发展的速度、程度等低于同龄正常婴幼儿。语言障碍可分为语言发展迟缓和失语症两类。

1. 语言发展迟缓

婴幼儿语言发展迟缓包括语言发展的时间晚、速度慢、程度低，主要表现为词不达意、语法混乱、措辞不当、词汇学习困难等。

语言发展迟缓与遗传、神经功能失调、智力低下、听觉障碍、精神及心理疾患等原因有关。

2. 失语症

失语症指原来已获得的语言功能丧失，表现为语言的理解能力和表达能力下降，语言功能失调。

婴幼儿失语症主要是由各种原因引起的脑损伤导致的，如脑外伤、癫痫、脑炎、中毒等。

二、沟通障碍婴幼儿的照护对策

（一）评估确定方案

做好特殊婴幼儿语言、言语水平的评估，紧扣评估结果确定训练的方案。利用不同的资源为沟通障碍婴幼儿创设丰富多彩的沟通环境，借助多种辅助材料和设备进行沟通训练。语言训练要加强日常生活中的语言学习和应用。要正视特殊婴幼儿的现有水平，充分利用其现有的水平，对症训练。

（二）训练方法

1. 语言沟通为主

教师和家长为婴幼儿提供正确的语言范式，让婴幼儿反复模仿以纠正语音的错误，通过示范反复强化练习。可将语言训练与游戏相结合，为婴幼儿创设一个轻松愉悦的训练氛围。多与特殊婴幼儿进行日常交流，通过讲故事、聊天等方式促进其对语言的理解和对词汇的掌握。

2. 非语言沟通为辅

利用多种感觉途径进行训练，如“看”“听”“摸”。例如，让特殊婴幼儿触摸脖子，感受发声时的震颤；采用视觉刺激的方式帮助特殊婴幼儿理解并学习语言，如用图片交流，用适当的手势、身体语言来表达意图。

拓展阅读

儿童语言障碍

根据美国 2013 年发布的《精神障碍诊断及统计手册》（第 5 版）（DSM-5），儿童语言障碍的诊断标准是：在不同的语言领域（听说读写）内，学习和运用语言的能力都有长期的困难，包括低词汇量、牵强的组词组句能力、叙事和对话困难；儿童的语言能力大幅度、可量化地低于同龄儿童的语言水平，导致儿童无法正常地进行社交、与他人交流、跟上学业或知识学习；障碍最初发生于儿童发育的早期；语言障碍并非由听力或其他感觉器官受损、神经运动系统障碍或其他精神类障碍引起。

资料来源：刘雪曼．儿童语言障碍与语言评估［J］. 中国听力语言康复科学杂志，2019，17（3）.

岗位操作

帮助自闭症婴幼儿开口说话

双双快 3 周岁了，但是还不会说话，只有简单的无意识发音，语言理解能力较差，很少与人进行眼神交流，专注力较差，很难专注地做一件事。经过检查，双双被诊断为自闭症。妈妈一手带大双双，双双对妈妈非常依赖，如果突然看不到妈妈，双双的情绪会立刻失控，很难安抚。根据双双的情况，康复中心为双双制定了训练方案，帮助双双提高语言表达能力，与别人正常交流。

（1）首先老师与双双建立良好的关系，老师通过叫名字、打招呼的方式吸引双双的注意，并让双双用眼神回应。通过反复操作，双双与老师的眼神接触越来越多，并能进行短暂注视。

（2）在老师的指导下，双双开始做口腔的训练，如和老师面对面吹乒乓球，锻炼双双口部的肌肉运动能力。经过训练，双双能注视乒乓球，并能有意识地吹动乒乓球向某个方向滚动了。

（3）让双双模仿老师发单音节，如“ɑ”“o”“e”，双双也能注视着老师，模仿老师发音，尽管双双发出来的声音模糊而不清晰，但这对她来说已经是非常大的进步了。

（4）鼓励双双在日常生活中看到什么就说出这个物品的名字，以锻炼双双的注意力和语言能力。

操作解析：经过训练，双双的发音和语言理解能力明显提高。自闭症婴幼儿经过系统的康复训练，能提高注意力、语言能力和理解能力，从而更好地融入社会生活。

证书标准

根据《国家职业技能标准　婴幼儿发展引导员》（职业编码：4－10－01－01），本章对应四级和三级的部分工作要求，如表 9－1 所示。

表 9－1　婴幼儿发展引导员标准及要求

级别	职业功能	工作内容	技能要求	相关知识要求
四级	3. 发展引导	3.1 动作发展	3.1.3 能指导看护人发展婴幼儿抬头、翻身、坐、爬、站立、走、跑、钻、踢、跳等粗大动作 3.1.4 能指导看护人促进婴幼儿抓、捏、握等精细动作发展	3.1.2 婴儿先天性反射的相关知识 3.1.3 婴幼儿粗大动作发展的基本规律 3.1.4 婴幼儿精细动作发展的基本规律
		3.2 语言发展	3.2.1 能指导看护人结合实物和动作，引导婴幼儿倾听和理解语言 3.2.2 能指导看护人引导婴幼儿使用声音、动作和词汇等进行简单的互动和交流	3.2.1 婴幼儿言语发展的整体特点及影响因素 3.2.2 反应式倾听与及时回应在婴幼儿语言发展中的重要性
	4. 发展测评与咨询	4.1 发展测评	4.1.3 能使用适宜的沟通技巧了解婴幼儿发展及照护状况	4.1.3 倾听技巧和谈话技巧 4.1.4 婴幼儿照护状况的知识

续表

级别	职业功能	工作内容	技能要求	相关知识要求
三级	3. 发展引导	3.1 动作发展	3.1.2 能指导看护人丰富婴幼儿的运动活动和经验，增加户外运动的机会	3.1.2 婴幼儿粗大动作发展的类型与训练 3.1.3 婴幼儿精细动作发展的类型与训练
		3.2 语言发展	3.2.1 能指导看护人结合日常生活，用丰富的语言与婴幼儿互动 3.2.2 能指导看护人鼓励婴幼儿多听、多看、多说和多问	3.2.1 婴幼儿前言语时期的特点 3.2.2 婴幼儿单词句时期的特点 3.2.3 婴幼儿电报句时期的特点 3.2.4 婴幼儿简单句时期的特点 3.2.5 婴幼儿语用发展的特点
	4. 发展测评与咨询	4.1 发展测评	4.1.3 能就婴幼儿发展方面的常见问题提供咨询	4.1.3 就婴幼儿发展方面常见问题提供咨询的方法

关键术语

视觉受损　　听觉受损　　运动发育迟缓　　注意缺陷多动障碍

绘画疗法　　言语障碍　　语言障碍

课后思考

1. 视力障碍婴幼儿可通过哪些方式进行训练？
2. 听力障碍婴幼儿可通过哪些方式进行训练？
3. 如何训练运动发育迟缓的婴幼儿？
4. ADHD 婴幼儿常见的训练方法有哪些？试着设计一个感统训练方案。
5. 如何帮助沟通障碍婴幼儿提升语言表达能力？

技能演练

1. 技能练习——实际情境问题

淇淇是一名感觉障碍患儿，为了让淇淇能更好地融入社会，妈妈把淇淇送到了托育园。小刘老师接待了淇淇，如果你是小刘老师，未来你将如何帮助淇淇进行康复训练呢？

2. 技能提升——感觉障碍婴幼儿隧道探险活动

［活动目标］

（1）锻炼感觉障碍婴幼儿淇淇的感觉。

（2）学会与感觉障碍婴幼儿交流。

［活动背景］

（1）幼儿园内准备好婴幼儿隧道玩具、积木、玩偶。

（2）感觉障碍婴幼儿淇淇进行隧道探险游戏。

［活动过程］

（1）让淇淇头朝前脚朝后爬进隧道里，从隧道另一头爬出，然后让其脚朝前、头朝后倒着爬进隧道，从另一头爬出。

（2）向淇淇介绍不同材质玩具的具体情况，如这个小熊猫是塑料的，塑料是滑滑的，小熊猫有黑黑的眼圈和圆圆的小耳朵；这个小老虎是毛绒的，它摸起来软软的、毛茸茸的，它的颜色是黄色的。然后将玩具放入隧道内。

（3）让淇淇爬进隧道取出塑料小熊猫。

（4）发现淇淇拿错了，再次给他讲解塑料小熊猫的特点，让淇淇再次爬进隧道拿塑料小熊猫。

（5）密切关注淇淇的情绪，如果出现情绪急躁则及时安抚。

（6）淇淇高兴地拿到了正确的塑料小熊猫。

［活动评价］

（1）是否注意与婴幼儿交流的方法、口吻、态度。

（2）是否能够注意观察婴幼儿的情绪。

［活动记录］

（1）婴幼儿情绪持续时间：______分钟。

（2）与婴幼儿沟通难度：A. 容易　　B. 适中　　C. 困难

（3）婴幼儿配合程度：A. 很配合　　B. 一般　　C. 不配合

[家庭方案]

倾听实践：和家人沟通，鼓励家人和婴幼儿在一起时，敏感回应，积极倾听发生了什么、婴幼儿的感受是什么，和婴幼儿一起想解决策略，并用简洁的文字或图片记录下父母和婴幼儿彼此的成长。

[活动提示]

（1）注意随时观察，在婴幼儿需要时再给予及时回应。

（2）注意和婴幼儿的交流方式。

（3）和家长合作，共同照护婴幼儿。

第十章　婴幼儿照护相关问题一对一指导

学习目标

知识目标

1. 了解婴幼儿母亲产后抑郁。
2. 熟悉婴幼儿独立能力的培养。
3. 掌握婴幼儿分离焦虑和攻击性行为的解决策略。

技能目标

1. 能够为应对不同婴幼儿的分离焦虑提供方法指导。
2. 能够为应对不同婴幼儿的攻击性行为提供方法指导。
3. 能够为婴幼儿母亲缓解产后抑郁提供合理化建议。

素养目标

1. 树立“以婴幼儿为中心”的服务意识，促进亲子关系发展。
2. 关心婴幼儿不同问题，能够站在促进婴幼儿发展的角度解决问题。

学习导图

- 婴幼儿照护相关问题一对一指导
  - 1.婴幼儿分离焦虑的干预指导
    - 过程设计
    - 科学依据
  - 2.婴幼儿独立能力培养的具体指导
    - 过程设计
    - 科学依据
  - 3.婴幼儿攻击性行为的干预指导
    - 过程设计
    - 科学依据
  - 4.婴幼儿母亲产后抑郁的干预指导
    - 过程设计
    - 科学依据

第一节　婴幼儿分离焦虑的干预指导

岗位情境

情境 1：早上，萱萱是和姥姥一起来的托育机构，一路上姥姥都将萱萱抱在怀里，到了门口刚要放下的时候，萱萱就开始大哭，抓着姥姥的脖子不放，放到地下后，她又使劲儿抓着姥姥的衣服不松手，老师上前哄她，将她抱起，姥姥告诉萱萱："中午姥姥就来接你！"老师抱了一会儿萱萱，就让另一位老师将她领到座位上，可她还是一直哭泣，嘴里说着"找妈妈""找姥姥"，并且一直跟在副班老师身后，只要看不见副班老师就放声大哭。这半天，萱萱几乎就是在哭声中度过的，一直到午餐前看动画片，吃完午餐，姥姥来接她的时候，她才停止哭泣，露出了笑脸。

情境 2：萱萱每天的早餐几乎都是最后一名吃完，而且需要有老师在身边陪着吃饭，进餐质量不高。饭后漱口之后，她会跟在陪着她吃饭的老师身后不去参加带班老师组织的活动。一次故事活动，带班老师发现萱萱还在盥洗室，便将萱萱带回座位。之后，萱萱就开始大哭，导致老师无法正常进行活动，带班的老师就把萱萱叫到面前，抱着她讲故事，萱萱才逐渐停止了哭泣。

岗位指导

一、过程设计

（一）第一步：设定目标

（1）安抚婴幼儿的情绪。

（2）缓解婴幼儿的分离焦虑。

（3）帮助家长应对婴幼儿的分离焦虑。

（二）第二步：把握现状

萱萱的分离焦虑主要表现为大声哭、重复句子和依恋老师，其中重复句子往往是与大声哭同时出现的。萱萱是班里分离焦虑状况最为严重的孩子。

1. 对家长的强烈依恋

托育老师在与萱萱家长的谈话中了解到，萱萱妈妈在生产之后，曾经辞去工作在家照顾她一年的时间。这就让她对母亲的依恋更加强烈。母亲恢复工作之后，萱萱的姥姥成了萱萱主要的照护者，父母工作十分忙碌，早出晚归，萱萱将对母亲的依恋转移到了姥姥身上。由此可见她的主要依恋对象是妈妈和姥姥。

2. 适应阶段出现间断，导致情绪反复

在入园的第一周，萱萱因生病请了两天病假，第二周又请了两天病假，这对其适应托育机构的生活造成了困难，她的情绪也呈现出反复消极的状态，对托育机构的归属感与信任感尚未完全建立。

（三）第三步：影响因素

1. 家长对婴幼儿的溺爱

在与家长预约谈话时间时，老师了解到萱萱的父母平时工作很忙，经常早出晚归，无法与萱萱进行交流，只有在休息的时候可以和她在一起，会带着她出去玩或是到商场买她想要的玩具，对孩子的一些要求都会尽量满足，从物质上弥补对萱萱的“亏欠”。由此就形成了以婴幼儿为中心的教养方式，萱萱的要求基本都会被满足。但是到了托育机构，老师要照顾更多的婴幼儿，不能只面对萱萱自己，在没有老师关注的时候她就会大声哭泣，以此来吸引老师注意，让老师陪在她身边，这样她就会停止哭泣。由此可以发现，家长对婴幼儿的过度宠爱是让婴幼儿产生严重分离焦虑的原因。

2. 家长自身分离焦虑的影响

家长自身在婴幼儿入托前就感到强烈的不安、焦虑，因为老师需要面对十多个孩子，因此家长会担心萱萱在托育机构内得不到全面的照顾，怕她无法适应托育机构的生活等。家长在面对出现分离焦虑的萱萱时会变得紧张，家长的这种焦虑情绪会直接或间接地影响到萱萱的情绪。萱萱姥姥因为不忍心而在托育机构门口长时间停留也会加重分离焦虑。

第四步：指导方法

1. 教师方面——提高自身专业素质

（1）教师应做好入托前家访工作。

在婴幼儿入托前，教师可以到婴幼儿家中进行实地访问，了解其生长情况、性格特征、兴趣爱好、特殊需求、既往疾病史和过敏史等，以及父母的养育方式、教育期望和育儿观念。教师与婴幼儿家长之间的有效沟通，有助于教师及时调整教育策略，也有助于家长认识和了解教师，为后期信任教师、家园共育奠定良好的条件和基础。另外，在婴幼儿入托之前的家访中，教师不仅仅要做到与家长有效地交流和沟通，更要与婴幼儿进行良好的互动，提前与婴幼儿建立较亲密的关系。

（2）教师应创设符合婴幼儿发展需要的环境。

良好的环境，可以减轻婴幼儿的紧张感和分离焦虑，帮助婴幼儿尽快适应托育机构生活，爱上托育机构。教师需要以婴幼儿为中心，创设和谐温馨、生活方便、可以依恋、有安全感的托育机构环境。可以设计一面“宝宝之家”墙体版面，粘贴全家福或者对婴幼儿来说最有意义的照片，让班级的婴幼儿感觉到家人的陪伴；可以在墙面上布置婴幼儿喜欢的小动物图案等，让他们在新环境中找到熟悉感与趣味性；可以允许婴幼儿从家中带来小玩具或者小绿植并自由选择区角位置摆放，使婴幼儿在班级每个角落都可以找到自己熟悉的物品，从而对环境感到心安，并树立起对教师的信任。

（3）建立良好的师幼关系。

教师的细心关怀、爱与照顾可以缓解婴幼儿对陌生环境的焦虑和恐慌。对于哭闹的婴幼儿，教师应积极做好安抚工作，用爱去关心和呵护婴幼儿，如蹲下来与婴幼儿谈话，抱一抱、拍一拍、夸一夸，以亲切的微笑、诚恳的态度面对婴幼儿，减少婴幼儿对新环境的陌生感和恐惧感，增加亲近感，让婴幼儿对教师产生依恋。

对于个别焦虑情绪较严重的婴幼儿，教师不仅要耐心做好安抚工作，还应积极采取措施帮助婴幼儿“自愈”，让他们在集体中感受到被他人需要的乐趣和自豪感，从而在集体生活中找到爱和归属感，在快乐劳动中得到大家的尊重与赞美。同时，教师应组织形式多样的有趣的游戏或丰富的教学活动，积极有效地与婴幼儿互动，使婴幼儿将注意力集中起来而无暇顾及其他，从而帮助其缓解分离焦虑。

（4）借助绘本缓解分离焦虑。

教师可以选择抗分离焦虑的绘本，如《小猫头鹰》《魔法亲亲》《啵》。其中，《小猫头鹰》是想让婴幼儿认识到妈妈不会丢下自己，到时间会来接自己回家；《魔法亲亲》是为了让婴幼儿了解家长对自己的爱，在爱的陪伴下去上学；《啵》则是希望婴幼儿可以认识到托育机构的生活丰富多彩，可以及时向自己喜欢的朋友、老师、家人表达爱意。

2. 家长方面——调整心态

分离焦虑这种现象不仅仅出现在婴幼儿身上，在家长身上也同样存在，他们会担心很多问题，如孩子在家里经常调皮捣蛋，能老老实实听老师话吗？托育老师会对孩子好吗？现在上学会不会太早？家长要尽量避免在孩子面前表现出自己的焦虑，因为家长的情绪无形中就会影响孩子的情绪，从而加重分离焦虑。

（1）提前适应环境。

入托之前，多带孩子到这个园区附近或者到园区里熟悉环境。入托前可以玩角色扮演，爸爸妈妈扮演学生，孩子扮演老师，之后再更换角色。

（2）不偷偷溜走。

有的家长不忍面对婴幼儿的哭闹，会趁婴幼儿不注意偷偷溜走。众多心理学家和教育学家都反对家长采取类似的做法：虽然我们暂时逃过了哭闹的折磨，但是当婴幼儿反应过来父母不在身边了，就会感到很恐慌，他会更加害怕父母离开，分离焦虑也会愈加严重。

（3）告别时要态度坚定。

托育机构门前经常能看到家长看着孩子哭闹，不忍离去，反复回去安慰自己的孩子。然后家长会发现，这样做反而会让情况更加糟糕。婴幼儿对于大人的情绪很敏感，如果家长的情绪很焦虑，那他也会焦虑。跟孩子告别时，不妨快乐并坚定地说再见，给他一个爱的抱抱和亲亲，并告知他什么时候过来接他。

（4）遵守承诺。

如果承诺孩子放学过去接他，就准时过去，一次两次的失约不仅会让分离焦虑变得更严重，还会失去孩子对你的信任。

（5）用高质量的陪伴来缓解婴幼儿的焦虑。

当孩子哭泣、呼喊时，及时接收信号，给予正确回应，多跟孩子进行充满感情的拥抱与接触、微笑、表扬和交流等。在接孩子回家的路上，可以跟孩子聊聊托育机构里发生的事，谈谈自己一天的工作，并表示自己一直在想他。

二、科学依据

通过使用“0～6 岁儿童发育行为评估量表”和“2～6 岁学龄前儿童行为量表”客观地评估儿童的发育现状、情绪和行为问题；通过使用“0～6 岁儿童家庭养育环境量表”测评儿童家庭养育环境，并对家长进行针对性养育指导。

拓展阅读

岗位知识

1. 分离焦虑

分离焦虑，就是指婴幼儿进入托育机构和抚养者分离时，所表现出来的一种焦虑、不安等情绪和行为。

2. 约翰·鲍尔比（John Bowlby）通过观察把婴幼儿的分离焦虑分为三个阶段

（1）反抗阶段——号啕大哭，又踢又闹。

（2）失望阶段——仍然哭泣，断断续续，吵闹减少，不理睬他人，表情迟钝。

（3）超脱阶段——接受外人的照料，开始正常地活动，如吃东西、玩玩具，但是看见母亲时又会露出悲伤的表情。

3. 克服分离焦虑的亲子游戏

（1）游戏一：躲猫猫游戏。

妈妈可以拿一块手帕挡住自己的脸，再忽然拿开；或者当着孩子的面把他喜欢的玩具藏在手帕下面，让孩子自己掀开，引导孩子认识“东西虽然不见了，但并没有消失”，逐渐理解客体永久性。

（2）游戏二：走停走停。

妈妈逐渐往远离孩子的方向走，让宝宝当“遥控器”控制妈妈，喊“走”“停”或者孩子往远离妈妈的方向走，妈妈来喊“走”“停”。孩子远离妈妈去探索，一旦觉得距离无法承受，可以很快跑回妈妈身边，把妈妈作为安全基地。这样他们既不会逃避，也不至于崩溃。

（3）游戏三：秘密任务。

妈妈把东西藏到不同房间，让孩子去各个房间完成找东西的秘密任务，再逐渐让执行任务的地点越来越远。

第二节 婴幼儿独立能力培养的具体指导

岗位情境

马上要午休了，小朋友们纷纷开始脱外套、叠外套，脱鞋子上床睡觉，而快 3 岁的振宇则站在一边一动不动，张老师看了他一眼，他走过来说："老师，我不想睡觉。"于是，张老师蹲下来，告诉他，小朋友们吃过饭后都要午休，如果你不想睡的话就在床上躺一会儿。这时他悄悄告诉老师："老师，我不会自己脱衣服。"张老师突然明白了他为什么不想睡觉。于是，老师帮助他脱了衣服，他高兴地上了床。可别的宝宝都上床盖好被子躺下了，他还坐在床边，摆弄着他的小枕头，张老师说："宝贝，快躺下睡觉。"振宇眼睛含着泪水说："老师，我不会自己盖被子。"

岗位指导

一、过程设计

（一）第一步：设定目标

（1）婴幼儿能够独立吃饭、午睡。

（2）提升婴幼儿独立能力。

（二）第二步：把握现状

1. 隔代抚养，成年人过分宠爱

振宇的母亲是一名律师，平时工作繁忙，他主要是由奶奶照顾，老人比较惯着孩子，加上振宇的年纪也比较小，为了节约时间、减少麻烦，穿衣服、吃饭等在家里都是奶奶在照顾。"隔代亲"的现象普遍存在，祖父母们往往都认为婴幼儿年纪还小不懂事，很多东西现在不会也没有关系，大人可以先帮着做或代替做，导致婴幼儿生活自理能力较差。

2. 婴幼儿年龄小限制了生活自理能力的发展

振宇在托班，年龄小于3岁。调查结果表明，2～3岁幼儿生活自理能力的整体水平偏低。从卫生、饮食、起居、入离园四个维度看，婴幼儿年龄越小，生活自理能力越差。

（三）第三步：影响因素

1. 婴幼儿精细动作发展不够完善

从卫生、饮食、起居、入离园等维度分析，生活自理能力更多地需要婴幼儿精细动作的参与，精细动作主要指通过手和手指等部位的小肌肉群运动，在感知觉、注意等心理活动下完成的抓、握、捏、提等一系列动作。托班婴幼儿精细动作发育程度整体都不够完善。

2. 家长缺乏科学的教养方式

家长没有对婴幼儿的生活自理行为给予充分的信任，在自理能力培养方面限制过多、保护过度，导致婴幼儿应有的自理能力缺失。家长对这项能力的培养也没有明确的目标和计划，教育的方式也表现出随意性，缺乏专业科学性。而且家长对婴幼儿的生活自理能力培养问题不够重视，婴幼儿缺乏锻炼的机会，导致自理能力受到影响。

3. 教师的专业素养不高

教师的专业素养包括先进的教育理念、专业知识、教育技能和方法。从上述案例来看，教师在振宇生活自理能力方面出现代劳现象。教师在操作方法上没有系统、规范地为婴幼儿演示，说明教师本身在培养婴幼儿生活自理能力方面的意识比较欠缺，在婴幼儿卫生、起居等自理能力较弱的方面教师的主导地位明显，孩子缺乏锻炼机会。

（四）第四步：指导方法

1. 了解婴幼儿身心发展规律，多一些耐心

3岁以下的婴幼儿生活自理能力不高，照护者应该尊重婴幼儿年龄差别所带来的自理能力上的差异，对其多一点耐心和爱心。首先，可以设置娃娃家，为婴幼儿提供一些娃娃布偶，他们在给娃娃梳头发、换衣服的同时不但能获得游戏的乐趣，也能获得生活的经验，还能锻炼手部的肌肉。其次，要为婴幼儿提供相对宽松的心理环境，对婴幼儿的生活自理行为表现以鼓励为主，对于出现的“错误”，采取较为柔和的态度，不苛责出现的“过失”，保护婴幼儿的积极性和自尊心。

2. 统一教育观念

很多祖辈认为婴幼儿年纪小、不懂事，很多事情不能让他去做，所以祖辈们就亲力亲

为、包办代替。很多时候父母想让婴幼儿自己去完成，与祖辈想法出现偏差。在教育中，抚养者要“心往一处想，劲往一处使”，统一的家庭教育观念会让教育更有指向性。父母与其他家庭成员之间要统一思想，对婴幼儿的引导方向要保持一致，否则其在接受教育的过程中会发生混乱。

3. 更新爱的观念，改变爱的方式

把学习的机会交给婴幼儿，培养其自理能力及对外界的适应能力，能够为其今后健康发展奠定良好的基础。但是这种爱的观念和方式往往被许多父母所忽视。一般情况下家长对婴幼儿的疼爱都表现在细致周到的照顾上，并事事代劳。改变爱的方式就是要注重独立性、自主性的培养，提高婴幼儿的适应能力。

4. 确定适当范围，支持孩子“自己来”

凡是婴幼儿能自己做的事，支持他自己做，并随着其年龄的增长不断扩大“自己来”的范围。如 1 岁的婴幼儿自己吃饭，2 岁左右的婴幼儿自己洗手洗脸、爬楼梯、穿脱鞋子等。这样既可锻炼婴幼儿动作的灵活性、准确性，又可增强其自理能力。

5. 耐心指导，教会技能

由于婴幼儿年龄小、能力差，在尝试“自己来”时往往搞得一塌糊涂，这时父母应耐心指导，做好示范，教会“自己来”的技能，帮助其进步、成功，从而使其获得足够的自信心。切忌苛求斥责，否则势必导致胆怯、消极、缺乏自信的不良心理。

6. 适当提醒，持之以恒

许多事情婴幼儿要自己来只是一时的兴趣，因此要使其从小养成自己的事情自己做的好习惯，必要时父母给予适当的提醒和鼓励。若孩子不愿自己做，则可说：“妈妈知道宝宝很能干，一定会做的。”或说：“宝宝上次做得那么好，今天一定能做得更好。”以此来强化爸爸妈妈的指令，激励他持之以恒，养成好习惯。如果婴幼儿愿意自己做的事情确属力所不及，要耐心讲道理，让其明白不能自己做的原因，而不只是简单地制止。

二、科学依据

通过使用“0～6 岁儿童发育行为评估量表”和“Peabody 运动发育量表-Ⅱ”客观地评估儿童的发育现状和运动发育商；通过使用“0～6 岁儿童家庭养育环境量表”测评儿童家庭养育环境，并对家长进行针对性养育指导。

拓展阅读

岗位知识

1. 婴幼儿学习独立进餐四步法

（1）让婴幼儿和家长一起坐下安静进餐。不要打开电视机，家长不能边吃边做其他事情。

（2）让婴幼儿用手抓固体食物，逐渐过渡到用勺子吃饭。

（3）饭要盛得少少的，婴幼儿会很快吃完且还会再要。对食欲不佳的婴幼儿，尤其不能盛得太满。

（4）不要怕婴幼儿吃得“一塌糊涂”，可以给他戴上围兜，地上铺好报纸，便于餐后整理。过一段时间，你会惊喜地发现，不知不觉中他就可以自己吃得有模有样了！

2. 鼓励婴幼儿参与家务劳动

婴幼儿很喜欢模仿大人做家务，此时正是培养婴幼儿日常生活能力的好时机。

（1）真诚而具体地表扬、鼓励婴幼儿做家务，如：“宝宝知道自己去扔尿片呢，真棒！”“哎呀，妈妈不记得了，谢谢宝宝帮妈妈找到了！”

（2）和婴幼儿一起玩“过家家”，让他在游戏中“亲身体验”家务活，熟练技能。

3. 为婴幼儿提供自我服务的机会

（1）洗手、刷牙。比如可以玩游戏“脸盆里的水变黑了”或“小手变白了”等，使宝宝由于感到有趣而逐渐过渡到自觉地去做。

（2）利用早晚睡觉、起床、外出等时间，用激励的话语鼓励婴幼儿自己穿脱袜子、裤子和鞋子。

（3）整理收放物品。玩具玩好以后与婴幼儿一起整理玩具，把“玩具宝宝送回家”。

（4）吃饭、喝水。养成独立用餐、饮水的习惯。

4. 婴幼儿不肯自己的事情自己做该如何处理

（1）判断婴幼儿的能力水平，让婴幼儿做力所能及的事。

（2）及时地肯定和鼓励婴幼儿，让他有成就感。

（3）有耐心，不代劳，给婴幼儿充分锻炼的机会。

（4）给婴幼儿适当的指导，让婴幼儿学会做事的方法。

第三节　婴幼儿攻击性行为的干预指导

岗位情境

26个月的嘉嘉是一个胖胖的男孩，性格热情外向。上托育园的第一天他和小朋友一起玩时拿了一列玩具小火车，他没有把火车放在地上开，而是拿在手上甩来甩去，当他发现火车长得可以碰到别人时，就用小火车去抽同伴的脸，老师发现后将火车抢夺下来，嘉嘉一脸困惑，不知道自己做错了什么。他唱歌跳舞时会兴奋地抱住别的婴幼儿，压得别人摔在地上；有时打招呼会用力拍拍同伴的脑袋，把别人拍痛；有时玩得手舞足蹈，幅度一大就弄痛了旁边的小朋友。

岗位指导

一、过程设计

（一）第一步：设定目标

（1）减少婴幼儿攻击同伴的次数和频率。

（2）改善婴幼儿的同伴关系。

（二）第二步：把握现状

1. 父亲错误的行为

老师通过和家长交流，了解到嘉嘉在家就喜欢打他的爸爸耳光，而爸爸不怒反乐，认为儿子在和他闹着玩。

2. 婴幼儿词汇量有限，难以表达

嘉嘉词汇量有限，语言表达能力有待提升。当他遇到挫折或感到愤怒时，倾向于使用“他的语言”，也就是用攻击行为来表达情绪。

（三）第三步：影响因素

1. 家长错误的教养方式

嘉嘉将家中作为娱乐方式的抽打动作迁移到集体生活之中，他并没有意识到这种得到爸爸许可的行为会给别人带来不快，所以当被老师制止后他反而不知所措，并没有表现出应有的羞愧或不安，这与家庭教养方式息息相关，家长没有抓住适当的教育契机，导致嘉嘉是非不明，表达感情的方式不当。

2. 模仿看到的暴力行为

放学后，嘉嘉喜欢看奥特曼，根据班杜拉的观察学习理论，个体可以通过观察他人的行为及强化的结果来习得某些反应。婴幼儿模仿能力强，自制力差，辨别是非能力不够，容易模仿电视中的暴力行为。

（四）第四步：指导方法

1. 家园配合，言传身教

首先，让婴幼儿感受到攻击他人造成的严重后果。如家长和老师引导婴幼儿向被攻击的小朋友赔礼道歉；关注同伴受到伤害的状态，引导他思考如果他碰到这样的攻击会怎样，来激起他的切身感受和同理心；取消攻击者游戏资格或奖励等。其次，教师与家长可以通过绘本或其他活动和婴幼儿一起商讨冲突解决策略。比如用言语表达自己的感受；寻找大人帮助；转移注意力等。

2. 情绪疏导

婴幼儿产生攻击行为时往往伴随着情绪问题，比如受挫感、愤怒、难过等，要引导婴幼儿采取一些合理的方式缓解情绪，比较常见的疏导方式有：转移注意力、运动、画画、成人安抚等。以运动为例，可以去大自然中走一走，或者告诉他“我们可以打这个沙包”或“我们在室外一起奔跑吧”等，都能较快地释放负面情绪。

3. 及时鼓励，强化进步

当婴幼儿在社会交往中表现出亲社会行为时，比如分享、合作、帮助他人等，及时鼓励，进行正强化；当婴幼儿遇到同伴冲突时，没有采用打或踢或咬的攻击行为，而是通过语言表达或者寻求成人帮助等方法来化解，也应及时鼓励，比如“你能够说出你的感受，很为你自豪”或者“很乐意帮助你”等，使婴幼儿进一步内化好的行为，减少攻击行为。

4. 家长以身作则

如果家长对婴幼儿的攻击性行为反应过于夸张和戏剧化，婴幼儿就会把“拳击比赛”作为吸引注意力的必胜策略，因此家长要始终注意自己在婴幼儿身边的行为。家长也要有良好的行为模式，如果家长每次生气的时候都会咆哮、发脾气，那么婴幼儿就会得到这样的信息：当他生气的时候，这么做也是正常的。婴幼儿喜欢模仿他们的照护者，所以，成年人一定要有情绪自控能力，做出良好的示范。教导婴幼儿行为的最好方法就是家长首先控制好自己的脾气。如果家长能够以安静、平和的方式表达愤怒的情绪，婴幼儿就会效仿家长，以家长为榜样，同样可以控制自己的脾气，以恰当的方式表达自己的需求。

5. 选择适宜的儿童节目，远离媒体暴力影响

家长要为婴幼儿选择适宜的电视节目，严禁观看暴力类节目，远离媒体暴力，杜绝媒体暴力对婴幼儿的不良影响。

二、科学依据

（一）习得论

挫折-攻击假说强调挫折与攻击行为之间的因果关系，认为挫折是攻击行为产生的重要原因。伯科威茨的线索唤醒理论在挫折-攻击理论的基础上更进一步，他认为攻击行为并不是由挫折直接引起的，从挫折到攻击行为的诱发之间还可能需要各类导致唤醒的线索，例如情绪状态、攻击准备状态等。班杜拉的社会学习理论强调观察与模仿对于个体习得攻击行为的重要作用，儿童对于榜样示范攻击行为的观察与模仿，使儿童在相似情境中能够再次激活攻击行为的心理表征并将其表现出来。

（二）萨提亚模式的理论模型之家庭规则

萨提亚认为，每个家庭都会形成规则，或潜移默化或明文规定，这些家庭规则影响着家庭成员的发展。良好的家庭规则有利于家庭成员的健康发展；负面的家庭规则会阻碍家庭成员的积极发展，给家庭带来阻碍。

拓展阅读

岗位知识

1. 攻击性行为的分类

根据行为者的动机，攻击可分为工具性攻击和敌意性攻击。工具性攻击是个体为了获得他人物品、空间等所做出的抢夺、推搡等行为。敌意性攻击则是直接以人为指向的，以打击、伤害他人为目的的攻击。3 岁以下婴幼儿的攻击大多属于工具性攻击。

2. 攻击性行为产生的原因

攻击性行为产生的原因很多，包括生理因素、营养物质因素、教育因素和社会因素等。其中挫折、受排斥、社会学习等与婴幼儿的攻击性行为有很大的关联。同伴关系、社交技能、电视暴力等对婴幼儿攻击性行为的影响也很大。

3. 管教和惩罚的区别

管教是一种教育方式，也是增进亲子关系的一种方式。当家长管教婴幼儿时，应该用坚定的语气给婴幼儿表扬和指导，以强化或纠正他们的行为。

惩罚是一种消极的做法，婴幼儿接受惩罚去做某事或不做某事时，都是一种不愉快的体验。惩罚是管教的一部分，但只是一小部分。

3 岁以前，甚至更晚，婴幼儿们根本不理解惩罚的概念。设定限制是比惩罚更好的方法；大多数婴幼儿会对清晰、冷静和果断的限制设定做出积极反应。

第四节 婴幼儿母亲产后抑郁的干预指导

王女士今年 28 岁，在某事业单位上班，工作认真努力。丈夫是某国企单位部门负责人，平日工作繁忙。2019 年，王女士生下一个男孩。产后，婆婆搬来同住，照顾她和宝宝。与婆婆一起相处之后，王女士发现自己和婆婆之间在生活观念和育儿理念上有巨大的差异，婆婆讲究传统，按照坐月子的老方法要求儿媳，而王女士作为新时代的女性，不愿遵从这些传统。加上婆婆对于孙子的到来喜不自禁，全身心地投入宝宝身上，王女士认为一家人只在乎孩子，根本不关心产后虚弱的自己。而其丈夫平时工作非常繁忙，照顾孩子根本帮不上忙，也没有时间陪伴妻子，所以产后不久她就与丈夫大吵一架。王女士的脾气也越来越暴躁，经常独自落泪，黯然伤神。夜里由于照顾宝宝，睡不好整觉，经常失眠到天亮。

岗位指导

一、过程设计

（一）第一步：设定目标

（1）缓解婴幼儿母亲产后抑郁症状。

（2）梳理影响夫妻关系的问题，找到解决方案。

（3）明确婆媳问题，改善婆媳关系。

（二）第二步：把握现状

1. 心态消极，产生抑郁心理

王女士在生产后出现情绪长时间低落的问题，具体表现为焦躁、恐慌等，负面情绪无处宣泄。对于婴幼儿哭闹没有好的解决办法，过度紧张喂养问题，产后身材走样，丈夫缺少关心。另外，王女士产后几乎没有社交活动，每天在家中照顾宝宝，晚上起夜喂奶加上失眠，睡眠时间极度缺乏。其与婆婆之间有隔阂，导致生活中时有矛盾爆发。各种原因层层叠加致使她心态消极，产生抑郁心理。

2. 夫妻关系紧张

王女士与丈夫关系逐渐疏远，丈夫很少帮妻子分担照顾婴幼儿的压力，在婆媳关系中向着婆婆说话。

3. 婆媳冲突

从产后住院开始，王女士就认为其没有得到婆婆的重视，便有了心结。在坐月子期间，婆婆对饮食的安排与儿媳妇有冲突，并且在婴幼儿的养育理念上两人意见不合。

（三）第三步：影响因素

1. 婆媳关系紧张

王女士产后一直跟婆婆朝夕相处，两人在生活习惯、价值理念以及育儿观念上的差异，让婆媳之间逐渐产生了矛盾。她认为婆婆传统的坐月子风俗不科学，照顾婴幼儿不科学，忽视自己的感受，心中对婆婆非常不满。婆婆搬来同住后，丈夫与自己的关系逐渐疏远，王女士认为婆婆对其家庭生活和夫妻关系造成了一定的影响。

2. 夫妻关系疏远

王女士认为丈夫一直忙于工作，在自己生产后没有抽出时间陪伴，对自己不像以前那祥关心和爱护了。在王女士与婆婆发生意见分歧时，丈夫没有站出来替自己说话，不考虑妻子的感受。在婆媳关系中，丈夫没有起到很好的协调作用。丈夫的冷落，让王女士感到孤单，不受重视，使夫妻关系逐渐疏远。

3. 亲子关系脆弱

王女士在生产之后，缺乏照顾婴幼儿的经验，孩子哭闹时不知道怎么安抚，经常手足无措，只能流泪。这让她非常自责，认为自己不是一个好母亲。疲劳的身体和自责的情绪让她更加悲观低落。

4. 社区文化未健全

目前社区主要给予婴幼儿定期体检、上门检查等服务，对于产后抑郁未充分重视，宣传、培训力度不够，对产妇产后的消极情绪亦没有深入了解，且未及时提供协助处理。产妇缺乏周围环境支持，也缺乏育儿知识，这些都会促使抑郁症状加重，甚至威胁到产妇的生命安全。

（四）第四步：指导方法

1. 调整作息，放松心态

社工从王女士睡眠状况和身体恢复情况两方面入手，开展服务。针对王女士的实际情况，社工给出了调整作息时间的建议，王女士同意并且采纳。在王女士产后身材恢复方面，社工带领王女士一起进行瑜伽训练，帮助王女士放松身体，缓解疲劳。

2. 敞开心扉，热爱生活

经过交往，社工和王女士之间的关系更加亲密了，双方逐步开始信任彼此，并能进行非常顺畅的交流。王女士逐渐放下了心理戒备，放松心情，敞开了心扉。社工通过与王女士面对面交流，使她能够正确看待自己的抑郁问题，帮助其在心理行为和负面情绪上都做出调整，起到缓解症状的效果。

3. 调解夫妻关系，提供情感支持

从调解夫妻关系入手，规划出专门的时间供夫妻二人相处，改善夫妻感情。社工建议王女士的丈夫抽出时间多陪伴，多承担家务，让王女士感受到家庭的温暖。王女士的丈夫愿意做出改变，协助妻子尽快摆脱产后抑郁的状态。

4. 梳理矛盾，共同面对

对夫妻二人独处时间的方案执行情况进行跟踪，并延续轻松的访谈氛围。重点工作是对王女士的婆媳关系进行梳理，对问题进行分析，找出丈夫协助解决矛盾的办法，解开心结，齐心协力解决婆媳矛盾。

二、科学依据

（一）家庭系统理论

该理论本质上是关于人的内心思想和社交行为的一种理论，主张将家庭作为一个整体的系统进行处理，其中每个人都是重要的组成部分，相互之间能够提供帮助和支持。

（二）社会支持理论

社会支持理论的主要观点是，个人及其周边的亲朋好友或者其他社会组织构成一种网络，即社会支持网络，这对于缓解个人在生活中遇到的危机有着非常重要的作用，能够促进个人与他人之间的情感互动。人在相互接触中能得到情感上的抚慰或者心理上的慰藉，以及物质上的帮助，这样就能保证其社会身份得以维系。个人在社会支持方面获得的资源和帮助以及情感抚慰越多，其抵制不良情绪、应对各种挫折的能力就越强。

（三）需求层次理论

马斯洛的需求层次理论将人在生活中的需求进行了细致的分类，从层次结构的底部向上，依次为：生理、安全、交际、尊重以及自我实现。马斯洛认为当最基本的需求得到满足时，就能在日常生活中以一个较为健康稳定的状态存在。每个人都想要拥有一个稳定的社会地位，受到别人的尊重和欢迎。

拓展阅读

岗位知识

1. 产后抑郁

产后抑郁是产妇以心境低落为主要特征的综合征，临床上主要表现为烦恼、郁闷、焦虑、沮丧等症状。产后抑郁的症状多发生于产后 6 个月内，可持续 2～6 个月，部分产妇甚至长达 2 年。

2. 回应性照护

回应性照护是指对孩子的动作、声音、姿态和口头请求进行观察并做出恰当的回应，全心全意地回应儿童的心理和生理需求。回应性照护的内容包括：孕产妇情绪管理、发育筛查监测、父母育儿技能提升等。母婴之间的交流与互动是婴儿情绪最大的影响因素，母婴之间的抚触和感情交流可以调节婴儿多种生理、行为及神经精神问题。母婴之间充分的交流会对婴儿大脑产生良性刺激，促进其感知能力的发展，激发出人类独有的感情和高级神经中枢的综合活动，进而促进其智力和行为能力的发育。回应性照护也有助于改善母亲产后抑郁对孩子的影响。

证书标准

根据《国家职业技能标准　婴幼儿发展引导员》（职业编码：4－10－01－01），本章对应四级和三级的部分内容，如图 10-1 所示。

表 10－1　婴幼儿发展引导员标准及要求

级别	职业功能	工作内容	技能要求	相关知识要求
四级	1. 孕期引导	1.2 心理健康	1.2.1 能帮助孕、产妇了解孕期及产后常见心理反应 1.2.2 能指导孕、产妇表达内心感受与想法 1.2.3 能指导孕、产妇合理宣泄负面情绪	1.2.1 孕、产妇在不同时期的心理特点 1.2.2 合理情绪疗法的理论知识及应用方法 1.2.3 宣泄负面情绪的方法及注意事项
	4. 发展测评与咨询	4.1 发展测评	4.1.1 能指导看护人了解婴幼儿身心发展指标 4.1.2 能指导看护人观察、记录婴幼儿发展状况 4.1.3 能使用适宜的沟通技巧了解婴幼儿发展及照护状况	4.1.1 婴幼儿身心发展指标 4.1.2 婴幼儿发展状况观察、记录的要点 4.1.3 倾听技巧和谈话技巧 4.1.4 婴幼儿照护状况的知识
三级	1. 孕期引导	1.2 心理健康	1.2.1 能帮助孕、产妇识别一般心理问题 1.2.2 能指导孕妇进行系统的放松练习 1.2.3 能指导孕、产夫妇建立和谐的夫妻关系、亲子关系	1.2.1 孕、产妇一般心理问题的表现 1.2.2 孕妇放松练习的操作方法及注意事项 1.2.3 夫妻关系、亲子关系特点及应对策略
	4. 发展测评与咨询	4.1 发展测评	4.1.1 能指导看护人对婴幼儿发展状况进行系统性、针对性观察 4.1.2 能正确使用测评工具检测婴幼儿身心发展指标 4.1.3 能就婴幼儿发展方面的常见问题提供咨询	4.1.1 婴幼儿发展观察记录的设计与实施 4.1.2 婴幼儿身心发展指标检测的方法 4.1.3 就婴幼儿发展方面常见问题提供咨询的方法

关键术语

分离焦虑　　独立能力的培养　　攻击性行为　　产后抑郁

课后思考

1. 如何帮助母亲缓解产后抑郁？请从多角度进行分析。
2. 如何培养婴幼儿的独立性？
3. 如何缓解婴幼儿的分离焦虑？
4. 如何减少婴幼儿的攻击性行为？

参考文献

1. 胡碧霞，刘娟．学前儿童发展［M］．南京：南京大学出版社，2021.

2. 王晓丽．学前儿童发展［M］．上海：复旦大学出版社，2014.

3. 赵青．0～3 岁婴幼儿卫生与保育［M］．北京：北京师范大学出版社，2021.

4. 琼·利特菲尔德·库克，等．儿童发展心理学［M］．和静，张益菲，译．北京：中信出版社，2020.

5. 张兰香，潘秀萍．学前儿童卫生与保健［M］．北京：北京师范大学出版社，2016.

6. 徐千惠．0～3 岁婴幼儿照护与保育［M］．上海：复旦大学出版社，2020.

7. 彭英，等．幼儿照护职业技能教材：初级［M］．长沙：湖南科学技术出版社，2020.

8. 彭英，等．幼儿照护职业技能教材：中级［M］．长沙：湖南科学技术出版社，2020.

9. 珍妮特·冈萨雷斯-米纳，戴安娜·温德尔·埃尔．婴幼儿及其照料者［M］．张和颐，张萌，译．北京：商务印书馆，2016.

10. 琳恩·默里．婴幼儿心理学［M］．张安也，译．北京：北京科学技术出版社，2020.

11. 俞国良，辛自强．社会性发展［M］．2 版．北京：中国人民大学出版社，2013.

12. 尹传松，黄丽娥，吴蓉．婴幼儿生活照顾［M］．长春：吉林大学出版社，2021.

13. 李芷怡．儿童敏感期成长指南［M］．北京：北京联合出版公司，2019.

14. 黄振中，李曼丽．基于专业标准的儿童早期发展保教师及其核心知识能力框架研究［J］．教育学报，2019，15（6）.

15. 周咏梅，夏彬，樊珏，王洁．早期保健启智训练对促进婴儿身心发展的研究［J］．中国妇幼健康研究，2020，31（9）.

16. 张青，王争艳．母亲敏感性与婴儿气质、注意对学步儿执行功能影响的交互作用：一项两年的追踪研究［J］．心理学报，2022，54（2）.

17. 张颖，蔡国梁，赵晨琼，等．基于人类动作发展视角的幼儿动作发展规律研究进展［J］．四川体育科学，2019，38（2）.

18. 赵梦星，夏全惠．0～3 岁婴幼儿情绪的发展特点及培养策略［J］．长春教育学院学报，2018，34（4）.

19. 彭海林，舒婷．家庭教育中父母情绪管理对幼儿心理成长的影响［J］. 心理月刊，2021，16（11）.

20. 张兴利．营造温馨、安全的婴幼儿睡眠环境［J］. 早期教育（教育教学），2020（5）.

21. 江咏梅，宋晶，王盈．婴儿抚触对早产儿早期生长发育的影响［J］. 中国妇幼保健，2003，18（7）.

22. 章江琳，张莉，虎洁婷，田金徽，等．抚触对早产儿早期干预效果的Meta分析［J］. 解放军护理杂志，2018，35（18）.

23. 马丽丽，梁燕，陈劼．新生儿抚触护理研究进展［J］. 护理学报，2015，22（20）.

24. 邢淑芬，梁熙，岳建宏，王争艳．祖辈共同养育背景下多重依恋关系及对幼儿社会-情绪性发展的影响［J］. 心理学报，2016，48（5）.

25. 董书阳，梁熙，张莹，王争艳．母亲积极养育行为对儿童顺从行为的早期预测与双向作用：从婴儿到学步儿［J］. 心理学报，2017，49（4）.

26. 黄于飞，史攀，陈旭．依恋对情绪调节过程的影响［J］. 心理科学进展，2022，30（1）.

27. 李慧．美国0～3岁婴幼儿托育课程模式评析［J］. 教育探索，2019（4）.

28. 李雨蒙．解读玛格达·格伯婴幼儿教养理论［J］. 教育与教学研究，2018，32（9）.

29. 杨军义，常莉杰，李亚丹．父母教养方式对个体心理与大脑发展的影响［J］. 心理月刊，2022，17（1）.

30. 张光珍，梁淼，梁宗保．父母教养方式影响学前儿童社会适应的追踪研究［J］. 心理发展与教育，2021，37（6）.

31. 魏颖，黄梦华．儿童敏感期的特点及其干预方法［J］. 幸福家庭，2020（18）.

32. 程风玉．教师引导幼儿道德体验学习中存在的问题与对策［J］. 山东教育，2020（30）.

33. 刘雪曼．儿童语言障碍与语言评估［J］. 中国听力语言康复科学杂志，2019，17（3）.

34. 陈桂芳，谢维爵．近10年我国脑电生物反馈治疗儿童注意缺陷多动症的效应探讨［J］. 绵阳师范学院学报，2021，40（11）.

35. 林贤君，饶淑园．以绘本为载体缓解幼儿入园分离焦虑的探索［J］. 陕西学前师范学院学报，2021，37（3）.

图书在版编目（CIP）数据

婴幼儿发展引导 / 王潇，吕红，杨薇薇主编. --北京：中国人民大学出版社，2023.3

新编21世纪高等职业教育精品教材. 婴幼儿托育服务与管理系列

ISBN 978-7-300-31418-1

Ⅰ.①婴… Ⅱ.①王… ②吕… ③杨… Ⅲ.①婴幼儿－早期教育－高等职业教育－教材 Ⅳ.①G61

中国国家版本馆 CIP 数据核字（2023）第 016243 号

新编21世纪高等职业教育精品教材·婴幼儿托育服务与管理系列

婴幼儿发展引导员职业资格考试参考用书

校企合作精品教材·岗课赛证教材

婴幼儿发展引导

主　编　王　潇　吕　红　杨薇薇

副主编　陈亚吉　王治芳　董　超

Yingyou'er Fazhan Yindao

出版发行　中国人民大学出版社

社　　址　北京中关村大街31号　　**邮政编码**　100080

电　　话　010－62511242（总编室）　　010－62511770（质管部）

010－82501766（邮购部）　　010－62514148（门市部）

010－62515195（发行公司）　　010－62515275（盗版举报）

网　　址　http://www.crup.com.cn

经　　销　新华书店

印　　刷　涿州市星河印刷有限公司

规　　格　185 mm×260 mm　16开本　　**版　　次**　2023年3月第1版

印　　张　15　　**印　　次**　2023年3月第1次印刷

字　　数　285 000　　**定　　价**　42.00元
